·风靡知识圈的跨界公开课·

中國成語批判

甘德安 著

中国出版集团公司
華文出版社

图书在版编目（CIP）数据

中国成语批判 / 甘德安著. -- 北京 : 华文出版社,
2014.8
ISBN 978-7-5075-4224-0

Ⅰ. ①中… Ⅱ. ①甘… Ⅲ. ①汉语—成语—研究
Ⅳ. ①H136.3

中国版本图书馆CIP数据核字(2014)第175175号

中国成语批判

著　　者：甘德安
责任编辑：张明华
出版发行：华文出版社
社　　址：北京市西城区广外大街305号8区2号楼
邮政编码：100055
网　　址：http://www.hwcbs.com.cn
电　　话：总 编 室：010-58336239　发 行 部：010-58336238
　　　　　责任编辑：010-58336211
经　　销：新华书店
印　　刷：北京明恒达印务有限公司
开　　本：710mm × 1000mm　1/16
印　　张：17
字　　数：220千字
版　　次：2014年8月第1版
印　　次：2014年8月第1次印刷
标准书号：978-7-5075-4224-0
定　　价：35.00元

目录

李京文序

中国成语、习用语与谚语是中华民族几千年历史文化积淀的灿烂成果中的重要组成部分。甘德安更将其看做是“中华文化的一个窗口，是中华民族精神诸多方面的经典概括”。对中国成语的新说、新解，显然不是否定，而是将中国成语文化的历史与现实、传统与现代、传承与创新紧密结合起来，是农业文明与工业文明、东方文化与西方文化、人文社科与自然科学的一次思想碰撞。古人云:“十年磨一剑，霜刃未曾试。今日把示君，谁有不平事？”本书无疑也在磨砺着作者的思想，激发着作者的思维，承载着作者的责任意识与人文情怀。读此书，着实令我感触颇多，并为其中的奇思妙想拍案称绝。本书的特点主要表现在以下几个方面：

一是传承文化、固本强基。作为雅言的成语，最能体现民族文化的内涵。这从成语内容的构成上可以看出，中国成语一部分源于古代的神话传说，如“夸父逐日”“精卫填海”；一部分来源于古代的寓言故事，如“守株待兔”“揠苗助长”；一部分是对古代史实佚闻的记录，如“图穷匕见”“梦笔生花”；一部分是古代的诗文语句，如“水落石出”“运筹帷幄”；还有一部分是富含哲理的古代谚语，如“唇亡齿寒”“锦上添花”。这些无不是中华文化宝藏中的珍品，成语也正因此成为具有丰厚文化内涵的语言词汇单位。中国的成语数量浩瀚，本书所列举的仅是其中一小部分。甘德安精心挑选出的诸多成语，无不是我们耳熟能详的成语，正因为中国成语对后世有着持久而深刻的影响力，我们不得不重新对其进行一番审视与反思。这不是作者对历史遗产的主观偏爱，更不是发思古之幽情，而是尊重文化传承的客观规律。因为在传统文化中蕴涵着不可忽视、超越时代、可继承的优秀遗产，这必将是一项丰富中国文化建设的工作，具有固本强基的作用。

二是思想独到，有破有立。正如书中所言："传统成语、习用语、俗语作为农耕文明的产物，遗存着农耕文明生活的痕迹"，"有必要进行一次文化拓展与吸纳之旅"。五千年的文化积淀赋予中国成语鲜明的两重性：一方面具有持久稳定性，另一方面则难以与时俱进，具有一定的滞后性；一方面在数量上浩如烟海，资源丰沛，另一方面对成语文化的内涵解读则较为单一；一方面多是对生活经验的总结，另一方面则缺少严谨的科学与逻辑分析；一方面具有强大的影响力，另一方面则缺少必要的质疑与反思。而本书正试图解决上述矛盾。在继承原有成语基本含义的基础上，加大对其引申义的发掘，深化中国成语的内涵与外延，并赋予它以新理论、新思想、新观点，也充分发挥了学者应有的引据求证的风范，做到了有理有据、有破有立。

三是创新有道，跨界思维。当今世界，一个民族的生命力、创造力与凝聚力离不开本民族文化的日益发展。中国古代《易传》曰："日新之谓盛德"，就是强调只有不断推陈出新，不断改变人的现实境遇，社会与生命才会生生不息。甘德安的这本书是对中华优秀传统文化的挖掘与阐发，探索了中国成语的创造性转化、创新性发展，对中国成语进行了跨学科、跨时空、多角度的解读，既继承优秀传统文化又弘扬当代价值观；既立足于本国又面向世界。甘德安本是数学专业出身，后转入经济学研究，并一直致力于高等教育的发展。书中借助经济学、管理学、社会学等诸多理论来阐释中国传统文化。更难能可贵的是，该书充分地展现出了数学与经济学专业出身的作者的文史知识底蕴与人文素养。对中国成语的跨界研究，是本书难能可贵的闪光点，这不仅是诸多学科知识的有效融合，更是关于思维方式的一次变革。

最后需要指出的是，文化创新需要葆有一颗平常心。文化的积淀，非一日之功，需要数代人的传承与坚持。今天我们的文化创新是在市场经济的大环境下展开的，所以要力戒浮躁的文化心态，力戒急功近利。文化的成长是一项关乎民族未来发展的系统工程，需要涵养一颗平常心，踏踏实实地向前推进。

总之，本书是甘德安思接千载、融通文理的心血之作。读之令人欣喜，促人深思，这不仅对大学生，而且对热爱中国文化的每个国人来说，无疑是一部有益之作。

是为序。

李京文：著名经济学家，中国工程院院士、俄罗斯科学院外籍院士、国际欧亚科学院院士、世界生产率科学院院士、中国社会科学院学部委员。

俞敏洪序

成语是中国古人实践经验的总结，思想智慧的结晶，语言艺术的升华。成语浓缩了万卷书与万里路，潜藏着古代圣贤特有的哲学态度和认知理念。成语是中华文化的精髓，是中华语汇的钻石，是汉语信息传递的便捷载体，是人们情感表述的重要媒介。成语宏博赡富，历久弥新，体小精思，永不磨灭。智者的智慧和时代的经验通过成语的运用而永久流传。

但不可否认的是，成语也是一把利弊兼具的双刃剑，它有时会禁锢你的思维，误导你的灵感，使你堕于幻象，局于丘墟；破觚为圆，幻以生幻；名实相乱，莫矫其失；习非胜是，终古不悟。

《中国成语批判》的作者甘德安教授数学专业出身，后转入经济学，是最早研究家族企业的经济学家；长期致力于民办大学研究，是一位具有30年教龄、20年教育教学管理经验的大学校长。

甘德安教授一直在第一线为本科生开课，并把开设的公选课《中国成语批判》讲义修订成文、聚集成册，这是十分有意义的事情。从这些成语批判中，我们可以感受到作者在思考、在批判，也在跨界；本书体现了作者既是学者，也是师者，更是学者与师者的统一；同时也感受到作者是一位具有教育理想、人文情怀的追梦者与践行者。

甘德安教授的这部《中国成语批判》，是自然科学与人文社科融合的一个尝试，旨在使人们对中国成语的理解从熟知上升到真知，相信得之者瓦砾成金，悟之者醍醐灌顶。这是一件非常有益的事情。

我乐于推荐。

2016.7.11

俞敏洪：新东方创始人，著名英语教学与管理专家。现任新东方教育集团董事长、中国青年企业家协会副会长、中华全国青年联合会委员、北京工业大学耿丹学院理事长等职。被媒体评为最具升值潜力的十大企业新星之一，20 世纪影响中国的 25 位企业家之一。

前 言

本书题为《中国成语批判》，严格地说，应是中国成语、习用语与俗语的新说、新解。当然，也包括对成语、习用语与俗语的反思与批判。

成语这个词的名称和意义在其历史发展过程中经历了很大的变化。赵红棉先生指出，成语一词最早在《文心雕龙》被称为“成辞”，到了唐代才开始称“成语”[①]。

中国成语数量庞大，形式完整，内容精练。迄今为止，已有不少专著和论文对成语进行了较为全面系统的研究。成语反映中华文化，揭示人与自然、人与社会、人与人之间的关系。成语作为民族文化的载体，准确而生动地表现了民族文化的基本内容，民族独特的心理结构、思维方式、审美情趣和价值体系。可以说，成语是中华文化的一个窗口，是中华民族精神诸多方面的经典概括，并对后世产生了持久而深刻的影响。

我们知道，《周易》《论语》之所以能对后世产生持久和深刻的影响，一个非常重要的原因是它所蕴涵的思维方式对中国传统文化产生了重要影响，并大多体现在具有丰富文化内涵的成语中。在汉语中，源自《周易》经传的成语有200余条[②]，源自《论语》并流传至今的成语共有384条，源自《庄子》的成语有 500 余条[③]。这些成语不仅数量丰富，而且由于

① 赵红棉.“成语”一词源流考［J］. 古汉语研究，1992（03）.

② 吴东海. 对汉语成语的再认识［J］. 云南师范大学学报，2012（01）.

③ 马启俊. 源自《庄子》的成语考察［J］. 巢湖学院学报，2012（02）.

长期的运用，形成了独特而精练的形式，具有深刻的内涵和高超的语言技巧，创新了汉语的表现形式，提高了汉语的表达能力，丰富了汉语的词汇系统，体现了中华民族的取象思维、辩证思维与中和思维。

可见，成语、习用语、俗语与汉民族文化之间有着密切的关系。它们既是语言宝库中的精华，也是文化的积淀，承载着博大精深的传统文化信息，对中国人的思维、文化及表达产生了深刻影响。这在学界、人民心中已获得认可，并不存在问题。

但是，随着时代的巨大变迁，尤其面临工业化、全球化、知识经济时代的到来，汉语越来越面临着危机①，成语自然也面临着危机。我们势必且有必要对传统成语、习用语与俗语重新进行审视、反思与批判。当然，反思与批判不是否定，而是扬弃。

本专著的立论有四：其一，传统成语、习用语、俗语作为农耕文明的产物，遗存着农耕文明生活的痕迹。而中国现已处在从农耕文明向工业文明，乃至知识经济转型的时代，大数据、云计算、物联网正在全面深刻地改变人们生存方式与生活习惯，一些传统成语、习用语与俗语所具有的时代滞后性、文化落后性等特点，明显会误导我们的思维，使我们的文化仍停留在传统的农耕文化之中。如果，我们依然用这些传统成语、习用语与俗语来规范我们的行动与思维，则不利于中华民族向现代民族转型。为此，我们必须对传统成语、习用语、俗语做一些经济学、管理学、社会学、心理学以及法学方面的解释与批判，以期能够引发大家对传统文明的重新解读，并时刻保有一种批判、反思、扬弃的精神，能够用工业经济时代新的理论

① 朱竞 . 汉语的危机［M］. 北京：文化艺术出版社，2005.

与体系以及互联网思维来解读并反思它们。

其二，传统成语、习用语与俗语有必要进行一次文化拓展与吸纳之旅。中国成语既是传统儒学文化的集中体现，也融合与吸收了道、佛两种文化。如“尊卑有序”“夫贵妻荣”“光宗耀祖”“大义灭亲”“当仁不让”“自强不息”“见义勇为”“鞠躬尽瘁，死而后已”和“先天下之忧而忧，后天下之乐而乐”等无不渗透着儒学思考及其人文关怀，而“无为而治”“清静无为”“绝圣弃智”“安危相易，祸福相生”等成语则是道家出世思想和独具特色的哲学思辨能力的集中反映。同时，与佛教有关的成语也多达200条[①]，如“道高一尺，魔高一丈”“百尺竿头，更进一步”“在劫难逃”等成语都是佛教教义与理论的直接表达。但不容忽视的是，工业化的理论本质，在一定程度上反映的是工业革命背景下基督教文化的价值观。由此，中国在实现和适应工业化、城镇化与全球化的过程中不可避免地会吸收基督教中一些积极、健康的文化，而这些文化往往渗透在经济学、管理学、社会学、心理学与法学等理论之中，那么以这些社会科学的理论与方法对传统成语、习用语与俗语进行反思与批判，实际上是汉语对基督教文化积极因素的一次吸纳，是一次新的汉语革命。

其三，传统成语、习用语与俗语大多是生活经验之总结，缺少科学与逻辑分析。我们借助经济学、管理学与社会学的理论重新解释它，就是希望借助科学的方法批判或剥离出传统成语中一些貌似合理的成语。这些成语，从科学与逻辑的角度，或者说从时代变迁的角度来看，显然不合理，或者说特别不合理，但却一直在误导着新一代年轻人。因此，对这些不合理的成语、习用语与俗语所进行的反思与批判意义重大。

---

① 李大农．成语与中国文化［J］．南开学报，1994（06）．

其四，传统成语中有许多是一个民族对另一个民族的嘲弄。比如，“杞人忧天”就是殷商征服夏后对其遗民的嘲弄；“守株待兔”“朝三暮四”等是周人征服殷商后对殷商遗民的宋人的嘲弄。[①] 还有“五胡乱华”，是乱还是兴，都要站在民族的融合与平等的角度重新审视。

此外，鉴于中国成语产生的思维特点、汉字特征，以及其虽简约，但含混，存在逻辑问题等，用经济学、管理学等新的理论体系重新解释传统成语，无疑会为中国成语赋予新的生命。

我想，对中国传统成语、习用语与俗语的现代反思与批判，除其所具有的重要学术价值与意义外，应能让人们在实际运用，或在接受其潜移默化的思维指引与行为规范时，随自身现实情境、人际交往语境、自我心境的变化，做出适当的延伸与拓展。也就是说，它若能帮助或促使人们具有或增强对现有知识反思或思考的能力，才是它最大的意义和价值所在。

最后，成语、习用语与俗语是中华民族几千年的历史文化积淀而成的，浩如烟海，非作者一人之力、一人之学识所能全部涉及和覆盖到的，并且对成语、习用语与俗语也并非全部都有自己独到的解释、反思与批判。因此，只是对自己深有体会的成语做一些解读、一些反思、一些引申，甚或是一些反面的批判。

---

① 摩罗．中国的疼痛——国民性批判与文化政治学困境［M］．上海：复旦大学出版社，2011：3.

爱莫能助

—— 爱、生存与责任之关系

爱莫能助，这个成语出自《诗经·大雅·烝民》：“维仲山甫举之，爱莫助之。”讲的是周宣王在位时期，齐国发生暴动，齐人杀死齐厉公，焚毁都城。周宣王派仲山甫前去平息暴动，重建城池。仲山甫虽然同情齐人的举动，但认为其杀君烧城是大逆不道，他决定快速行动。离开京城时，亲友们都来送行，还有人作诗歌颂他，“维仲山甫举之，爱莫助之。”意思是说，虽然心中关切同情，却没有力量帮助，有愿望而没能力。

那么问题是：有愿望、没能力是否就是不帮助他人的理由？

首先，生存不易导致缺乏责任感，力所不及、能所不及，自然爱莫能助。现在许多年轻人大学毕业、研究生毕业，就要承担起更多的责任和义务，要承担养家糊口的责任，承担身为公民的责任。他们能有帮助他人的愿望就不错了，但不应止于愿望，在力所能及的时候就应该承担责任。这让人想起南京大屠杀，几个日本兵要杀害几千名中国人时，没有一个人愿意出头反抗，若集体反抗则绝对有效，但出头的肯定死，实际上，不出头也得死，但中国人没有愿意出头的。所以，在能所不及的时候也不能放弃所应承担的责任。

其次，我们为什么常常说爱莫能助，其实是农耕文明留下的小农意识。各人自扫门前雪，哪管他人瓦上霜。中国几千年的历史就是一个自给自足的小农经济史，除了靠天吃饭，邻里交往，定期交税粮外，不需要外来的帮助就能获得生存。所以，人与人之间的关系，除了皇权税粮外，简单而无利益冲突。工业文明的到来，工厂的形成，城市化的建设，将农耕文明时期分散独立的个体，汇聚在一起，进行集约化的生产和劳动。人的生存完全摆脱了单一依靠天气决定的传统，彼此之间变得前所未有的相互依赖，农民开始市民化、公民化。可以说，现代工业社会，是一个被公民化的时代。但几千年的农耕文化，几千年的专制极权，使得中国只有农民与市民，没有公民。没有公民就没有责任，自然就爱莫能助了。

再次，爱莫能助的核心原因不仅是因为生存不易、缺乏责任，更是因为中国人缺乏真爱。美国弗罗姆在那本流传已久的经典之作《爱的艺术》中指出，"爱领导人类进步"[①]。人类几千年的文明史，就是一部爱的历史。如果说是种族和文化的差异让世界充满纷争，那么正是爱让来自世界各地的人们互相团结和结成友谊，所以说，爱是联结国家、民族、个人的桥梁和纽带。爱不仅指两性的爱，更包括博爱、自爱和神爱。如果西方人说"上帝与我同在"，那么爱也是始终与我们同在的。当我们缺乏爱时，自然缺乏责任，所以，我们常常用"爱莫能助"来回避责任。其实，我们是在用这句成语隐蔽爱的缺乏。爱的基本要素是给予。有爱，就能帮助他人，就能给予，就能承担责任。

最后，爱莫能助不仅是爱的缺乏，还包括爱的无知。正如德国医学家、自然科学家及哲学家帕拉塞萨斯所指出的："一无所知的人儿也就一无所爱，什么都不做的人儿也就什么都不懂。什么都不懂的人儿是没有价值的。懂得事理的人儿也懂得爱、观察和发现……对事物本质了解得越多，也就越钟爱……设想所有水果与草莓同时成熟的人儿也就对葡萄一无所知。"[②]

爱说到底就是对所爱对象的生命和成长的积极关心。如果缺乏这种积极的关心，自然就缺乏责任感。责任感完全是人的一种

---

① 弗罗姆．爱的艺术［M］．李健鸣，译．上海：上海译文出版社，2008.

② 转引自［美］弗罗姆《爱的艺术》。

由心驾驭的自觉行为，是“我”对另一个具有生命意义的客体表达出来的或尚未表达出来的愿望和反应。所谓爱的责任感，就是建立在对他人负责就像对自己负责一样的基础上的。现在，人们被太多诸如血缘、眼前的功利等所误导，为了权力、金钱、名誉、地位，放弃爱，放弃责任，放弃帮助。也就是说，人们在农耕社会是仅仅为了生存的单向度的人，在进入市场经济的过程中成了商品拜物教的单向度的人。

什么是单向度的人呢？单向度的人是美国马尔库塞提出来的一个概念。按马尔库塞在《单向度的人》中所指出的，就是那种对社会没有批判精神、一味认同现实的人。[①] 这样的人不会去追求更高的生活，甚至没有能力去想象更好的生活。按我的理解，就是缺乏爱，缺乏责任，爱莫能助的人。

为什么人们会成为单向度的人呢？马尔库塞指出，当代工业社会是一个新型的极权主义社会，因为它成功地压制了这个社会中的反对派和反对意见，压制了人们心中的否定性、批判性和超越性的向度，从而使这个社会成为单向度的社会，使生活于其中的人成了单向度的人。从媒体频频报道的“佛山小悦悦”事件到老人倒地路过178人无人扶的无爱事件，就能很好地帮助我们理解什么是单向度的社会和人了。因为，生活在一个单向度的社会，人们大多会成为一个单向度的人。是这个单向度的社会，使得人们冷漠、自私、麻木，缺少同情，缺少关爱，缺少帮助，缺少责任。因为单向度的社会使得人们失去理想，自然就失去了爱与责任，自然就无爱也无助人之心。

其实，从宏观层面看，或许是人民创造历史，但从社会层面看，是精英推进历史的进步。所以，社会精英更应该承担社会的责任，更应有爱、有责任，不能说爱莫能助。

我们知道，在其他国家富人参与公益是非常普遍的现象。从当年的“石油大王”洛克菲勒和“钢铁大王”卡内基，到当代的

---

① 马尔库塞．单向度的人［M］．刘继，译．上海：上海译文出版社，1989．

比尔·盖茨和巴菲特，热心慈善事业早已成为富豪们的一项义务和道德要求。许多富豪认同卡内基的名言："在巨富中死去，是一种耻辱。"2008年6月26日，世界第二大富豪、"股神"巴菲特决定向5个慈善基金会捐出其财富的85%，约合375亿美元，这是美国和世界历史上最大的一笔慈善捐款，其中约300亿美元捐给了比尔·盖茨及其妻子建立的基金会。盖茨夫妇此前已捐赠了近300亿美元。比尔·盖茨和巴菲特应该是中国富人的楷模。根据福布斯统计，10年内美国富豪对各类慈善的捐赠总额超过2000亿美元，最富有的20%的富人捐的钱占所有的钱的2/3。

中国富豪精英也有有爱有助的例子。世纪金源集团董事长黄如论曾先后捐款5.8亿元，其出发点就是爱。他说："我是农民的儿子，从小在农村长大，农村很苦。我们从低层走到高层，就知道低层的痛苦。今天事业有所成功，对这些人就更加同情，很简单。"深入分析，发现黄如论从小由祖母带大，祖母多年中反复告诫他"不要骗人、害人、欺人、诈人"，应以"慈悲为本"。所以，有爱就有助。有关人士谈论中国慈善事业的现状，称99%的企业从来没有参与过捐赠。究其原因，除了缺乏爱，缺乏责任外，还有社会发展、文化层次、国家政策等综合性的原因。

其实，每个人都要承担社会责任，也要承担帮助他人的责任。在美国普通人中也有比较好的捐赠传统，他们承担着帮助他人的责任。美国捐赠善款的人，并不像许多人想象的那样，大部分来自企业财团，75.6%的善款来自个人捐赠。如果算上个人去世后向社会捐赠的遗产，那么个人捐赠占全部善款的83.4%。在美国，个人捐款来自各个收入层次的普通公民。在家庭收入10万美元以下的家庭中，有65%是参与捐赠的。普通公民的捐赠意愿和捐赠行为是一种宝贵的社会资源。

根据前些年中华慈善总会公布的材料：在中国每年收到的捐赠大约75%来自国外，15%来自中国富人，10%来自平民百姓。根据一项慈善公益组织的专项调查显示，中国上千万家企业里，有过捐赠记录的不超过10万家，99%的企业从来没有参与过慈善捐赠。目前，中国私人捐赠不足10亿元。对比一下美国同类统计材料，就可以看出两国的差别。

普通公民普遍参与公益，有助于从正面确立公益的社会意义和利他的道德精神。如果只有少数富豪参与捐赠，许多人会认为捐赠只是有钱人才该做的事情。他们甚至怀疑捐赠背后是否隐藏着什么不可告人的目的，是不是为了公关形象、赎罪或者纯粹是出于省税的利己动机。一味地如此猜疑，只会增长社会中的道德犬儒主义和虚无主义。普通公民越多地参与公益，公益才越能成为公众心目中真正的好事。

普通公民参与公益，可以让更多的人看到社会风气和公民行为的相互补充关系。人并不是一生下来就有现成不变的道德价值，人的道德价值是在人群关系中不断学习逐渐形成的。这种人群关系包括家庭、学校、教会、职业联系等等。如果这样的人群鼓励人们捐赠，把捐赠当做群体成员应尽的责任，形成一种风气，那么这种责任就会因习惯的内化而转变为一种道德价值。其实，壹基金是个很好的例子，其意义是深远的。一个人，一条短信，一块钱，去帮助那些真正需要我们帮助的中国人。大家齐动手，中国更繁荣！

有爱，就有责任，就愿意帮助他人。从自我开始，从现在开始，爱莫能助可以休矣。

班门弄斧

——班门为何难以弄斧？

明代诗人梅之焕来采石矶凭吊李白，发现许多人在李白的墓上胡诌乱题，实为可笑，就挥笔题诗一首："采石江边一堆土，李白之名高千古；来来往往一首诗，鲁班门前弄大斧。"意在讥讽那些自以为会作诗的游人，是"鲁班门前弄大斧"。这句话被后人缩成"班门弄斧"。

人们总认为，班门弄斧就是在行家面前卖弄自己的才能，因而易受到众人的鄙视和否定，实不足取。千百年来，班门弄斧一词常被用来讪笑那些自不量力的蠢人的鲁莽行为，久而久之，就变成一条人们耳熟能详的成语。在前人看来，班门弄斧简直成了不自量力的代名词了。人们把班门弄斧当做一种禁忌，一个戒律，唯名人马首是瞻，在权威面前，盲目尊崇，自甘落后，不敢质疑，不敢挑战，不敢越雷池一步。于是，几千年来中国人就这样被一个成语所喻示的心态挡在创新的门外，当代一系列重大的科学发现和发明，如汽车、轮船、飞机、火箭、原子弹、计算机、手机、互联网、物联网、3D打印机等均诞生于西方；当前我们的衣服、食物、日常用品、交通工具都打着西方的烙印；打开学生课本，大多是欧几里得几何、牛顿力学，而不是博大精深的中国文化。这是因为中国人被太多的班门不能弄斧束缚住了，而西方的批判精神、怀疑精神与创新精神成就了现代科学产生于西方而不是历史悠久的东方中国。

那么我们还要不要"班门弄斧"呢，答案是肯定的。

首先，班门必须弄斧。班门弄斧是追求真理的必经之路。如果不是哥白尼在教会面前“班门弄斧”，“日心说”如何被奉为经典呢？如果不是伽利略在教会面前“班门弄斧”，他怎么会成为“近代科学之父”而开创了实践与理论相结合的研究物理学的方法呢？如果不是“班门弄斧”，郝尼怎么敢在教会面前支持进化论，宣扬自然选择学说呢？所以说“班门弄斧”源于质疑，这是追求真理的必经之路。这样，我们才能检验真理、获得真理。

其次，班门弄斧才能创新。其实，所有的发明都是在前人成就的基础上推进的。没有在“班门”的“弄斧”就不可能推进社会的进步。比如，没有农村包围城市的理论就不可能有中国革命的成功，没有农村土地承包责任制，没有邓小平的社会主义市场经济理论及对传统理论的扬弃就不可能有中国改革开放30多年的伟大成就。

再次，班门弄斧有利于发现人才。年轻的牛顿，经过严密的推算，得出他的第一个运动定律。那时，他只不过是一个名不见经传的小人物，但这个追求真理的牛顿马上跑到英国皇家学院，在众多学者面前宣布他的研究成果。当时有些学者认为牛顿是在班门弄斧，可历史事实告诉人们，正是这个“狂徒”成了万世传颂的科学巨匠。唐代的贾岛认识大文学家韩愈之后，每写一篇文章就拿给他看，请他指点，甚至与他赋诗竞技，学问大进，最终成为大诗人。可见班门弄斧有利于人才的发现。

第四，班门弄斧有助于班门也有助于弄斧者。当年的弄斧者华罗庚成为班门后，出版了《堆垒素数论》，一位少年写信与这位大师探讨其中的宝塔理论，华罗庚惊异地发现，这位少年的钻研竟然比自己更深入更正确，于是他们开始一起探讨，那位少年就是证出了“1+2”的陈景润。如果没有这个班门弄斧者，中国可能就要少一个伟大的数学家了，而华罗庚可能也不能很好地修改他的那本重要的著作。

班门弄斧的一个关键是通过反复实践挑战传统理论。典型案例是伽利略用比萨斜塔实验推翻了亚里士多德的“物体下落速度和重量成比例”的学说，纠正了这个持续了1900多年的错误结论。在亚里士多德门前弄斧的前提是伽利略的自由落体实验。伽利略如果不做大量的实验，不反复地实验，不站在斜塔上让不同材料构成的物体从塔顶上落下来，并测定下落时间的差别，亚氏学说是不可能推翻的，伽利略的班门弄斧就会贻笑大方。班门弄斧的本质之一不是对班门的否定，而是对班门的一种扬弃、一种融合。我们知道第谷是近代天文学的奠基人，取得了一系列重要成果，创制了大量的先进天文仪器。他倾尽一生心血，在当时世界最先进的天文台工作近30年，得到了非常珍贵的天文观察数据，但他并未借助这些数据提出自己的天文理论，主要原因是他认为所有行星都绕太阳运动，而太阳率领众行星绕地球运动。第谷还在托勒密的地心体系和哥白尼的日心体系之间徘徊。而他的学生开普勒，则在老师一手资料的基础上班门弄斧，发现天体并非做圆周运动，而是做椭圆形运动，并提出了后世以他的名字命名的开普勒天体运行三大定律。① 开普勒天体运行三大定律实际上是对第谷成就的扬弃，既否定第谷的理论又吸纳其30年可贵的天文观测资料。开普勒就是在否定理论、吸纳数据的扬弃之旅中成就了天体运行三大定律的。

班门弄斧必须是班门之外者才能弄斧，也就是说只有界外之才舞界外之斧，才能班门弄斧。法拉第就是牛顿体系的跨界者，他没有用“力”的超距作用来解释电磁转换，而是用“场”来解释电、磁现象，取得了电力场的关键性突破，永远改变了人类文明。

敢班门弄斧者还必定是传统文化的批判者。比如，孟子早

① 开普勒第一定律：所有行星绕太阳运转的轨道是椭圆的，其大小不一，太阳位于这些椭圆的一个焦点上。开普勒第二定律这样断定：向量半径（行星与太阳的连线）在相等的时间里扫过的面积相等。由此得出了以下的结论：行星绕太阳运动是不等速的，离太阳近时速度快，离太阳远时速度慢。这一定律进一步推翻了唯心主义的宇宙和谐理论，指出了自然界真正的客观属性。开普勒第三定律：行星公转周期的平方与行星和太阳的平均距离的立方成正比。这一定律将太阳系变成了一个统一的物理体系。

就提出“民为贵，君为轻，社稷次之”的主张，但一直未成为一种政治实践，而李贽就对孔孟之班门提出“天之立君，本以为民”的主张，表现出对专制皇权的不满。他还不以孔孟之是非为是非，对《六经》《论语》《孟子》表示了极大的轻蔑，认为这些著作是当时懵懂弟子、迂阔门徒随笔记录的，大半非圣人之言。

其实，班门弄斧对“班门”也有好处。金无足赤，人无完人，专家也不是什么都懂的。与“弄斧人”的比试，既可发现自己的不足，也可交流经验、切磋学问，这无疑更有利于对问题作深入的研究和探讨。美国有一名高中生，在一次全国中学生统考中，50道题对了48道，这已经是难得的成绩了，可他并不满足，经过仔细计算，他发现标准答案有误。教育部十几名数学专家做了严密审核，最后他们也不得不红着脸承认“我们错了”，并给这位学生加分。

我们为什么缺乏班门弄斧的创新者？主要有以下几方面的原因：

第一，我们缺乏符合班门弄斧的市场经济制度。从洋务运动到科教兴国——为什么我们不能成功？美国南北战争为什么北方会获得胜利？为什么中国美国都有车库与地下室，但我们不能出比尔·盖茨、乔布斯、马克·扎克伯格？科学技术为什么没有转化为第一生产力？这主要是中国缺乏合理的制度安排。技术进步的发展促进了制度的发展，而新的制度安排反过来给技术创新以决定性的推动作用，二者在相互演进中协同发展。以三次工业革命为例，第一次工业革命以蒸汽机的发明和应用为标志，这次革命使得人们认识到技术也是一种资源，一种比自然资源更稀缺的资源。在这种背景下，保护技术知识的产权制度——专利制在英国发展起来，随后被其他国家所采用。第二次工业革命以电磁学的发展为标志，电的发明和使用带来了产业结构的巨大变化，从而确定了重工业在国民生产中的核心地位，人类从此进入了“电气化”时代。这次工业革命推动了股份制和企业制度、研发制度的形成和发展。第三次工业革命以原子能、电子计算机和空间技术的广泛应用为主要标志，是涉及信息技术、新能源技术、新材料技术、生物技术、空间技术和海洋技术等诸多领域的一场信息控制技术革命。这次科技革命不仅极大地推动了人类社会经济、政治、文化领域的变革，也使人类社会生活和人的现代化向更高境界发展。在这段时期出现了风险投资、职工持股、股票期权和新型证券市场等有利于技术进步的制度安排。由于我国工业革命的步伐落后于发达国家，在制度建设方面的认识较晚，使得相应的班门弄斧的技术创新水平也受到制约。

第二，中国还是一个身份国家，还没有从农耕文明的身份社会向工业文明的契约社会转型。“从身份到契约”的意义在于一个社会中的权利和义务分配不是根据身份，而是法定的契约关系。它意味着个体的解放、经济和政治权力的平等。契约社会是一个反对强权的、平等的社会。契约的本质是当事人的自治，即当事人自己为自己设定权利和义务，通过努力获得自己应有的成果。而身份社会决定了按身份行事：农民就好好种田，工人就好好做工；在家听父母的，在学校听老师的，在单位听领导的。他们哪来的班门弄斧的勇气。

第三，中国人缺乏批判性思维。有专家分析，新中国成立以来没有诺贝尔科学奖获得者的原因就是中国人批判性思维不足。批判性思维是具有极强自主意识和科学精神的，是深化认识和创造的基础。批判性思维就是敢于否定前人，敢于向权威叫板，善于从真理中找问题，从司空见惯中见不同，批判性思维实质是求异思维的一种。中国传统文化的积淀，特别是中庸思想在国人思想中根深蒂固，因此，对不同见解的压制、打击和报复，以及臻于完善的行为方式，也就决定了国人批判性思维不足。几千年的读经教育及现在的应试教育都是导致缺乏班门弄斧的创新者的原因。批判是教育的生命，当今教育的要义是培养学生批判性的思维。一个有批判性思维能力的民族，才具有旺盛的创新能力，才是最具生机和活力的民族。

第四，中国一直受儒家文化的影响。儒家文化强调“和”，把与世无争作为一项高尚的品格。传统中国人追求乐天知命的朴实生活，力求一种家庭和睦、社会和谐的稳定关系。为了实现和谐，儒家强调用伦理道德来规范人们的行为，只有内心和谐的人才会获得外在的和谐。儒家“重和谐，轻自由”的思想抑制了经济自由的发展，儒家没有为中国提供经济自由的思想基础。① 这种文化下更容易发展出自然经济，而不是市场经济，也更容易接受具有服从特点的计划经济，这自然导致缺乏班门弄斧的创新者。

第五，缺乏包容失败的文化。比如，硅谷鼓励冒险和容忍失败，在硅谷常听到这样一句话：It's ok to fail，即失败是可以的。② 相比我国科研人员碍于情面和关系网络，硅谷更加敢于突破常规，更加灵活、自由，它制定了优秀的游戏规则，让才华与能力主宰硅谷的一切。

随着时代的进步，班门弄斧已经成为常态。比如，有人在论坛上发帖提问“是念佛功德大呢还是念菩萨功德大”，有人回帖举出印光大师的文抄，文抄中说佛是法王，菩萨是法将，所以当然是念佛功德大了。印光大师的回答放在他的那个年代估计没有人敢反对，但是现在是网络时代，敢质疑敢挑战的时代特征再次显现，有人立马贴出了大宝积经文殊菩萨会的经文来，经文上说念文殊菩萨的功德比念许多佛的功德还要大。

不准班门弄斧制约了无数有才智的中国人，压抑了他们的创造力。“为什么我们的学校总是培养不出杰出人才？”这是著名的“钱学森之问”，它表达的是当今社会培养的创新人才太少了，敢于到社会上一显身手的人才就更少了。1998年诺贝尔经济学奖获得者，当代最杰出的经济学家和哲学家阿玛蒂亚·森在

① 陆耀明．自由与和谐的统一：中国社会主义市场经济的一个重要特点——基于基督教的自由思想与儒家的和谐思想对中国社会主义市场经济影响的分析［J］．科学·经济·社会，2011，29（2）：79.

② 钱颖一．硅谷的故事［J］．经济社会体制比较，2000（1）：29-30.

《以自由看待发展》中提出“以自由为核心的发展观：即自由是发展的首要目标，也是促进发展的有效手段。人是社会中的人，人的发展不仅应当是全面的，而且应当是自由的。在整个社会不断发展的基础上，逐渐实现人的全面发展。”[①] 其实，自由也是创新的前提，更是班门弄斧的前提。按阿玛蒂亚·森的观点，缺乏自由就缺乏创新，就缺乏班门弄斧的创新者。所以，首先政府必须松绑，必须把权力关进笼子，不要越位管理，越俎代庖。其次，社会要有包容失败的文化，给更多人自由，才能班门弄斧。

① 阿玛蒂亚·森．以自由看待发展［M］．任赜，于真，译．北京：中国人民大学，2012.

半部《论语》治天下
——一个千年的谎言

公元960年，赵普辅佐赵匡胤在陈桥黄袍加身，登上了皇帝宝座。赵普也由此成为一人之下、万人之上的宰相，后来，宋太宗继位，赵普又两次出任宰相。当时人们纷纷传言赵普读书甚少，仅仅一部《论语》而已。宋太宗便问赵普是不是这么回事？赵普从容地回答说："我平生的学问哪有那么多？只有半部《论语》而已。当初我用半部《论语》辅佐太祖皇帝平定天下，现在打算仍用半部《论语》来辅佐陛下达到天下太平。"这就是"半部《论语》治天下"这则成语的由来。

近年来，"半部《论语》治天下"之说甚嚣尘上，《论语》作为治国平天下的经典论著，再一次被大肆宣扬。有人甚至说，《论语》将是21世纪的福音书。其实，这只是一个千年的谎言。

首先，半部《论语》治天下不过是元代以降儒生参政议政的广告词。邹纪孟先生曾指出，在赵普生前以及整个北宋，没有"半部《论语》治天下"一说。此说真正流传开来是在元朝。但恰恰是在元朝，对儒术表示了极大的轻蔑，所谓"九儒十丐"，那些满腹经纶的儒生，其地位与乞丐不相上下，连自己的生计问题都难以解决，更何谈治天下。半部《论语》治天下，既是地位低下的儒生们对前朝文人地位的向往，对自己学问的一种自负，也是向当朝执政者的一种自我推荐。由于这句话极大地夸张了《论语》的功能，得到了那些能将《论语》倒背如流的儒生们的普遍欢迎，所以才广泛地流传开来。[1]

其二，《论语》并不是治国之策。《论语》是什么？《论语》是儒家学派的经典著作四书五经中的一本而已。《论语》是孔子及其亲传弟子的对话记录。我们看黑格尔是怎样评价《论语》的，黑格尔在《哲学讲演录》中评论中国哲学，第一是孔子，第二是易经，第三是老子。按照他的三段论，排在前头的最低级，排在后面的反而高级。黑格尔最看不上《论语》，说这本书一点哲学味道都没有，里面所讲的是一种常识道德，在哪一个民族文化里都找得到，思辨的哲学是一点也没有的——只有一些善良的、老练的、道德的教训。黑格尔还说，为了保持孔子他老人家的名声，《论语》最好别翻译。

黑格尔只是从思维的逻辑体系看，如果从价值观层面看，半部《论语》治天下更属荒谬。《论语》不过是为极权专制意识形态服务的集大成者。儒学之徒说《论语》所谓的“微言大义”，玩弄了华夏子民两千多年。因为，孔子的基本价值观决定了《论语》泥古守旧的思想本质。“学而优则仕”就是儒家学习思想最经典的概括。为了做官而读书，为了科举而读书，这就是应试教育至今不死的根源所在。儒家经典虽然也培养了少数的国家栋梁，但深受其害的却是大多数。为了考试，就得死读朝廷规定的内容，牵强附会地从故纸堆里去发掘“微言大义”。古代的中国究竟培养了多少书呆子，恐怕是没有人能够统计出来的。

有比较才能分得出高下优劣，只要你稍微翻阅一下世界史的同一时期，人家的读书人在思考和讨论什么样的问题，你就会发现中国的读书人除了较好的文字功夫外，的确一无是处。当亚里士多德提出司法、行政、议事三权分离说时；当孟德斯鸠认为“要防止滥用权力，就必须以权力约束权力”，并提出了立法、司法和行政权三权鼎立的时候，与他们同时代的中国知识分子在思考什么呢？他们不是在绞尽脑汁弘扬儒家思想，就是在为朝

---

① 邹纪孟．半部论语治天下：元代失意儒生的自我广告［J］．书屋．2008（7）．

廷歌功颂德。

至于《论语》强调的孝顺父母、尊敬兄长，这是一个人最基本的道德素养，也是人的本性。任何社会、民族与家庭谁不强调孝顺父母、尊敬兄长。问题是，两千多年的儒家道德却是强者对弱者的规范，利用人的本性的孝顺提出君为臣纲、父为子纲、夫为妻纲，它的终极目标是和谐，真实目的是潜移默化的奴化教育，剔除人的"反骨"。鲁迅就认为这一道德不过是"收拾弱者的手段"。

其三，半部《论语》治不了天下。纵观中国历史，儒家像粮店，和平时期治国可以用一些。南怀瑾曾说道："道家则像药店，不生病可以不去，生了病则非去不可。生病就好比变乱时期，要想拨乱反正，就非研究道家不可。道家思想，包括了兵家、纵横家的思想，乃至天文、地理、医药等等无所不包，所以一个国家民族生病，非去这个药店不可。"① 请看秦始皇、汉高祖、唐太宗、宋太祖、成吉思汗等，哪个不是脸厚心黑，又有谁是实行孔子的"仁政"打天下的？赵普帮赵匡胤打天下用的是《论语》吗？可见，赵普死前对太宗说的话，要么是对《论语》运用入迷后的胡话；要么是马屁话或是自己"得意忘形"而自吹表功的话，以求太宗好好地为他善后而已。

其四，半部《论语》治天下没有历史的真实性。治天下需要政治头脑，军事才能，理财专长，法律识见，道德修养，绝非一家一学就可以大包大揽。儒家虽号称大成至圣，中国历史上却没有一个全凭儒家学说治理的朝代。一般都是表儒里法，或儒法道释四家合流。有宋一代，行伍出身的太祖皇帝，号称一条军棍打下四百座军州，创大宋基业；擅长书画的风流皇帝徽宗，尊号"教主道君太上皇帝"，俨然是一位道士；而力图挽狂澜于既倒、中兴大宋的"拗相公"王安石，从理财入手，重在立法，坦言"天变不足畏，人言不足恤，祖宗之法不足守"，一反传统儒家所

① 南怀瑾．历史的经验［M］．上海：复旦大学出版社，2012.

为，也都是儒家并不能包打天下的明证。

其五，中国的历史不是《论语》治天下的，而都是枪杆子里面出政权的。后晋安重荣曾说，“天子宁有种邪？兵强马壮者为之尔”，道出中国封建王朝轮替史。从公元前221年秦始皇统一六国，到1911年清王朝覆灭，在长达两千余年的时间跨度里，在中华民族的身上，政权不知更迭了多少次，然而，哪一次不是“枪杆子里面出政权”。

有人反驳说“马上得天下，马上不能治天下”，似乎治天下要靠儒家经典的《论语》，执政者设若没有军队，没有专制，没有专政，文人借助《论语》能治天下吗？大家认真想想就会明白这个道理。因此，半部《论语》治天下，不过是个千年的谎言。

卞和献璞

——执着的意义与成本

《韩非子·和氏第十三》记载，卞和于荆山上伐薪偶然得一璞玉，先后献于楚厉王、楚武王，却遭楚厉王、楚武王分别砍去左右脚，后卞和泣玉于荆山之下，始得楚文王识宝，琢成举世闻名的“和氏璧”。这个故事留有“卞和献璞”“卞和献璧”“卞和泣玉”等成语。

这个成语一直传递着这样一种基本解读：有价值的事物在获得人们普遍承认的过程中，往往要遭受挫折，有时还要付出鲜血与生命的代价。这无疑歌颂的是卞和不屈不挠、敢于较真的精神。但卞和为什么要献璞玉、有没有其他献璞玉的方式等问题仍值得我们深入探究与思考。

一、卞和为什么要献玉？我认为，卞和献玉的首要意义与关键点在于中国古代知识分子独立人格的缺失，以上等佳品取悦君王，并将所有希望寄托于专制皇权。这多少也折射出卞和坚持给楚厉王、楚武王献玉的初衷。即使付出双足的代价，仍持献玉之心，并非是足不可惜，是宝玉难被君识。这是理想的执着，还是生存的无奈？然而，纵观传统知识分子的生存方式，依附王权发展自己仍是首选，以此求得自身与家族的生存与发展，除此似别无其他良方，可谓“百无一用是书生”。但这种生存的执着，又何尝不是一种病。卞和认为“普天之下，莫非王土”，因此，所得璧玉就应该归于帝王家。但他忽略了，或根本不明白，帝王往往也是多疑、残暴，刚愎自用的。帝王认为是玉，就是玉，不是也是；认为不是玉，就不是玉，是也不是。玉与非玉皆在于帝王之意。

卞和献玉的偶然性悲剧也蕴含了中国文人士大夫、知识分子悲剧命运之必然。卞和献璞之所以得到几千年来中国士大夫的传颂，是因为这些文人、读书人、士大夫更多的是将璞石联想到作为人才的自己未被发现之前的状态，把自身的怀才形容为“抱璞”，并期待着能够获得皇上、大王的赏识。卞和就是中国读书人金榜题名、光宗耀祖之前的影子或代名词。汉代有东方朔“和抱璞而泣血兮，安得良工而剖之”的诗句；晋代有“抱璞荆山，未剖和璧”之喻；唐代张乔《自诮》诗曰：“每到花时恨道穷，一生光景半成空。只应抱璞非良玉，岂得年年不至公。”其无奈的况味尽在其中。上述这些无不是借卞和献玉来表达自身怀才不遇的境遇，并也揭露出中国古代知识分子人身依附的现象。

自秦以来，中国的政权力量强大到无以复加的地步，然而中国文人的独立人格也从焚书坑儒开始被逐渐消磨殆尽。文人士大夫所学的知识不过是为巩固王权政治服务而已，即怎样帮助专制皇权维护政权的稳定，他们所兜售的知识除了皇上，再无买家，为专制皇权服务，自然就缺乏独立人格。在这个意义上，中国文人的人生哲学就是为官哲学。读书不做官，读书何用？璞玉不进献，留之何用？璞玉不能铺地、砌墙、做锤衣石，被看成是丑石；贾宝玉不走仕途经济，则被斥责为顽石。可以说，卞和的悲剧是中国知识分子共有的悲剧，而像陶渊明那样想保有自己独立人格的人，基本上是凤毛麟角。盛年大唱“仰天大笑出门去，我辈岂是蓬蒿人”的李白，仍有悲愤天问：“大道如青天，我独不得出”，最终无奈选择“且放白鹿青崖间，须行即骑访名山”。再如，沈括、宋应星等人虽取得斐然的科技成果，但其在主流社会的认同度却极低。此种生存之道，此种执着，此种独立人格之探寻路径实属中国特有。

当然，也不排除卞和之所以献玉，是因为发现璞玉太珍贵，在当时"普天之下，莫非王土；率土之滨，莫非王臣"的专制统治下，绝不敢将绝世璞玉私自收藏，并据为已有，所以要献给君王。倘若私藏奇宝，难免招来杀身之祸。所以，献给楚王最安全，或者献给楚王价值最高。中国两千多年王权社会的最大特征就是整个社会围绕专制极权而建立。费孝通提出的"以自己为中心"的差序理论格局不仅适用于家族，更适用于王权。

二、有没有其他献璞玉的方式？前述卞和献玉主要是想获得王权的庇护。尤其面对建立在农耕文明上的王权产业，你若不当农民，就只有读书，考科举，最后还得依附于王权。因为在权力产业与农业产业之间没有其他让知识分子与专业技术人员发展的空间。这自然也就没有发达的市场经济，而没有发达的市场经济，卞和就不能在市场交换中体现自己发现璞玉的价值。所以，只好选择将璞玉献给帝王家，以求得大富大贵。

但不可否认的是，卞和献玉是一厢情愿式的，缺乏必要的受众分析与营销手段。虽然"献"与"卖"之间存在的环境土壤不同，但献与受，卖与买的达成往往是两厢情愿的。可见，决定献玉成功与否的人有二：一是献玉者，二是接受玉的人。所以，卞和若事先稍加揣摩与分析受玉者——厉王与武王的心态后再决定如何献玉，可能会免去刖足之灾。重要的是，卞和要为璞玉找到自身合理存在的理由：可以附会故事传说，国泰民安，凤凰来，凤现玉石出；也可以力陈玉石经君王手下高级专业玉工的打磨，变成玉玺，成为镇国之宝、执政之基。很明显，此举虽是以献为名，其实质目的仍是希冀获得王权的庇护。当然，有关璞玉的营销之辞不能夸张虚假，名不副实；当然，王权专制下的生存之道没有"如果"。

那为什么到文王继位时，卞和泣玉又能成功呢？关键在于以前两次献玉，是卞和自己找上门推销自己的产品；而到文王时，是文王自己要找生产厂家，以发掘人才，树立大国气象，增强改革决心与亲民形象。春秋战国时期，许多诸侯国都有自己的镇国之宝。据《战国策》载："周有砥砨，宋有结绿，梁有悬黎，楚有和璞。"璞玉打磨成玉玺，成为治国之本、传承之信。在某种程度上，这又无不与卞和"泣玉"的营销手段有关。卞和泣曰："我并非因为失去双脚而感到悲伤，而是痛心世人将宝玉看做石头，把忠贞的人称为骗子，这才是我感到悲伤的原因啊！"[①]卞和泣玉所言无疑契合了新君文王有志于传承正统合法理念的核心渴望。当然，卞和也为自己千古流芳付出双足皆刖的沉重代价。

此外，卞和不懂政治。卞和识得璞玉，但厉王不懂啊。历史上，历来是外行领导内行，厉王、武王不懂正常，但他们身边的玉工高官懂。玉工的职责之一就是为国家发现玉，并及时上充国库。当时，楚国能出玉的山也只有一两座，这么大块的玉被漏掉，没被发现，无异于玩忽职守。现在玩忽职守无外乎是扣扣工资，降降级别，异地做官，那时是要掉脑袋的，严重者要株连九族。高级玉工想到这些自然会不寒而栗，只能说这是块普通的石头以避祸，并诱诬卞和是骗子。所以，卞和献玉，献的不仅仅是地理之玉，还是文化之玉，经济之玉，更是政治之玉，这里不仅要揣摩君王的心态，还要争取获得厉王、楚王身边高级玉工的认同与帮助，这样这块玉石才能真正成为稀世之宝，实现自身价值。

这又让人联想到中国传统士大夫往往只强调道德感，而缺乏职业精神。卞和销售的产品是璞玉，且还只是初级产品。卞和要做的不是一而再、再而三地献玉，而是完善自己的产品，即请玉工把石头形态的璞玉打磨成半成品或成品。但是，卞和没有这样做，而是不断献玉，不惜刖去双足。"卞和献璞"成语所传递的信息是道德的追求大于职业的要求。卞和为献玉而刖去双足的行为说明：一个道德感异常强烈的人是多么乐意于为证明自己的道德高度而不惜放弃自身的肢体乃至生命，甚至因为肉体的受虐而

① 原文出自《韩非子·和氏第十三》，即"吾非悲刖也，悲夫宝玉而题之以石，贞士而名之以诳，此吾所以悲也"。

获得一种亢奋、激昂、极致的道德体验。这种道德体验我且称之为“道德快感”。朱明王朝的廷杖制度不知给当时的贞士带来了多少屈辱和伤害。那么，是什么支持着明朝的贞士们不惧酷刑，面对廷杖仍慷慨赴死般地奉上他们的屁股？是他们极为强烈的道德使命感。在屁股受虐的同时，必须相信他们体验到了由道德信念源源不断分泌出来的道德快感。卞和三献璞玉，也是企望君王能许他以“贞士”之名。“不负明主”“表忠心”之类颂扬已然内化为贞士们的道德本能，即使心迹一时为主子所不明，肉体上付出惨重代价，也在所不惜，但心头的道德快感已油然而生。他们发达的道德信念掩盖的其实就是严重退化的独立人格。揭开其道德面纱，不过是一副奴才面孔。究其本质，不过是一群奴才的精神自慰罢了。“文革”中有些红卫兵将毛主席徽章别在胸前的皮肉上，外人观之骇然，红卫兵们则感受到奇妙的“受虐的道德快感”。

其实，卞和献璞丢了双足的一个很重要的原因是：他不是以一个专家的身份献玉，而是以知识分子的身份献玉。法国存在主义的哲学家萨特告诉我们，当您今天在实验室研究原子弹的时候，你只是一个专家，只是一个化学家。而到明天，当你走上街头去反对原子弹的时候，你就从一个专家变成了一个知识分子，这就是专家和知识分子之间的区别。如果卞和能抛开政治依附诉求，学一些从璞玉到美玉的制作技术，并具备职业精神与营销意识，璞玉自然也就失去了进献之理，卞和更不会有刖足之难。但遗憾的是，中国知识分子似乎总在原地打转。

博闻强记

——博闻是否只需强记？

博闻强记，也作博闻强识、博闻强志。《礼记·曲礼上》中有："博闻强识而让，敦善行而不怠，谓之君子。"《史记·屈原贾生列传》中也有记载："博闻强志，明于治乱，娴于辞令。"《三国演义》第六十回也提到，修曰："且无论其口似悬河，辩才无碍。适修以丞相所撰《孟德新书》示之，彼观一遍，即能暗诵，如此博闻强记，世所罕有。"

博闻强记，是指见闻广博，记忆力强。博闻强记历来都是一个褒义的词汇，是对读书人的高度肯定。但是，人们对这个成语存在着严重的误读与误解，进入到大数据时代其更有误国误民之嫌。我们可以从以下五个方面进行分析。

第一，博闻强记的"记"是幼时的"记"，还是终生的"记"？

3~6岁是幼儿智力与潜能培养的关键期，幼儿教育界认为，记忆力是幼儿智力的重要组成部分，也是智力的基础，记忆力的好坏对幼儿的智力开发至关重要。从某种意义上说，一个智力聪慧的幼儿必定是记忆力超群的幼儿。由此可以认为，"博闻强记"是培养一个聪明幼儿的正确之道。同时，一些机灵过人、口才出众，而且记忆力非凡的孩子的共同特征就是喜欢读书。所以，从小多培养孩子读书的习惯，做快乐书童无疑有利于孩子的成长。犹太民族是世界上非常优秀的民族，我们知道，诺贝尔奖获得者中约有30%是犹太人。犹太民族之所以如此优秀，是因为这个民族非常重视知识，重视孩子的记忆训练，也就是强调“博闻强记”。犹太家庭的孩子到5岁时就要记住全部《旧约》。

但不容忽视的是，“博闻强记”最大的一个问题就是把儿时的记忆训练变成终身的要求，而在提升记忆力的同时却忽略了应有的理解力与创造力的培养。“强记”导致年轻学生出现了畸形的脑力劳动，而且不断地记诵和死记硬背会造成思维的惰性。也许在上大学之前（或者说上高中之前）可以强调“强记”，但上大学后一定要弱化记忆教育，以培养理解力与创新力，因为我们需要的是博闻不“强记”的人才。

很多研究表明，那些记忆力超强的人很少作出重大的成就。对人类作出重要贡献的科学家多数记忆力并不超强，在他们取得重要研究成果的过程中记忆力的作用也相当有限。爱因斯坦就是一个博闻不“强记”的天才。爱因斯坦到美国讲学时，有记者刁难爱因斯坦，问其物理学辞典的知识能记住多少？爱因斯坦是这样回答的：“我从来不记在辞典上已经印有的东西，我的记忆力是用来记忆书本上还没有的东西。”乔布斯是另一个博闻不“强记”的天才。他的知识理念是与“删除”“创造”密切相关的。

博闻强记这个成语的核心是强调记忆，这在农耕文明时代无疑是对的，那时人类就是要与遗忘作斗争。也可以说，人类的历史就是记忆与遗忘互动的历史。但是，当人类文明进入工业时代与信息时代时，我们需要记忆，但不要“强记”，要学会删除，学会遗忘，但不能忘掉儿时的记忆与阅读体验。

第二，博闻强记给民族的教育带来深深的伤害。

中国几千年的教育都是传授“是什么”的知识，很少传授“为什么”与“做什么”的知识。如果只传授“是什么”的知识，自然就要强调“强记”。“强记”教育的恶果是学生丧失了提问、质疑的思维与能力，丧失了创新所需要的想象力与创造力。“强记”教育就是听话教育、服从教育。这种教育的必然结果是鹦鹉学舌、照本宣科、头脑僵化、墨守成规。我们知道，创新是一个民族进步的灵魂，是一个民族发展的不竭动力。创造力才是历史发展的真正动力。许多人对“教育进展国际评估组织”在2009年做的一项调查记忆犹新：在全球21个受调查的国家中，中国孩子的计算能力排名第一，想象力排名倒数第一，创造力排名倒数第五。大力提倡“是什么”的知识，而对“为什么”与“做什么”的知识的教育远远不够，必然导致中国学生创造力的丧失。

创造力的体现就是提问与批判。前不久清华大学教育研究院发布的一份“以学习者为中心”的研究报告表明：与美国的研究型大学相比，我国985高校的学生表现最差的就是“课堂提问或参与讨论”。超过20%的学生在“课堂提问或参与讨论”题项上选择“从未”，只有10%的学生选择“经常”或“很经常”；而美国大学生对相同选项的选择比例则分别是3%与63%。爱因斯坦曾说过，提出一个问题往往比解决一个问题更重要。

第三，强调“强记”，培养不出具有批判和创新精神的人才。

“博闻强记”过分强调对知识的记忆。这在专制王权时代可能与科举制度有关，与死读儒家经典的传统有关，与知识和文化遗产的继承有关；现在则是与应试教育有关。这些以考试为目的的教育和人才选拔制度，侧重的是“是什么”的知识。这自然导致强调“强记”而不强调理解、怀疑与批判；自然强调背诵和记忆，通过背诵和记忆来继承传统儒家经典，以忠君爱国。

强调“强记”的根源是知识的权威主义。知识权威主义的教育把学生培养成非黑即白型思维，脑子里只有与“强记”相符或不相符的两个非黑即白的标准答案，不知道世界实际上是多元的、充满悖论的。“强记”教育培养不出具有批判精神与创新精神的人才。

第四，大数据时代，博闻不只需要“强记”，还需要“强遗”。

对现在的人们来说，信息过载已经是一种通病。信息的增加，导致我们思维混乱。我们每天生活在海量信息的冲击下，信息超量化、碎片化。海量信息导致我们“脑残”了。

博闻“强遗”就是提倡“数字遗忘”，遗忘无意义的数据，“强记”有意义的数据。《删除：大数据取舍之道》的作者维克托·迈尔-舍恩伯格[①]指出，遗忘是人类的天性，然而，随着信息技术的发展，记忆变得越来越容易，遗忘却变得越来越困难，我们又该怎么办？他转引大艺术家罗丹的话说，什么是雕塑？那就是在石料上去掉那些不要的东西。删除，就是当大数据这堆石料越来越多后，去掉那些不要的东西。去掉不要的，为的是让雕像留下来，雕像就是意义所在。同样，在未来的大数据时代，每个人都是罗丹，他只需要保留那些可供“回忆”的有意义事物的数据，而删除那些无意义的数据。[②]

过去数据过少的时候，人类的困惑是，怎样把想记的、该记的、没记下来的知识记下来；到大数据时代，人类面临的主要困惑是，怎样把想忘的、该忘的忘却。在大数据时代，我们怎样才能够确保遗忘的重要性，怎样才能恢复人类遗忘的能力，不让乱七八糟的东西过多占据我们的大脑硬盘，维克托·迈尔-舍恩伯格指出，要学罗丹的石料去除术。大脑如同仓库，没用的东西占的地方太多了，要常清理。数字时代，人们应该拥有“遗忘权”。不是忘记过去就意味着背叛，而是只有忘记过去才能创新。遗忘最大的功能是帮助你记忆新的东西。

第五，大数据时代，博闻不只需要“强记”，更需要“强思”。

据英国广播公司报道，日本京都大学研究人员在最近一项涉及数字的记忆测试中，将黑猩猩分成三组，与大学生比赛记忆

---

① 维克托·迈尔-舍恩伯格，预见大数据时代发展趋势的数据科学家之一。现任牛津大学网络学院互联网治理与监管专业教授。他的《删除：大数据取舍之道》一书，同样被认为是关于数据的开创性作品，并且创造了“被遗忘的权利”的概念而在媒体圈和法律圈得到广泛运用。该书获得美国政治科学协会颁发的唐·K. 普赖斯奖，以及媒介环境学会颁发的马歇尔·麦克卢汉奖。

② 维克托·迈尔-舍恩伯格. 删除：大数据取舍之道［M］. 袁杰，译. 杭州：浙江人民出版社，2013.

力。研究结果显示，黑猩猩的记忆力比大学生优胜。[①]仅依靠记忆远不足以把人类跟机器和大猩猩区别开来，思考才是人类最擅长的，因此只有思考，才是人类区别于机器和大猩猩的最根本的特征。知识为用，思考为本，一切知识都应该为思考服务。

大数据时代，知识浩如烟海，如何“强记”？必须借助云端，借助网络，借助大数据才行。大数据时代的博闻强记不仅包括人脑的记忆，更包括数字化的记忆，也是外化的记忆。正如加拿大麦克卢汉所说：“媒介是人体的延伸，任何一种新技术或新媒介的出现，都是人的一种新的器官的延伸。报纸是视觉的延伸，广播是听觉的延伸，电视是视觉和听觉的延伸，互联网是人的中枢神经和其他感官的延伸，手机作为一种新媒体，我认为可以说是人的综合器官的延伸，因为手机综合了几乎所有大众媒介的功能，集视听读写于一体。”[②]可见，在农耕文明时代，博闻强记的“强记”有其合理的一面，但只应侧重于儿时的教育。博闻不限于“强记”、脑记，需要“人机互动”，更需要博闻强思、博闻强遗，以及与两者的有机结合。

---

① 笑蜀．教育岂能让人跟大猩猩赛跑［N］．山西晚报，2007-12-05.

② 马歇尔·麦克卢汉．理解媒介——论人的延伸［M］．何道宽，译．北京：商务印书馆．2011.

成王败寇

——走出以暴易暴的怪圈

成王败寇这个成语的最初形式来自《尚书》，原文是："孰恶孰美？成者为首，不成者为尾。"按现在白话文理解是说，谁坏谁好？成功的便成为尊居上位的头，不成功的便成了卑居下层的尾。"成者为首，不成者为尾"逐渐演化为"成则为王，败则为虏""成则为王，败则为寇""成王败寇"，这也是对中国两千多年专制极权历史的客观而准确的描述。成王败寇是说，在争夺政权斗争中，胜利了的就是合法的，称帝称王；失败了的就是非法的，被称为贼寇。成语也包含着胜利者权势在手，无人敢责难，失败者却有口难辩的意思。还蕴含着成功者是不应当受到指责的，成功的一方一旦当权便是合法，拥有立法权；失败的一方便失去了合法地位，没有发言权；当权者拥有了公共宣传、历史编撰的自由，失败者被贬损，而没有申辩的机会。柳亚子《题〈太平天国〉战史》的诗"成王败寇漫相呼，直笔何人纵董狐"是可以佐证的。①

虽然成王败寇是对于中国历史循环的客观描述，但也是落后的描述。孙中山在《国民党第一次代表大会之演讲》指出："中国历史上有一习惯，所谓成则为王，败则为寇，但近代文明国家，不是如此。"可见，成王败寇不应该是现代国家历史的描述。

---

① 柳亚子这句诗是说，成王败寇这个成语大家都知道，可是天下又能有几个君主能容下像董狐这样的史官呢？哪些君主不是在胜利以后粉饰功绩，写着对方有多残暴？其实只是成王败寇罢了，但是真正像董狐那样敢直言不讳的又有几个呢？

成王败寇从逻辑上是必须批判的。行动与结果没有必然的逻辑关系，否则机会主义盛行。事物发展过程中有许多不确定性，最经典的说法莫过于马克思引海涅的话说，我播下的是龙种，收获的却是跳蚤。

成王败寇不过是历史决定论的翻版。按卡尔·波普尔的说法，“历史决定论是探讨社会科学的一种方法，它假定历史预测是社会科学的主要目的，并且假定可以通过发现隐藏在历史演变下面的‘节律’或‘模式’、‘规律’或‘倾向’来达到这个目的。”[①] 历史决定论具有两个最基本的特点：第一，肯定社会历史发展具有内在规律性；第二，肯定人们能在认识这种规律的基础上对社会历史作出预言。[②]

近代史一直是历史决定论占统治地位。但另一方面，复杂性历史观将改变历史决定论的成王败寇之说。[③] 成思危认为，复杂性科学的兴起表明了科学正处于一个转折点——那就是复杂性科学的兴起[④]，是人类历史上又一次科学范式的大变革。

我们认为人类社会历史发展趋势是复杂的，这主要是组成人类社会的主体人的主观能动性、适应性、多样性、融合性、多变性、超越性等[⑤]。这种人类社会的复杂性，包括了理性与非理性因素的交织，它只能比自然规律更复杂。历史不是成王败寇的逻辑必然，人类历史只是必然性与偶然性的统一。人类社会历史发展的必然与偶然的体现形式是一个典型的非线性系统，而历史决定论要找出人类历史的发展规律是不可能的。

其实，历史在宏观上也是确定性与不确定性的统一，或者说，历史在宏观上的不确定性也是可以确定的。拿历史趋势本身

---

① 卡尔·波普尔．历史决定论的贫困［M］．杜汝楫，邱仁宗，译．北京：华夏出版社，1987：2.

② 黄欣荣，于海．历史决定论：从复杂性的观点看［J］．河北师范大学学报（哲学社会科学版），2005（3）.

③ 苗东升．复杂性科学的首席思想家［Z］．科学时报，2003-06-20.

④ 成思危．复杂性科学探索［C］．北京：民主与建设出版社，1999.

⑤ 刘洪．组织复杂性管理［M］．北京：商务印书馆，2011：67-69.

来说，由于它更适于对某一历史时期做宏观描述，似乎其稳定性或确定性是不应该存有太大疑问的。但是，历史认识还可以确认另一种事实的存在：在某个时期内、一定情势下判断历史将向哪里去的问题，不仅在事实上完全可能，而且在政治、经济、军事实践当中也多有成功之例，对此，波普尔在《历史决定论的贫困》当中也恰如其分地给予了某种肯定。这意味着由于主观因素的存在，历史趋势的不确定性是不能被予以否认的。[①]

人类历史已经走出成王败寇的循环。第一个走出成王败寇的伟人是华盛顿。1783年美国独立后，华盛顿就辞去联军总司令职务，经营农场去了。1789年华盛顿成为美国第一任总统，当1797年华盛顿第二任总统任期届满时，尽管好多社会名流挽留，但是他坚决拒绝连任第三届总统，公开声明退出竞选。他参加了亚当斯总统就职仪式后，欣然返回了农场。华盛顿只当两任总统的模范行动，后任总统皆效仿之，历时166年。直到1953年第23条宪法修正案通过，才明文规定总统任期只限两任。华盛顿是美国独立、制宪以及共和联邦制的奠基者。华盛顿的人格与事业铸造了美国宪政的历史制度和精神。华盛顿的宪政思想是富有创见性的，因其政治实践的天才而深刻地影响了美国宪政制度和理念。正是华盛顿为美利坚合众国的宪政体制奠定了基本结构和框架。华盛顿成为世界历史上第一位获得权力但不恋权的永垂青史的伟人！

另一个走出成王败寇的应该是印度的圣雄甘地。甘地看到印度独立，但他不是采取以暴易暴的方式推翻英国殖民，而是采取了非暴力、不合作的斗争方式实现民族独立。乐观主义者甘地曾说："我的乐观主义是基于发挥非暴力的、个人能力的无限可能性的信念上。"[②] 他所相信的正义和非暴力，是出自彻底地洞察自己，从而无条件地在自己的心灵深处打下一个对人类的绝对信

① 卡尔·波普尔．历史决定论的贫困［M］．杜汝楫，邱仁宗，译．北京：华夏出版社，1987.

② 甘地．甘地自传［M］．简敏，叶李，译．武汉：长江文艺出版社，2007.

赖，这种信念即使是死也不能夺去，也不能破坏的。甘地的伟大之处就是在20多年间，形成了完整的非暴力、不合作思想体系，即用罢工、请愿、绝食等非暴力手段，与殖民当局斗争，争取合法权益，最终达到民族自治的目的。甘地一生有16次绝食，其中有 2 次是绝食三周，只喝一点苏打水。他多次在绝食中濒于死亡的边缘，最后一次绝食是在他79岁的时候，在他死前半个月，共绝食121小时30分钟。甘地曾如此地谈到自己吃苦的意义："我们只受打，不还拳，我们用自己的痛苦使他们觉察到自己的不义，这样我们免不了要吃苦，一切斗争都是要吃苦的！自己受苦意味着对人的信任和希望，意味着对人性中某种善端的尊重。这也是一条自我忏悔、自我纯洁之路。最后，如果你是正确的，你就会在经受重重痛苦之后取得胜利；如果你错了，那么受打击的只是你个人而已。"①甘地靠他个人伟大的人格力量和精神力量为印度找到了一条代价最少的独立道路，一条不以暴易暴的独立之路，一条使印度得以从英国殖民者手中解救出来的道路。

颠覆成王败寇的例子还有很多。伴互联网成长起来的一代，经由公共平台跨越时空的讨论、交流训练，那种以暴易暴的思维更会逐渐改变。

① 甘地．甘地自传［M］．简敏，叶李，译．武汉：长江文艺出版社，2007.

传道授业

——师者要传什么道，授什么业?

“师者，所以传道、受（授）业、解惑也。”韩愈在一千多年前说过的话，一直以来被教师奉为圭臬。但一千多年来，鲜有人反思这个成语给民族带来的伤害、给教育带来的束缚。我们已经进入一个全球化时代、一个移动互联网时代、一个科学技术改变社会与人类的时代。传统师者的传道、授业、解惑之论调可以休矣，传道、授业、解惑之师者必须转型了。

或许，在先秦时期，师者具有极高的社会地位与威望，具备超人的智慧和高尚的品德，所教的知识基本上属于原创性的知识，所教的知识具有实践性与生产性。春秋战国时期人才辈出就是明证。而到了韩愈时代，师者已经沦落为极权者的卫道士。韩愈说，“师者，所以传道受业解惑也。”韩愈所要传的道不过是极权政治者之道，授的业不过是君为臣纲、父为子纲、夫为妻纲的业，解惑方式不过是作为卫道士的师者对传道、授业的再解释，对学生是再洗脑。

首先，韩愈所说师者第一职能是传道，我们要问的是，传的什么道?实际上韩愈所说师者传的道是儒家文化之道，大部分是极权之道，是忠诚皇上之道。儒家基本上是以维护“礼治”、提倡“德治”、重视“人治”为己任，自然被极权统治者长期奉为正统之道。特别是经过汉武帝和董仲舒联手推出“罢黜百家，独尊儒术”之后，儒学俨然成为中国历代极权者统治黎民百姓的灵丹妙药，成了中国师者传道的核心价值观与核心课程。

可悲的是，如果这些传儒家之道的师者，传的道不能卖给帝王家，他们就无法生存下去。这些师者成长的过程也是死背经典的过程，缺乏探索性实验、批判性思考和严谨的思维训练。教学失去了其原创性与批判性，不过是解释与复制；师者由于其自身地位与素质的滑落，教育逐渐沦为一个劣等职业。“文革”期间，教师被称为“臭老九”，这不过是元朝时期师者地位的再版。在元朝，师者的地位已经排在十大职业倒数第二，即一官二吏三僧四道五医六工七匠八娼九儒十丐。

其次，韩愈所讲的授业，授的是什么业？是术业，闻道有先后、术业有专攻。这个业最好的时期可能是孔子时代的六艺，即礼、乐、射、御、书、数。礼类似今天的思政课；乐就是音乐；射就是射箭技术；御就是驾驭马车的技术；书指书写、识字、文字；数就是算法。到董仲舒“罢黜百家，独尊儒术”后，授的业不过是儒家经典。有利于身心的乐、射、御就没有了。到科举制度兴起后，授的业只有应付科举的八股之类了。春秋战国时期人才辈出，与希腊文明并驾齐驱，但千年之后，自然科学、社会科学与人文科学却远远地落后于欧洲。欧氏几何、微积分、线性代数、地理学、天文学、物理学、化学、经济学、社会学哪个学科是中国师者创建的？

中国全方位落后，除了长时期的极权政治外，主要还是师者授的业束缚了中国人的思维与视野。在面对人与自然界的关系方面，中国人还只停留在经验的形态上，缺乏欧洲近代科学那样严密的理论体系，没有得出普遍的科学规律或定律来。虽然中国古代在逻辑学方面有过一定的成就：春秋战国的诸子百家曾表现出丰富的逻辑思想，特别是古代墨家运用逻辑推理方法进行自然科学的研究，但是墨家的逻辑思想在秦汉以后没有得到进一步的发展。再如，在数学方面就缺乏演绎推理的工作，没有形成公理化的理论体系。研究几何问题只偏重于具体的计算，而对于几何图形的性质，则较少讨论。中国古代在几何学上的成就，一直没有达到欧氏几何学的水平；勾股定理前期也只有猜想没有证明。①

中国师者授业的内容缺乏科学的内容、严密的体系、实践的经验、批判的精神，以及起码的逻辑思维，这些内在缺陷在很大程度上也是由中国长时期专制极权的政治制度造成的。例如，师者传授的术业缺少实验的精神和逻辑的方法并不是固有的。在春秋战国时期的墨家学派中，就很重视科学实验和逻辑方法的运用，后来这两个优点之所以不能得到很好的发展，完全是由于中国封建社会排斥科学技术引起的。正如人文学者张宏杰说："仔细翻阅中国历史，我们会清晰地看到，古代的中国人和后来的中国人，似乎根本不是同一个物种。从春秋到唐宋再到明清，中国人的性格历程如同直跌下来的瀑布，其落差之大，令人惊讶。源头的中国人，品格清澈。唐宋时的中国人，雍容文雅。及至明清，中国人的品质却大幅劣化，麻木懦弱，毫无创造力。"②

师者授业之误是传道所导致的。中国历代封建帝王为了巩固自己的统治，都要采用愚民政策，其中尤以笼络和控制师者为治国要务。自汉武帝采纳董仲舒"罢黜百家，独尊儒术"的建议之后，儒家的经典便受到特别地推崇。儒学崇尚仁义礼乐和中庸之道，提倡封建的伦理纲常，反对各种革新和革命的精神，传这样的道、授这样的业，当然是皇权家族所乐于接受的。因此儒经也被各级官私学校作为主要的教科书。隋唐时期的封建统治者又创科举来网罗人才，给通熟儒经者提供了获取利禄的阶梯。

师者受传道所限，受儒家经典之业所限，必然对科学技术之业限制与打压。有些儒家师者一方面排斥科学技术之业，另一方面又对重要的科技之业实行垄断。如天文历法，历代都被国家天文台所垄断，禁止民间习历。孙中山先生就说过，在中国封建社会里，"创造新器，发明新学，人民以惧死刑，不敢从事"③。在中国整个封建社会里一直占统治地位的儒家师者，一直认为科学

① 甘德安．知识经济与技术创新［M］，武汉：武汉出版社，2000.

② 张宏杰．中国国民性演化历程［M］．长沙：湖南人民出版社，2013.

③ 孙中山．孙中山全集（第一卷）［C］．上海：三民图书公司．1928：50-51.

技术之业是一种“奇技淫巧”的东西，儒家经典《礼记》上甚至提出凡是以“奇技奇器以疑众，杀！”的主张。

与中国封建师者鄙薄、歧视科学技术之业相反，欧洲的社会风尚则较有利于科学技术的发展。在14、15世纪，欧洲社会上就已开始形成某种研究学术的风气；16、17世纪以后，科学研究更蔚然成风。即使有时科学真理因突破教会禁区而遭到限制或扼杀，但总无可避免地要在社会上传播开来。如哥白尼学说、伽利略学说的情况就是这样。中国的情况就不是这样：宋应星作为师者的零星反叛者，其耗费了毕生精力的巨著《天工开物》，在中国就备受冷落。宋应星曾愤慨地说：“丐大业文人，弃掷案头！此书于功名进取毫不相关也！”这部中国古代百科全书式的生产技术巨著，尽管受到外国欢迎，先后被用日、法、英等几种文字翻译出版，而它在自己的祖国却失传了三百多年。直到20世纪初，才又从国外返传回来。

由于科举制度的影响，庞大的师者中没有多少人去关心科学、学习科学，社会上处处鄙视科学技术，“艺成而下”的观点十分流行。在这种情况下，纵使统治阶级不去禁止科学技术，但在客观效果上则已“不禁而禁”了。因此，中国极权政治与儒家师者，对于科学技术之业起着主要的阻碍和扼杀作用。

儒家师者授业内容除受皇权控制、服务皇权外，还与中国是一个农耕社会有关。中国自古以来就是以农立国、重农抑商，在两千多年的时期里，中国农业虽有一定的发展，但商业得不到长足发展。虽然在明朝中晚期，开始出现市场经济萌芽，但是这种萌芽一直受到各种皇权与儒家势力的阻碍与扼杀，始终没有发展到创立市场经济的地步。在明清政权交替之际，许多工商业基地毁于兵难，江南的几个工商业较发达的城市更遭到血洗，市场经济幼芽受到很大的摧残，对科学技术之业发展自然是十分不利的。

最后，师者要以什么方式来解惑？传统师者的解惑是学生提问、师者解答。邓晓芒先生曾就苏格拉底与孔子的言说方式进行比较。他指出，苏格拉底的对话把言说标准确立于言说本身，具有向对话双方自由开放的性质，孔子则把言说标准放在言说之外的个人情感体验之中，是一种任意独断的权力话语，由此而形成了中西两千多年传统思维方式和言说方式的根本区别。[①] 我认为这也是孔子与苏格拉底解惑方式的差异，更是中国极权时代师者与当今师者解惑方式的差别。

按邓晓芒教授的观点看，孔子的对话其实并不是真正的对话，而是类似于"教义问答"的权威话语和独白。他是以"学成者"的身份高居于他人之上的，自然习惯居高临下地回答学生的问题，而且，一般只许学生问一次，听不懂，自己去悟。孔子不过是一位"答疑解惑者"。

而苏格拉底在对话中多半是以提问者的身份出现，他的对手才是问题的解释者和回答者；但全部对话的灵魂恰好是提问者而不是回答者；是针对回答的提问才使问题变得更清楚了。苏格拉底的质疑有点"不质疑、毋宁死"的意思。古希腊哲学的精华就是怀疑、质疑，并由此形成了西方教育界的两大信条：一是实证研究，一切需要实验和观察；二是批判性思维，包括负面批评、怀疑真理等。

从历史上看，苏格拉底和孔子的两种不同的对话其效应也是极不相同的。苏格拉底促成了西方哲学从自然哲学向精神哲学的大转折，刺激了后来柏拉图、亚里士多德等人超越苏格拉底而建立起庞大的唯心主义体系；孔子则树立了无人能够超越的"大成至圣先师"，只能为后人"仰止"和不断地体会、学习。中国传统思维方式和言说方式从此便进入到了一个自我循环、原地转圈的框架之中，几无变化，直到"五四"新文化运动才开始有了松动。

可以说，韩愈的师者解惑是把师者当成教学中最主要的方面，是教学的主体，教师怎样教，学生才能怎样学，教师是主动

① 邓晓芒．苏格拉底与孔子的言说方式比较［J］．开放时代，2000（03）．

的，学生是被动的。学生没有发挥自己心智潜能的机会，学生自主学习、合作学习也就无从谈起了。当今大学满堂灌、应试教育、考试舞弊都是这种解惑的产物。韩愈的师者解惑不同于苏格拉底的解惑方式。

当今社会，为师者的基本标准是什么？

首先，师者是社会责任的受托者。师者是接受一定的社会委托，以知识信息传播为中介，对受教育者有目的、有计划地从知识、能力、素质三个方面施加影响，把他们培养、塑造成社会所期望的合格公民。所以，教师本真角色的起点是培养人的促进者、生命的点燃者，是培养具有专业知识、公共关怀和社会批判精神的公民的社会发展推动者。师者，以继承、传播、整合、创造文化为其使命。

其次，师者应具有批判性思维。美国学者波斯纳提出："经验+反思=教师的成长"，他认为没有反思的经验只是一种狭隘的经验，它最多也只是不成熟的零散的知识，绝不能上升为系统的理论及规律，这种反思是对教学过程、教学形式、教学情境主动的、积极的反思。

再次，师者要从传统知识的传授者与解惑者的角色中解放出来，成为学生生命梦想的点燃者与教学方法的改革者。有学者对教学方法与学生知识掌握程度之间做了调查，结果显示：使用讲授教学方法的，学生掌握程度为5%；使用视听教学方法的，学生掌握程度为20%；而采用教学实践相结合教学方法的，学生掌握程度达到90%。这说明听的会忘掉，看的能记住，做的才明白。荀子也曾说过：闻之不若见之，见之不若知之，知之不若行之。师者教学方法的改革，解惑方式的改变如同从地心说到日心说一样艰难，但我们知道，地球要绕着太阳转，老师也要绕着学生成长转。

当今师者与学生的关系，不应该再是一日为师、终身为父的不平等的关系。老师或者说先生与学生的关系是先于生活与学会生活的关系。为此，师者要先于生活、先于实践，为师者首先到企业去、到基层去、到最能了解国家经济社会变革的地方去。因为师者的知识是来自于实践的，然后才上升为理论，我们不能割断理论与实践的血脉关系，否则，我们传授的知识是苍白的。正如哲人所说，理论是灰色的，生命之树常绿。

传统师者的教学模式是以讲授为主、理论教育为主，强调说教式、分学科、定时教学，师者是知识的垄断者和传播者。而移动互联网时代师者的教学模式，应该是以学生探究学习为主，强调体验教育、感受教育以及交互式、多样化、个性化、合作式学习，师者是学生学习的帮助者和指导者。[①] 移动互联网时代的师者的教学模式，应该从以脑为主的模式向以心为主的模式跨界。教学不是从理论与知识开始，而是从生活开始、从心开始。通过情感占主导的教育影响学生的愿望和动机；通过认知主导的教育培养与发展学生的批判思维能力与创新思维能力；通过行为占主导的教育引导学生将知识转化和应用于生活，核心是学生学会自主学习。

最后，师者应该是知识体系的建构者。随着多媒体和网络技术应用于学校教育，教师已不再是信息的权威拥有者，甚至不再是信息唯一的传播者。为此，师者要能激发学生的学习兴趣，防止学生的知识碎片化，帮助学生构建自己的信息体系，充当学习促进者的角色。教师的职责不仅仅在于完成自己的教学任务，还在于促使学生进入学习状态，点燃学生学习的激情与渴望。在这一过程中，教师是教学活动的设计者、点燃者、组织者、指导者。

---

① 罗艺．"教师"到"建导师"——对大学教师角色的重新定位［J］．复旦教育论坛，2007（02）．

大器晚成

——成在结果，还是成在过程？

大器晚成，这个成语出自《老子》：“大方无隅，大器晚成。”其原意是铸造个头越大的铸件（如鼎、钟）所需要冷却凝固的时间就越长。冷却时间足够长，铸件方能“成器”。现今，大器多喻指大才，意为能担当重任的人物，一般需经过长期的锻炼，所以成就较晚。此成语也可看做是对长期不得志的人的安慰话。

“大器晚成”这个成语依稀可见中国传统思维的痕迹，需以现代眼光与科学思维重新加以剖析：一是大器晚成在时间范围上是否具有实证性；二是在时代变迁过程中是否具有普适性；三是大器晚成与自古英雄出少年一样，体现了传统中国思维模式，要么肯定，要么否定，而不是渐进、演化地看待问题；四是不同的政治制度与文化是否会导致不同的大器晚成；五是大器晚成后的价值功用，是有效使用，还是滥用，抑或是弃之不用？六是大器晚成的“成”，是物质的“成”，还是精神的“成”？

一、大器是否晚成？若从自然科学研究的角度看，大器晚成显然不成立。自然科学家基本上是大器早成。著名科学家赵红洲教授经过统计分析指出，杰出科学家做出重大贡献的最佳年龄区在25~45岁之间。大多数数学家在30岁之前就完成了自己伟大的数学成就，而哲学家似乎在多个年龄段都会产出杰出的哲学思想。莱布尼茨，20岁就成为近代数理逻辑的创始人，27岁就完成了微积分的建立；杨振宁和李政道因指出“宇称不守恒”理论而在1957年获得诺贝尔物理学奖，其时杨振宁35岁，李政道才31岁；陈景润完成哥德巴赫猜想“1+2”的成果时也只有33岁，此成果至今无人超越。还有学者曾对1901—1999年诺贝尔奖获奖者的最佳年龄进行研究，发现物理学奖获奖者的创造高峰期大约在25~45岁，平均年龄为36.1岁；化学奖获奖者的创造高峰期大约在25~50岁，平均年龄为38.7岁；生理医学奖获奖者的创造高峰期大约在30~45岁，平均年龄为38.9岁。以物理学为例，1901—1925年，平均37.2岁；1926—1950年，平均35岁；1951—1975年，平均38.2岁；1976—1999年，平均37.1岁。倘若再按联合国世界卫生组织确定的新的年龄分段为标准：44岁以下为青年人，45~59岁为中年人，60~74岁为年轻老年人，75~89岁为老年人，大器实该是早成。

为什么科学研究人员往往大器早成，这与科学作为一种特殊的职业密切相关。就智力类型来说，有两种智力类型：流动型智力与结晶型智力。流动型智力取决于思维速度、短时记忆能力、熟练程度等。显然，科学家属于流动型智力，并多在青年时期就已取得了自己的科学成就。而结晶型智力多取决于人生阅历的不断丰富。比如，教师、医生、律师、职业经理人等职业都需要长期的实践经验的积累。这期间结晶型智力起主导作用，其职业高峰期往往出现在中老年时期。

爱因斯坦曾说过，如果你在30岁之前，没有做出科学成就，那你此生就无望了。自然科学如此，人文社科亦然。比如著名戏剧家曹禺23岁就写出了传世之作《雷雨》；王勃27岁就写出了“落霞与孤鹜齐飞，秋水共长天一色”（《滕王阁序》）的传世名句；英国诗人雪莱也在27岁就写出了“如果冬天来了，春天还会远吗”（《西风颂》）的传世哲理佳句。应该说，人的一生中，总有一个记忆力和理解力都好的时期。这时期的人不仅有着丰富的实践经验，也富有广博的科学知识；不仅具有驾驭大量材料的能力，而且也富有敢想敢干的创新精神。精力旺盛又富于想象的时期，就是一个人创造力最好的“黄金时代”。

二、不同时代有不同的大器早成者或大器晚成者。大器晚成不仅与学科有关，而且与时代息息相关。赵红洲教授在统计分析杰出科学家做出重大贡献的最佳年龄区（25~45岁之间）的同时，也指出最佳成名年龄随着时代的变化逐渐呈递增之势。研究表明，16世纪杰出科学家的成名年龄与最佳峰值年龄分别为22岁、25岁；20世纪杰出科学家的成名年龄与最佳峰值年龄分别为33岁、37岁。可见，与年龄增加相伴随的是知识的无限增长，由此带来的是科学发现困难程度的增大。美国经济学家本杰明·琼恩斯研究发现：自1905年后，明星科学家取得重要发现时的年纪在不断增大。而且，这一年龄在过去100年中，向后推了6岁。在1905年之前，诺贝尔化学奖得主的平均年龄在36岁，而1985年之后其平均年龄在46岁。德国物理学家魏纳·海森堡在24岁时就建立了量子力学，而宇宙中微子的发现者美国宾夕法尼亚大学的雷·戴维斯却是在51~80岁之间才得出此发现。在20世纪获得诺贝尔奖的物理学家中，60%是在40岁之前完成了自己的重大研究，而到了20世纪晚期仅有20%的人在40岁之前完成了重大研究。可见，科学家老龄化现象越来越严重。

对此，华盛顿专家大卫·威瑟尔分析认为，这是科学家的学习任务加重，研究时间缩短所致，完成一个博士学位就需要花费他们很多的时间。这正如古训常以“三十而立”作为衡量一个人事业是否有成一样，若按此，现今的年轻人三十大多未立，并且还不具备“立”的资格，因为大多数年轻人还在不断地求学中，鲜有弃学创业成功者，虽然不弃学也未必能成功。

还有一个不容忽视的原因，就是社会氛围对人才成长规律的影响。战争与和平，动乱与稳定，浮躁与和谐都会影响人才的成长。赵翼诗云：“国家不幸诗家幸，赋到沧桑句便工。”这充分反映了国家社会状况与诗人成就之间的关系。屈原放逐乃赋《离骚》；司马迁断言，《诗》三百篇，大抵圣贤发愤之所为作也；“惟愿孩儿愚且鲁，无灾无难到公卿”则是东坡式的愤怒；岳飞《满江红》中的“怒发冲冠”；陆游在《书愤》中直言“早岁那知世事艰……镜中衰鬓已先斑”；鲁迅的“忍看朋辈成新鬼，怒向刀丛觅小诗”；以及人才辈出，大师云集的西南联大时期，然而大师之后再无大师便是现今社会的一个真实写照。

此外，大器晚成之人大都是有真本事的人，但为什么这些有真才实学的人会大器晚成呢？究其原因有二：一是没有遇到合适的机遇或机会；二是条件不成熟。这自然与外部时代环境有关。没有邓小平的改革开放与南行讲话，就不会有中国的迅速崛起。而邓小平发表对中国体制改革有决定作用的南行讲话时，几近80岁，已是耄耋之年，但其对中华民族的贡献却无比重大。美国《时代周刊》称：邓小平改变了世界，功绩史无前例。

三、从少年得志到大器晚成实际上是一个连续演化的过程。少年得志与大器晚成都是对取得成就之人的一种认可。少年得志似有成名要趁早之意，大器晚成则似带有安抚情绪。少年得志，得的是机会、机遇；大器晚成成于坚持不懈地付出努力。少年得志与大器晚成间应是一个渐进、演化的过程，两者并不孤立，也不对立。这从福布斯400富豪榜中可窥见一斑：榜中既有许多少年得志的富豪，也有大器晚成的大款，还有更多在少年得志与大器晚成之间成器的富翁。比如，24岁的马克·扎克伯格（Mark Zuckerberg）创办了Facebook；27岁的史蒂夫·乔布斯（Steve Jobs）创办了苹果公司；31岁的比尔·盖茨（Bill Gates）创办了微软公司；31岁的拉里·佩奇（Larry Page）创办了Google；41岁的奥普拉·温弗瑞（Oprah Winfrey）通过脱口秀、媒体成为富翁；而47岁的拉尔夫·劳伦（Ralph Lauren）通过创办Polo品牌、50岁迈克尔·布隆伯格（Michael Bloomberg）通过创办彭博社、51岁的约翰·保尔森（John Paulson）通过对冲基金、76岁的诺曼·布莱曼（Norman Braman）通过艺术品与汽车销售均成为了富翁。可见，若是大器可以少年得志，也可以大器晚成，还可以在少年得志与大器晚成之间。

四、不同政治制度与文化导致大器晚成产生时间差异。著名的“李约瑟悖论”可对此做出相应阐释。李约瑟认为，从公元前1世纪到公元15世纪的漫长岁月中，中国人在应用自然知识满足人的需要方面，曾经胜过欧洲人，但为什么近代科学革命却没有出现在中国？其根本原因就在于两千多年的专制极权政治矮化了人格，圈住了自由。没有独立人格、自由精神的时代怎能迸发出创造力。中国儒家文化的核心是为极权政治服务，而不是发现自然规律，推行大宇宙观。中国在很长一段时间内排斥近代科学，如杨光先所说“宁可使中夏无好历法，不可使中夏有西洋人”[①]。可见，中国在1400至1700年间，几乎没有出现能引领“自然科学”的领军式人物；也没有出现像“欧几里得几何”那样的逻辑体系；而在1840至1900年间，帝国主义的侵略更使现代科技革命举步维艰。所以，明清以前中国没有严格意义上的科学家。显然，“李约瑟悖论”的一个重要前提是把中国农耕文明的经验总结作为科学，而这明显是一种误判，李约瑟把中国的技术与西方的科学混为一谈，但中西方科技发展水平的巨大差距却是不争的事实。

大器晚成的核心是社会环境不利于人才的快速成长，以至于有些人在许多不必要的人际纠葛中浪费了大好年华；而只有通过自己的坚持才有可能一点点迈向成功，才能大器晚成。科学史上著名的“汤浅现象”则是不同政治制度与文化导致人才，特别是科技人才成才产生时间差的又一例证。汤浅认为，每一个民族科学兴隆的平均期约为80年左右。一个国家的科学成果如果超过全世界总数的25%，可称为“世界科学中心”，其相应持续的时间为科学兴隆期。根据赵红洲世界科学中心持续研究的结果表明：1540—1610年世界科学中心是意大利；1660—1730年是英国；1770—1830年是法国；1810—1920年是德国；自1920年起是美国。这好比长江后浪推前浪，各领风骚数十年。这个现象集中地反映了世界各国科学技术的变迁，为人们研究社会的科学能力及其运动规律提供了条件。那么，21世纪世界科学的中心究竟会转

① 吴燕．落霞：中华文明落后于西方的18个瞬间［M］．上海：上海文化出版社，2007：5.

移到哪呢？有人说21世纪是中国人的世纪。真会是中国吗？

五、最为重要的是，大器炼成后如何用，是有效使用，还是晚用、滥用，抑或弃之不用？中国著名水利工程师黄万里早年曾目睹长江、汉水泛滥，7万生命被洪水卷走，尤其是1933年黄河大堤决口，夺去无数人的生命，因此他决心潜心研究水利。1934年，他赴美国留学，从天文、地质、气象、气候等基础学科学起，1937年获得美国伊利诺伊大学工程博士学位，成为第一个获此学位的中国人，他应该是一个大器早成的人才。1947年回国后，曾任甘肃省水利局长，因其对黄河之水、黄河之沙的独特理解，他的生命便与九曲黄河联在一起不可分开了。1957年6月，周恩来总理在北京饭店召集70名学者和工程师就苏联专家的大坝设计方案进行研讨。会上绝大多数人都对三门峡大坝的修建赞不绝口，认为大坝建成，黄河就会清水长流。唯有黄万里一人从根本上否定了苏联专家的设计规划。在七天的研讨会上，黄万里据理力争，与高坝派辩论了七天。最后，会议倒成了以他为对象的批判会。他当面对周总理说："你们认为'圣人出，黄河清'。我说黄河不能清。黄河清，不是功，而是罪。"他最终因言获罪，因反对建三门峡工程而打被成右派。当1958年校领导向他宣布划为右派的决定时，他掷地有声地回答："伽利略被投进监狱，地球还是绕着太阳转。"由于黄万里的执着和不认错，他头上的右派帽子一戴就是21年——他是清华大学倒数第二个被改正的右派。

束星北—— 一位被业内人士称为"中国的爱因斯坦"的国际级科学大师，一位曾经培养启蒙过像李政道、吴健雄等著名科学家的天才物理学家，是一个典型被弃之不用的大器。1972年，诺贝尔物理学奖得主李政道先生回国，党和国家领导人在人民大会堂会见了他。当周恩来总理提出希望李政道能为解决中国教育人才"断层"的问题做些工作，介绍一些海外有才学的人到中国讲学时，李政道说：中国不乏解决"断层"问题的人才和教师，只是他们没有得到使用，比如我的老师束星北先生。丹麦著名物理学家玻尔在考察完中国回国后，不断收到一些师生向他请教、询问到国外学习深造的途径。对于这些，玻尔的回答一律是：中国有束星北、王淦昌这么好的物理学家，你们为什么还要跑到外边去学习物理呢？但在极“左”路线影响下，束星北先后戴着“右派”和“历史反革命”的两顶帽子，这令他丧失了20年的科研时间，为此他十分痛心。关于束星北的经历，中国核武器技术专家、物理学家程开甲如此评价道：束星北的科学素养与天分是毋庸置疑的，他对物理学的认识与深度在中国也是极为罕见的。只是由于历史条件和机遇的原因，没能显示出来，这是十分令人惋惜的。所以，大器不在于早成还是晚成，而在于如何看待与使用，是有效利用还是弃之不用。

最后，大器晚成的“成”，是物质上的成，还是精神上的成？在马王堆汉墓出土的《道德经》的碑文上刻有“大器晚成”字样。应该说，古人对“器”字有很多解释，但老子所讲的这个“器”，表面上是指盛载东西的器皿，其实它暗指人的身心。老子认为，欲探究道的本元，就要让身心成为载道之器。《道德经》中的《德篇》旨在说明为悟道而必须具备的德。老子提出了“玄德”这一概念。怎么做到“玄德”？就是要摈除物欲，还自己活泼泼一颗赤子之心。这就是所谓的让身体成为“载道之器”，“厚德载物”就包含这个意思。“德”犹如地基，而在此基础上所悟得的道就是指地基上的建筑物，德厚而载物多。“大器”就是指“玄德”，是一种心智的提升。所以说当我们具备“大器”时，功名利禄就淡化了，在此心态下就无所谓成功、无所谓成就感，因此就有了“大器晚成”。所以大器晚成的“成”既可以是姜子牙年八十而始拜相，入世的“成”；也可以是老子“大器晚成”提倡的“无为”，一种出世的“成”。

千百年来，中国古代优秀的知识分子在以官本位为一元价值取向的社会思想背景下，认为只有在政治上有所作为才是“成”，从学到仕的道路的确可称为是大器晚成。事实上，真正能在仕途上获得较大成功，在政治上有所作为的文人极为少见。

基于此，读书人大器晚成的悲剧也就在所难免。这如同当下中国高中生以参加高考、考上大学作为终极奋斗目标，或者拼命苦学，执着于要挤入国家公务员行列的情形一样，这便也成为当今年轻人三十难立的重要社会原因。

记得国学大师钱穆曾说过，人生只是一个向往，我们不能想象一个没有向往的人生。向往必须有对象，对象常常是超我而外在。对精神界向往的最高发展有宗教，对物质界向往的最高发展有科学。生命自我之支撑点，并不在生命之内，而安放在生命自身之外，这就造成了人生一项不可救药的致命伤。向外的人生是一个涂饰的人生，而向内的人生是一个洗涤的人生。向外的人生不免向外物上用功夫，而向内的人生则只求向自己内心上用功夫。向外求是迷，向内求是悟。的确，“向外求是迷，向内求是悟”；内求是成，外求是毁。

大义灭亲

——持的是什么义，灭的是什么亲？

大义灭亲，这句成语出自《左传·隐公四年》："大义灭亲，其是之谓乎。"意思是说：为了维护正义，对犯罪的亲属不徇私情，使其受到应得的惩罚。"大义"是指正义，正道，"亲"是指亲属。

我们要指出的是，一个鼓吹大义灭亲的社会不是良性的社会。大义灭亲的深层根源是利益诱惑，大义灭亲的实质是株连九族。我们现在需要在亲亲相隐的血脉与法律公正的正义中寻找平衡，在法律与伦理两个方面用力。至今，虽然在法律上有所改进，但在文化上，在社会合理结构重建上，我们依然任重道远。

一个鼓吹大义灭亲的社会不是一个好的社会。传统社会的"大义"是对君主的忠，而今之"大义"是指国家、民族之利益， 到法律层面上则是指司法秩序，或个案中的受损害的社会关系公正的权利，这是我们首先要区分的。虽然春秋时代石碏大义灭亲的行为被广为传颂，但从人性的角度来说，实则是与自然的血脉之情大相违背，是对人伦道德的颠覆。一个人性扭曲、六亲不认，甚至丧尽天良的人不是个健康的人；一个过分强调大义灭亲的社会也绝对不是良性的社会。管仲临死前警告桓公：人情上没有不爱自己孩子的，但易牙将儿子做成美味献给你；人情上没有不珍惜自己身体的，但竖刁阉割自己侍奉你；人情上没有不爱父母的，但开方背弃自己的父母侍奉您，这样违背伦理、泯灭人性的人最危险，必须远离他们。但桓公不听劝告，最后三人谋反，桓公被活活饿死。

其实，封建帝王时代所谓的大义灭亲的“大义”不过是为专制极权服务的“大义”。中国历史上孔子也提出“父为子隐、子为父隐”的“亲亲相隐”的原则。但“亲亲相隐”是不能触犯或危及皇权的。我们可以看看孔子是怎样使“亲亲相隐”服务于“大义灭亲”的。孔子说过忠与孝互为表里，相辅相成。孝是忠的基础，忠是孝的结果；孝是忠的前提，忠是孝的目的。忠与孝在总体上是并行不悖的，但当二者发生冲突时，为了从根本上维系忠，就必须不能够破坏孝这个基础。忠与孝就像毛与皮的关系一样，皮之不存，毛将焉附。虽然孔子整个儒家学说以孝为基础，但一旦碰到皇权，人伦亲情是要让位于封建大义的。“亲亲相隐”是假，服务皇权的“大义灭亲”才是真。

“大义灭亲”实则是当权者为维护一家族之利而利用人性的弱点的“大利灭亲”，其深层根源是利益诱惑。比如，公元前114年，汉武帝出台的“告缗令”。“告缗令”规定：凡被人告发隐匿资产、呈报资产不实之人，其资产将被全部没收，没收资产的一半将奖励给告密人。此令一出，民间告密之风大盛。

大义灭亲的实质是株连九族的翻版。传统社会，当“亲亲相隐”触及到皇权时，“亲亲相隐”就不堪一击，即使你想大义灭亲，皇上依然要株连九族的，这也是秦以后连坐制、保甲制盛极的原因。我们必须理解为什么那么多智者都要“大义灭亲”，表面上是大义灭亲，实则是保存血脉，不被株连九族的伎俩而已，但皇上是不会手软的。

要反对虚假的“大义灭亲”，就要传承“亲亲相隐”的理念。“亲亲相隐”的理念，后来成为我国古代刑律的一项原则——亲属间有罪应当互相隐瞒，不告发和不作证皆不论罪，反之要论罪。“亲亲相隐”客观上维护了宗族伦常。三国、两晋、南北朝时期，“亲亲相隐”原则进一步得到确认。唐律对“亲亲相隐”原则作了具体规定，以后各朝的规定大体上与唐相同，其内容主要有三个方面：亲属有罪相隐的，不论罪或减刑；控告应相隐的亲属，要处刑；有两类罪不适用“亲亲相隐”原则而须大义灭亲：一类是谋反、谋大逆、谋叛及其他某些重罪，另一类是某些亲属互相侵害罪。民国时期，国民政府刑法将隐匿的范围进一步扩大，而且亲属均有拒绝作证及不得强令亲属作证的明确规定。“亲亲相隐”的原则之所以贯穿我国整个封建社会，并对现代社会也产生了一定的影响，一方面是该原则体现了人的亲缘本性；另一方面是，亲缘是社会的最基本的感情关系，是维护整个社会稳定的先决条件。

从世界范围来看，刑法学之父贝卡里亚反对基于背叛、出卖为基础的证词，即使这些证词是确定无疑的，也不应当采信。他认为法律首要的是维护人类的尊严，而不是沦落成“合法”的犯罪，我们不能以罪犯鄙夷的品质来对付罪犯。这种制度在西方立法精神中也得到了很好的贯彻。比如，1994年《法国刑法典》，1996年《德国刑法典》，1975年《意大利刑法典》都规定，明知近亲属犯罪而不告发，故意隐匿自己的亲属，以及为亲属作伪证，帮助亲属脱逃，都不能认定是有罪。在全世界，无论是西方的三大法系：大陆法系、英美法系和前苏联社会主义国家法系，还是东亚法系：韩国、日本与我国台湾地区等，都规定了容隐制度。孟德斯鸠在《论法的精神》中质问：“妻子怎能告发她的丈夫呢？儿子怎能告发他的父亲呢？为了要对一种罪恶的行为进行报复，法律竟规定出一种更为罪恶的法律……”①

当下的中国不应鼓励大义灭亲，而要回归到人性与人情，要建立起“亲亲相隐”的容隐制度。这不仅保护了亲情关系，也保护了社会的基本秩序。当今这个时代，“自由、平等、博爱”才是普世价值，是远比“忠孝”更先进的价值。我们只有树立了“自由、平等、博爱”的价值观，才能避免大义灭亲。如今“亲亲相隐”制度终于进入立法部门的视野。比如，有人主张“亲亲相

① 孟德斯鸠．论法的精神［M］．曾斌，译．北京：中国社会出版社，1999.

隐”应限定在刑事法律范畴内，不易扩大到民事等法律范畴。[1]自2013年1月1日起，修改后的《刑事诉讼法》《民事诉讼法》正式实施。新《刑事诉讼法》第187条规定：“经人民法院依法通知，证人应当出庭作证。证人没有正当理由不按人民法院通知出庭作证的，人民法院可以强制其到庭，但是被告人的配偶、父母、子女除外。”赋予一般案件中父母、子女和配偶等近亲属拒绝作证的权利，是司法对人性价值的理性回归，彰显法律与情理的水乳交融，是值得肯定的。

---

① 桑东辉．“父子相隐”的法学意义探微——兼论法律与道德的关系［J］．商丘师范学院学报，2008（01）．

待价而沽

——市场经济的有效与有限

待价而沽，这句成语出自《论语·子罕》，子曰："沽之哉！沽之哉！我待贾者也。"春秋时期，孔子带领弟子到各国游说推行他的政治主张，没有人接受并重用他，但他并不灰心。弟子子贡以得到美玉如何处理问孔子，孔子毫不迟疑地回答："卖掉它，卖掉它，我正在等待识货的人出现呢。"

待价而沽是市场经济的基本规律，"看不见的手"就是市场规律的直观说法，就是待价而沽的另一种表现形式。孔子的"待价而沽"就是供求定律的典型体现。我们知道，在经济学中，供求定律是指在其他条件不变的情况下，价格涨了，需求减少了，需求曲线是价格的递减函数；价格涨了，供给增加了，供给曲线是价格的递增函数。市场的商品价格是由需求曲线与供给曲线共同决定的，也就是说，是由需求曲线与供给曲线的交叉点决定的。一句话，买方与卖方共同决定均衡价格；或者说，供求定律决定了商品的价格。待价而沽就是待到价格不低于均衡价格时出售，低于均衡价格就储备。按物理学上的概念说，待价而沽就是作用力与反作用力的平衡。其中均衡的概念是最为重要的一个，而且，这个平衡是一个动态的平衡。

这个成语故事实际上是说孔夫子想出来做官，但他不愿意自贬身价，当时中国，孔子只有一个，国家至少有七个，需要他做官的地方不止一处，造成了供不应求的状况，所以，孔子要在官僚市场中待价而沽，这是符合供求定律的。

看看当今中国的待价而沽。2009年，有人在互联网上发布了消息，说大蒜可以预防H1N1型流感，于是，大蒜的价格节节攀升，以至于被网友戏称为“蒜你狠”。再如，随着人们物质生活越来越好，人们越来越注重养生保健。于是民间有所谓养生专家宣扬 “绿豆治百病”，结果导致绿豆的需求大幅度上升，绿豆的价格自然而然节节攀升，以至于被网友戏称为“豆你玩”。无论是“蒜你狠”还是“豆你玩”，都是符合供求定律的经济现象，都是待价而沽的有效性的体现。

待价而沽是有效的，不按待价而沽原则办事是人类的悲剧，20世纪计划经济的尝试就是血的教训。前苏联解体与崩溃的根本原因在于其基本的经济制度——计划经济制度的失败，即不按待价而沽的原则发展经济。计划经济的根本问题是计划的指令性与个人消费的不可计划性之间的矛盾。通俗地说，就是买卖双方不知道各自的需求与供给的信息，把市场供求自动均衡的过程，把社会再生产的各个环节——生产、交换、分配、消费，主观地纳入统一计划，否定了待价而沽的规律与原则。因为没有遵循待价而沽的规律，这个国家就没有经济的主体，就缺少千千万万个为待价而沽而创新、而劳作的人，即“人人都当家，人人都不管”。

因为没有待价而沽的原则，不能待价就无物待价。虽然，市场有需求，但市场没有供给，造成国家长期物资短缺、消费品匮乏，那是“排队经济” “票证经济”的时代，买什么都要票，不仅有布票与粮票，还包括火柴盒票及人们现在绝对想象不出来的票证。这些不是在虚拟世界存在的，前苏联存在过，东欧国家转轨之前存在过，中国计划经济时期也存在过，现在的朝鲜依然存在着。

因为不遵循待价而沽的规律，国家可以不计成本地生产产品，而且不论是否有需求，集中力量生产大量市场不需要的产品。因为不能待价而沽，所以生产产品也不需要科技创新与管理创新。

因为不遵循待价而沽的规律，掌权者就不可避免地盲目投资，势必给国民经济带来长期的巨大的损失。有人说，贪污与浪费是极大的犯罪，其实浪费是比贪污更大的犯罪。比如，大小三线，把企业办在深山老林，把企业放在挖空的深山中去。因为不遵循待价而沽的规律，有权者自然借助手中权力剥夺不能待价而沽的生产者生产的产品，自然滋生特权阶层，社会公正必然遭到破坏。

因为不遵循待价而沽的规律，就不可能借助价值规律调节劳动和生产资料分配；就不能解决技术进步、提高劳动生产率和节约资源的问题，整个社会特别是其经济细胞——企业都缺乏内在的动力。因为不遵循待价而沽的规律，排除市场供求关系对价格形成的作用，使得企业生产产品的计划价格与其价值严重背离，结果导致亏损企业大量存在。亏损是国家计划导致的，国家只有不断地通过补贴支撑这些国有企业进一步亏损。政府与国有企业在违背待价而沽的规律的过程中形成了恶性循环，20世纪90年代大量国有企业破产就是明证。

因为不遵循待价而沽的规律，就是不遵循市场供求规律，既不能形成国内市场，更不能形成国际市场，国家切断了与世界市场的联系，商品仅在计划所辖范围内流通，与世界的贸易仅仅是“互通有无”，规模狭小。如前苏联计划经济是一种封闭性经济制度，它排除了充分利用世界市场资源的可能性。

因为不遵循待价而沽的规律，计划经济时期，中国国民经济处于崩溃的边缘，老百姓生活在水深火热之中。不论是在农村搞人民公社，还是在城市搞国营企业，干好干坏一个样，大家都出工不出活，农民与工人也是待价而沽，给多少工分，发多少工资，干多少活。匈牙利的经济学家科尔内说：“计划经济国家，工人是假装地干活，政府是假装地发工资，整个国家经济没有活力。”①

① 亚诺什·科尔内．短缺经济学［M］．北京：经济科学出版社，1986.

但改革开放以来，农村搞农业承包制，城市搞国企改革，允许老百姓创业，允许市场商品的交换，允许生产的产品待价而沽，允许把自己的体力与智力待价而沽。学术一点的说法是，允许生产要素的待价而沽，允许生产要素的交换。不仅按劳分配，也按资分配。按劳分配与按资分配都是生产要素待价而沽的体现。短短30多年，中国经济总量就超过日本，稳坐世界第二。

虽然待价而沽的规律是有效的，但待价而沽的规律一定是有限的。待价而沽的规律更应侧重于经济领域，在公共领域就不能完全按待价而沽的规律办事了。比如，孔子说："邦有道，则仕；邦无道，则可卷而怀之。"意思是，如果国家政治清明的话就出来做官，如果国家政治腐败的话就隐藏起来。孔子是非常希望当官的，但他也懂得，当官不为虎作伥。由于他那个时代没有几个诸侯国政治是清明的，他就宁可不做官也不为虎作伥。

随着中国经济的增长，中国的市场体制暴露出越来越多的问题，待价而沽的规律发挥过头了。在政治、公共事物等领域不应遵循待价而沽的规律，按待价而沽的规律办事就会出现乱象。比如，官场就会出现大量行贿受贿行为，部分党政干部就会以权谋私、贪赃枉法、收受贿赂、养情妇等，过着腐化的生活。市场上就会出现大量不法商人，出售大量假冒伪劣产品，妨碍市场效率的发挥。

从2008年河北的三聚氰胺毒奶粉，再到现在的瘦肉精、毒蔬菜、毒大米、敌敌畏鱼干、敌敌畏泡菜、陈馅月饼……数不胜数的食品安全问题扰乱市场，实际上是待价而沽的泛用，是只有私欲而无道德的结果。我们知道，道德是公民素质的一个重要组成部分，同时也是市场经济运行的一个基本条件；市场如果失去了道德这道屏障，任欺诈等行为肆意泛滥，市场经济将不复存在。

我们知道，亚当·斯密不仅写了奠定现代经济学基础的《国富论》，同时他也撰写了《道德情操论》。他在《道德情操论》里说："如果一个社会经济发展成果不能真正分流到大众手里，那么它在道义上是不得人心的，而且是有风险的，因为它注定要威胁社会。”[①] 也就是说，我们既要“待价而沽”，也要“君子爱财，取之有道”，这个道就是道德情操的坚守。

如何在市场与道德规范之间取得一个均衡点，是目前经济学界和知识界关注的焦点。哈佛大学政府系讲座教授迈克尔·J.桑德尔（Michael J. Sandel）撰写的《金钱不能买什么：金钱与公正的正面交锋》及其在哈佛的“公正”课程，回答了这个问题。现在，《金钱不能买什么：金钱与公正的正面交锋》已被译成18种语言，在英国、美国、日本、韩国、瑞典、巴西和中东国家被制作成电视系列片。《金钱不能买什么：金钱与公正的正面交锋》是审视经济体制的新视野。作者跳出经济学的狭隘范畴，用哲学、社会学的观点来看待经济问题。桑德尔指出：我们正迈向一个一切都被拿来售卖的社会。“在我们这个世界，几乎任何事物都可以待价而沽，这个世界难道没有问题吗？”“在近几十年里，我们生活的几乎每一个层面，医疗、教育、政府、法律、艺术，甚至家庭生活、人际关系等方面，非市场规范都已被市场价值观排挤出局，我们已经从市场经济的社会变成了市场化的社会”[②]，两者的区别在于前者是有效、有价值的工具，而后者是一种所向披靡的生活方式。

再如，企业家要在商言商，待价而沽，但不限于在商言商、待价而沽，还要承担应有的社会的责任。企业家的责任是什么？20世纪60年代，哈耶克和弗里德曼分别在不同场合发表演说，阐释在民主制度里的企业应该专注于企业的长期利益最大化，在法律允许的范围内为企业的利益相关者服务，除此之外，并没有其他的所谓“社会性责任”。这种表述称为“哈耶克—弗里德曼”问题，这一问题的论述中最为关键的逻辑是一旦企业家可以将企业的资源用于其他的目的，就违反了委托—代理关系，从而造成企业家可以将自己的目的混同于企业的目的，而企业的股东并不

① 亚当·斯密．道德情操论［M］．谢宗林，译．北京：中央编译出版社，2006.

② 迈克尔·J．桑德尔．金钱不能买什么：金钱与公正的正面交锋［M］．北京：中信出版社，2012.

一定全部认同企业家自己的目的。这很类似中国部分企业家所言的“在商言商”，如柳传志和冯仑等。但“哈耶克—弗里德曼”命题要成立有一个很大的背景条件，这一条件是前置预设在讨论中的，那就是他们讨论的是“民主社会”中的私有企业，并不是国有或集体所有制企业。一旦忘记了这种预设，得出的结论就未必可靠了。这或许是另外一些企业家，例如王瑛等不同意柳传志的理由，但对柳传志们的反对还没有真正立足于自由主义的理由。

其实，企业社会责任，已经成为一个国际的产物。在企业社会责任成为国际潮流的情况下，如果中国企业不跟上潮流，在国际贸易的合作中就会受到质疑，甚至被交易方所排斥。从国际化的角度看，中国企业也必须把社会责任作为自己的发展目标。学界认为，从发展趋势来看，将社会责任标准与国际贸易某种形式的挂钩或联系将是一个必然的要求和趋势。在这种背景下，中国的企业要增强国际竞争力，就必须将自己放在国际社会责任标准的体系中进行丈量。

在一个成熟的市场经济体制中，整个社会的制度已经比较完善，能够保障市场制度的良好运转。在这样的社会中，企业家在商言商，推陈出新，形成一轮又一轮的创造性，是市场生生不息的动力所在。

得寸进尺

——不足与知足之间

得寸进尺，这句成语出自《老子·道德经》与《战国策》。《老子·道德经》说："不敢进寸而退尺。"而《战国策·秦策三》写道："王不如远交而近攻，得寸则王之寸，得尺亦王之尺也。"得了一寸，还想再进一尺。比喻贪心不足，有了小的，又要大的。

得寸进尺比喻贪得无厌、不知满足，显而易见是贬义的。但我认为，在某些方面和某些阶段，我们要勇做"得寸进尺"之人，并且要学会做"得寸进尺"之人。或许年轻时要得寸进尺，老了以后要适可而止、得尺退寸；工作、事业方面要得寸进尺，生活方面要适可而止，当然工作方面也要适可而止。

谁说不能得寸进尺？人类的迁徙史就是得寸进尺的历史，人类的历史就是得非望欧亚、得北美望南美、得陆地望海洋的历史。10万年前[①]，我们的祖先不仅得寸于东非，而且不断地从非洲望中东、望远东；不断地从欧亚到北美，再到南美。没有这个得寸进尺的精神，能成就70亿人走遍全球的辉煌吗？

人类社会的历史，也是得寸进尺的拓展史。哥伦布发现新大陆、麦哲伦的环球航行，促进了西欧封建制度的解体和资本主义的成长；得寸进尺的欲望改变了世界的形势和历史发展的进程，特别是打破了各大洲之间相对孤立的状态，世界日益成为一个相互影响、联系紧密的整体，也成功丰富了地理学知识，证明了海

---

① 吴军．文明之光（第一册）[M]．北京：人民邮电出版社，2014：12.

洋是相通的、地圆学说是正确的；更促进了全球的文化交流、宗教传播、文字传播，为世界历史第一次全球化开辟了道路。

为什么中国人对“得寸进尺”持否定与嘲弄的态度，就是因为中国文化发源于黄河流域的黄土高原，黄土和中国的文化联结得非常紧密，再加上中国历史上水患无穷，因此我们的古老祖先普遍存在着“恐水症”—— 一种对水的强烈的畏惧心理。“在他们心目中，海洋是在中国以外的异己才存在，海洋的形成本身也是不正常的灾变的结果。”①大禹之所以能成为一位令人景仰的君主，其主要功绩就在治水；“精卫填海”中的小姑娘被海水淹死后，变成一只鸟，还执着地到西山衔来树枝和石块，发誓要把大海填平；人类的始祖女娲，是一位补天的英雄，补天的目的也正是为了治水。土是坚实可靠的，而水是会给人带来灾难的，是与人作对的。在中国历史上，帝王的权力总是首先表现在土地所有权上。所以，中国古代的战争基本上都是为土地战争，而不是人的战争，长城就是见证。在中国统治者看来，有了土地，就有了粮食，有了粮食就有了军队，有了军队就有了政权，就可以让人民臣服。这一点和第二次世界大战时法西斯大规模地屠杀犹太人是不同的，和欧洲历史上历次旨在消灭异教徒的宗教战争也大相径庭。中国人的疆域意识非常强，这疆域意识就植根于土地意识之中。不“得寸进尺”就不能改变中国人的“恋土情结”，就不能打破中国人的封闭意识。30多年的改革开放，是开放促改革，是“得寸进尺”的历史；从农村土地承包制到城市国有企业改革，从国有企业改革到民营经济发展都是“得寸进尺”的历史。实行改革开放的原因只有一个，当时国民经济到了崩溃的边缘，不开放就是死路一条。

对个体的人来说，也应该有“得寸进尺”的精神。例如，不断提升自己的学业水平；不断办好自己的企业，拓展企业品牌的影响，开拓海外市场；不断提升服务人民的能力。只有这

① 李丽，王成．东方“黄色文明”与西方“蓝色文明”文化渊源探析［J］．世界文化，2005（9）．

样，人生才有意义。

此外，得寸进尺也是实现自身目标、工作目标的路径。我们知道，一个人如果接受了别人的一个小要求，那么别人在此基础上再提一个更高点的要求，这个人也会倾向于接受，我们把这叫做“得寸进尺效应”。“得寸进尺效应”是一种心理现象，美国社会心理学家弗里德曼做了一个有趣的实验：他让助手去访问一些家庭主妇，请求被访问者答应将一个小招牌挂在窗户上，她们答应了。过了半个月，实验者再次登门，要求将一个大招牌放在庭院内，这个牌子不仅大，而且很不美观。同时，实验者也向以前没有放过小招牌的家庭主妇提出同样的要求。结果前者有55%的人同意，而后者只有不到17%的人同意，前者成功的几率比后者高3倍。心理学认为，人的每个意志行动都有行动的最初目标。在许多场合下，由于人的动机是复杂的，常常面临各种不同目标的比较、权衡和选择，在相同情况下，那些简单容易的目标更容易让人接受。另外，人们总愿意把自己调整成前后一贯、首尾一致的形象，即使别人的要求有些过分，但为了维护印象的一贯性，人们也会继续下去。上述心理效应告诉我们，要让他人接受一个很大的、甚至是很难的要求时，最好先让他接受一个小要求，一旦他接受了这个小要求，他就比较容易接受更高的要求，这叫做“登门槛效应”。在商业谈判中，得寸进尺的谈判策略，往往会引起对方一连串的让步要求，从而获得更多的利益。

实际上得寸进尺的积极的说法是“百尺竿头，更进一步”。指学问、成绩等达到很高程度后继续努力，争取更大进步。所以，对我们的民族，对我们的事业、学业、企业来说，得寸进尺是值得肯定的。孔子说：“逝者如斯夫，不舍昼夜。”时间眨眼而逝，人最宝贵的是时间。曹操歌云：“对酒当歌，人生几何。”人生如此短暂，所以我们要在短暂的人生中去把握宝贵的时间，抓住时间，充分利用时间，来成就我们的事业，来丰富我们的人生。所以，我们要在短暂的人生当中，抱有“得寸进尺”的精神去拼时间，以获得更多的知识来完成我们生命的使命与任务，做“得寸进尺”之人。

但问题的另一方面是，我们也要在物质欲望上适可而止，要知足常乐，不能无限增长，也不能无限制地使用资源，在人类生存环境方面要“适可而止”，不要“得寸进尺”。

1972年，美国麻省理工学院的四位年轻科学家撰写了《增长的极限》一书，第一次向人们展示了在一个有限的星球上无止境地追求增长所带来的后果。这本书震惊世界并畅销全球。30多年前，大多数经济学家、实业家、政客以及第三世界的创业者都站出来对增长极限的观点表示愤怒。但是，事实终于证明增长是有极限的。从18世纪英国工业革命算起，人类进入工业文明至今不过200多年。工业文明对自然生态的破坏，从地上延伸到地下，从水圈延伸到大气层，出现了河流、湖泊与海洋污染、极地污染、太空污染、臭氧层破坏、温室效应、酸雨、危险废弃物等新的问题，无数物种已经灭绝或濒于灭绝，生物多样性受到空前的挑战，大自然固有的新陈代谢功能几近失调，环境的恶化已经威胁到人类自身的安全。如果说农业文明时期中国人对“得寸进尺”的嘲弄是我们的祖先因自然力的过于强大而恐惧和焦虑，那么现在骄傲的人类不得不审视自身，如果再不学会自律，不学会“适可而止”，依然对地球“得寸进尺”，人类的灭亡就不远了。

在地球上，中国并不是“地大物博”，而是“地大物薄”，是属于生态环境十分脆弱的国度。虽然，瑷珲—腾冲线[①]说明中国这

① 瑷珲—腾冲线是1935年著名的人口地理学家胡焕庸教授提出的一条人口地理的分界线。它实际上是中国历史与地理发展的分水岭。首先，它是一条人口地理的分界线。由东北至西南，从黑龙江瑷珲（今黑河）到云南腾冲作一直线。以此线为界，约有94%的人口居住在约占全国土地面积42.9%的东南部地区，约6%的人口居住在约占全国土地面积57.1%的西北部地区。其次，它是一条自然地理的分界线。它基本上和我国400毫米等降水量线重合，两边地理、气候迥异，所以它不仅是我国的人口民族地理分界线，也是我国的自然地理分界线。再次，它是历史地理分界线。从历史上看，这条线是中原王朝直接影响力和中央控制疆域的边界线，是汉民族和其他民族之间战争与和平的生命线。从这条线的周边，可以清晰寻找中国的疆域，以及今天我们称之为中华文明的影响是如何从中原地带一点点拓展到西部与北部的踪迹。

片土地生存环境恶劣，但这片土地上已经有三四千年的文明史。当美洲和澳洲大陆还处在人烟稀少的蛮荒时代，黄河、长江流域的文明已经发育成熟。早发文明，意味着人口的率先膨胀，植被的率先破坏。埃及、巴比伦、印度、中国四大文明古国，无一例外。1650年，清朝开始时，中国的森林覆盖率尚有21%，到1949年中华人民共和国成立时，已经不足10%。现在，中国人口密度是世界平均值的3倍，人均自然资源只有世界平均值的1/2，其中水资源仅有世界平均水平的1/4，人均耕地不到世界平均水平的1/3。近60年来，几次重大的荒谬决策，加剧了这片土地的环境恶化。其中包括：三门峡工程；拒绝马寅初等人控制人口的正确意见；大跃进时期小高炉遍地开花，大炼钢铁，大片森林树木付之一炬；片面强调以粮为纲，围湖造田，宝贵的湿地资源大幅缩减；盲目地将草原开垦为农田，致使草原变成沙漠；20世纪80年代，一些急功近利的乡镇工矿业，更使环境污染到处蔓延。原国家环保局局长解振华说，全国500座城市中大气质量符合世界卫生组织标准的不到1%；全国酸雨覆盖面积已占国土面积的20%；全国七大水系中近一半的河段受到严重污染；大部分湖泊富营养化；全国2/3城市居民生活在噪声超标的环境下；遭受工业固体废弃物和城市垃圾危害的耕地达1.5亿亩；城市面临被垃圾包围的局面；随着乡镇企业的迅速发展，环境污染出现了由城市向农村加速发展的趋势；森林破坏和林地侵占，在很大程度上抵消了植树造林的成效；土地沙化和水土流失发展大于治理，面积仍在扩大；5000多种高等植物和野生动物处于濒危状态。显然，环境保护对于中华民族来说，已经关系到子孙后代的生死存亡。

其实，中西先哲很早就留下了人与环境方面的思想资源。王充的《论衡》中谈到“夫人不能以行感天，天亦不能随行而应人”。20世纪60年代，美国女生物学家卡森出版了《寂静的春天》①；70年代，挪威生态学家奈斯发表了《浅的和深、远的生

① 卡森．寂静的春天［M］．吕瑞兰，李长生，译．上海：上海译文出版社，2008.

态学运动》，并与另一位生态学家瑟逊治共同提出了深层生态学的八项原理，其实就是人类开发地球适可而止的思想，就是“天人合一”思想的现代版本。所以，人类在与地球的生态环境的关系上确实要适可而止，不能污染了大地，污染河流；污染了大海，污染太空；不能“得寸进尺”，要适可而止。

从生活与生命的角度看，我们也不要“得寸进尺”，知足是可以长乐的。就如台湾漫画家蔡志忠所说：如果拿橘子来比喻人生，一种橘子大而酸，一种橘子小而甜，一些人拿到大的就会抱怨酸，拿到甜的又会抱怨小，而我拿到了小橘子会庆幸它是甜的，拿到酸橘子会感谢它是大的。或许在事业上，我们要做个“得寸进尺”的人，但是在生活上，我们应该做个“知足常乐”“适可而止”的人。简单、再简单一点的生活，就是长乐的生活。知足常乐，要求我们以正确的心态面对宠辱得失，“不以物喜，不以己悲”。知足常乐实际上是一剂心灵的良药，帮助我们在纷繁芜杂的生活中形成一个良好的心态。知足者，是对自己现状的肯定。因为知足，就很快乐；因为快乐，才能以更好的心态去追求未来。知足者，贫穷亦乐；不知足者，富贵亦忧。这我们真要学苏东坡大学士，他的《定风波》：“莫听穿林打叶声，何妨吟啸且徐行。竹杖芒鞋轻胜马，谁怕？一蓑烟雨任平生。料峭春风吹酒醒，微冷，山头斜照却相迎。回首向来萧瑟处，归去，也无风雨也无晴。” 这饱含人生哲理意味的点睛之笔，道出了词人在大自然微妙的一瞬所获得的顿悟和启示：自然界的雨晴既属寻常，社会人生中的政治风云、荣辱得失又何足挂齿？句中风雨二字，一语双关，既指野外途中所遇风雨，又暗指几乎置他于死地的政治风雨和人生险途。纵观全词，一种醒醉全无、无喜无悲、胜败两忘的人生哲学和处世态度呈现在读者面前 。读罢全词，在我们的理念中自会有一番全新的体悟，我们要知足常乐，凡事适可而止。

东施效颦

——从模仿到创新

“东施效颦”的典故出自《庄子·天运》：“故西施病心而矉其里，其里之丑人见而美之，归亦捧心而矉其里。其里之富人见之，坚闭门而不出；贫人见之，挈妻子而去走。”意思是说，美女西施有心痛的毛病，犯病时手抚着胸口，皱着眉头，比平时更美丽。同村女孩东施也学着西施的样子抚着胸口，皱着眉头，因其本来就长得丑，再加上刻意地模仿西施的动作，装腔作势的怪样子，让人更加厌恶。

其实，人类一直在模仿，这种行为既简单，又有效。如果没有模仿，人类或许走不到今天。200万年前生活在东非的祖先，他们制造的石质工具彼此非常相似，因为彼此模仿。7000年前欧洲中部的手工艺人也彼此模仿陶器设计。实际上，我们的祖先是非常出色的模仿者，或许就是这许许多多的模仿者，才延续了中华民族几千年的文化。人类如果失去了模仿，就失去了生存的基础。

其实，“东施”必然“效颦”，“东施”必须“效颦”。“东施效颦”是人类社会的一种基本规律；“东施效颦”是落后者学习先进者、模仿先进者，求得生存的第一步。“东施效颦”实际上就是人类社会中的模仿现象。模仿是人类文明延续的方法。英国经济学家凯恩斯说：我们知道个人的判断是毫无价值的，因此我们尽量模仿大多数人或一般人的行为，每个人都努力模仿他人的这种社会心理，导致我们可以称之为常规判断的形成。学者将这种模仿称为社会性学习。[①] 法国著名哲学家、心理学家、社会学家、法学家加布里埃尔·塔尔德认为，模仿是先天的，是我们生物特征的一部分。模仿行为犹如其他许多种类的行为一样，也是习得性的。模仿是社会学习的重要形式，在个体社会化过程中起着重要的作用。他在《模仿律》中指出：社会就是模仿、模仿就是传播。模仿与生物的遗传有很相似之处，人与人越接近，模仿的成分就越大，社会关系也越亲密，社会就由这种模仿作用而趋于巩固和发展。群体的规范和价值都是由于模仿的结果而产生的，模仿是社会进步的根源。英国苏珊·布莱克摩尔也指出：使我们人类区别于动物而成为人的，乃是我们所拥有的模仿能力[②]。而道金斯把模因[③]定义为模仿。他指出，模因为“文化传递的单位，它通过一个过程而从一个人的头脑跳入另一个人的头脑之中。这个过程，广义而言，可以被称为模仿”[④]。

人类的演化史就是对英雄崇拜的历史。如果说男人是对英雄的崇拜，那么女人就是对美女的模仿。进入工业化社会，产品供大于求，产品的销售出现惊险的一跳。这时，企业家与营销专家们发现名人（西施）的出现能够达到引人注意、强化事物、扩大影响的效应，利用名人有利于推销自己的产品。人们模仿名人的心理现象统称为名人效应或者明星效应，这实际就是“东施效颦”现象，即消费者（东施）以效仿名人（西施）的消费行为来满足自己的心理需求（希望自己也是美女）。消费者是“东施”，“西施”的一举一动的广告行为，对东施的影响是必然的，

---

① 转引自亚历克斯·本特利等．窃言盗行——模仿的科学与艺术［M］．北京：清华大学出版社，2013：40.

② 苏珊·布莱克摩尔．谜米机器——文化之社会传递过程的“基因学”［M］．高申春，吴友军，许波，译．长春：吉林人民出版社，2001：4-5.

③ 模因论是基于达尔文进化论的观点解释文化进化规律的一种新理论。它试图从历时和共时的视角对事物之间的普遍联系，以及文化具有传承性这种本质特征的进化规律进行诠释。

④ 里查德·道金斯．自私的基因［M］．卢允中，译．长春：吉林人民出版社，1998：192.

也就是说“东施”必然“效颦”。

“东施”必须“效颦”。新中国成立后一直提倡“自力更生”，过分提倡自主创新的后果是创新的目标远离现实的经济技术基础，企业心有余而力不足，或不顾自身条件，盲目蛮干，损失惨重。此外，不顾国外技术发展的实际情况，闭门造车，搞重复开发式的“自主创新”，结果是投入巨大的人力物力，而最终技术水平和经济效果并不理想，也难形成自己的知识产权，这就是“东施”不愿“效颦”的教训。

“东施效颦”是一种模仿。模仿包括两种：第一种是完全模仿，对企业而言即对市场上现有产品的仿制。一项新技术从诞生到完全市场饱和需要一定时间，所以创新产品投放市场后还存在一定的市场空间，使技术模仿成为可能。但完全模仿本质上也带动了企业的技术创新活动，很多企业的发展都是从模仿其他企业的技术开始的。第二种是模仿后再创新。这是对率先进入市场的产品进行再创造，也是在引入他人技术后，经过消化吸收，不仅达到被模仿产品技术的水平，而且通过创新，超过原来的技术水平。这要求企业首先掌握被模仿产品的技术诀窍，再进行产品功能、外观和性能等方面的改进，使产品更具市场竞争力。

如果借用多人博弈的理论看，或许更聪明的做法是让别人先行动起来，然后模仿他人的成功，避免重复他人的错误。所以，模仿创新的优势在于可节约大量研发及市场培育方面的费用，降低投资风险，也回避了市场成长初期的不稳定性，降低了市场开发的风险。

从模仿创新与自主创新的投入比较来看：模仿的平均成本是创新成本的65%，平均耗时是创新耗时的70%。模仿创新比自主创新节约，其中研发费用是自主创新的0.28倍，人均技术开发投入费用是自主创新的0.57 倍，人均技术改造费用是自主创新的0.87倍。从世界工业发展的历史经验来看：美国18世纪还是一个农业国，从18世纪末开始，模仿英国纺织新技术、蒸汽机技术、汽车制造技术等使经济迅速发展。韩国1960年人均GDP为80

美元，从20世纪60年代韩国经济起飞，也主要是依靠模仿创新战略。日本明治维新时期向欧洲学习，“脱亚入欧”，使得日本迅速从传统社会向工业社会转型，其使用的战略也是这种“效颦”战略。

当然，“东施”不能止于“效颦”。模仿难免在技术上受制于人，而且新技术也并不总是能够轻易被模仿的。随着知识产权保护意识的不断增强，专利制度的不断完善，要获得效益显著的技术显然更不容易了。所以，在模仿、模仿创新之后，还要走自主创新之路。模仿是手段，创新是目的；从模仿、模仿创新走向自主创新。比如韩国，不仅学习西方的先进技术，而且在学习的过程中形成自己的技术。就是说，不仅要“效颦”而且要“超颦”。

也可以说，“东施效颦”与“西施模仿东施”都是一个模仿与创新的过程，在某个阶段内是“东施效颦”，在某个阶段内则是“西施向东施学习”。比如，在农业文明阶段，西方向东方学习的东西很多，比如火药、指南针、活字印刷术等；而西方工业革命后的200年，则是东方向西方学习的200年。现在，东方的独立与崛起，也可以说是相互学习、相互模仿。

罚不责众

——不责大众还是不责小众?

罚不责众，这句成语出自清朝李汝珍《镜花缘》第四回："况罚不责众，如果立意都不承旨，谅那世主亦难遽将群芳尽废。"罚不责众，本义是指法律规定对个别人的违法行为容易追查，若违法的人比较多，就难以追查，甚至只能放任自流。

罚不责众，责的是大众还是小众？封建社会少数人统治多数人，统治阶级所制定的法律常常是违背大众利益的"恶法"，因此多数老百姓不愿意遵守。假如"责众"，很容易引起官民对立乃至暴乱，即所谓众怒难犯；但听之任之，又失去法律的权威性。于是，执法者采取一种妥协方法，叫做"罚不责众"。"众"虽然不敢"责"，而对于带头闹事的主犯，常常还是不客气的。所以，罚不责众是不责大众责小众。

罚不责众为什么不责大众？罚不责众这句成语也暗含着一个立法原则，如果所立之法大多数人都做不到，则说明所立法律本身有问题，所立之法需要修改。可以说，罚不责众是制定法律的一个原则，制定法律的最终目的是让人们不去犯法，而不是等人们犯法后再去惩罚。罚不责众，如果从法律制定的角度说，法治国家是永远不会出现责众之法律，而且如果法律对一项群体性、普遍性的内容进行惩罚，说明法律本身就有问题，也就是说，责众之法是不符合法律建立的目的的，这其实是一个逻辑上的错误说法。

为什么法律制定后，在执行中会出现罚不责大众的潜规则？

这是因为法的制定要罚的是小众，而不是大众。如果制定的法律与大众利益相违背，这个法律可以休矣。法律不是立法者凭空“制造”的。离开国情、离开多数人的意愿“制造”法，往往会把多数人置于违法境地，这样的法不会有权威，靠强制也很难执行。尊重多数人的意愿，应当成为立法的一个原则。立法时就应充分考虑“罚不责众”，只有考虑了罚责的是小众，才会加大执法的力度，众人违法的现象就会减少。比如，“文革”期间，有些地方制定“土政策”，硬性规定到二十五六岁才准予登记结婚，相当多的农民接受不了，许多人索性自行结婚、不去登记了。后来人民公社领导强令登记，结果不少人抱着孩子来登记，罚不责众，也就睁只眼闭只眼了。

罚不责众是从法律制定的原则说的，是对的；对群体事件，罚不责众是一种手段与技巧也是对的。但当法律通过后，真的罚不责众吗？似乎是否定的。虽然执法有弹性，但以暴力、威胁等方法阻碍公务本身就要承担相应的责任；造成人员伤亡现象者，法律不管你是在人多的时候出手还是人少的时候出手，都会根据事实同样处理；即或是无法质证之时，群体抗法的组织者、教唆者，也要承担煽动暴力抗法实施罪的责任。

出现罚不责大众的潜规则也与人们的从众心理有关。从众心理导致无众，从众导致大众无独立人格。大众心理学的理论认为，聚集的大众易冲动和急躁，并且大众群集时不会深思熟虑，易受暗示，容易把头脑中产生的幻觉当做现实，他们的感情总是走极端，容易偏执、专横和保守，往往会产生“追随多数人没有错”的心理，甚至在根本信念上改变原来的观点，放弃原有的意见，最终产生了从众的行为，因此这也成为一种比较普遍的社会现象。比如，互联网的信息传播中，很多网民就是在从众心理的支配下表现为凡事“人云亦云”，“随大流”，“大家都这么认为，我也就这么认为”，“大家都这么做，我也就跟着这么做”，以寻求一种集体认同的安全感。

为什么中国人从众心理那么严重？主要原因是中国几千年都

是农业立国，中国人的主体是农民。农民的生存方式决定了农民的从众心理。什么时候播种，什么时候收割都是按照农历二十四节气进行的，别人都按时种地你不按时种地，别人收割时你不收割，那你就没有收成，没有饭吃，从众是中国传统农民的本质。

此外，中国作为一个历史上长期从小农经济发展过来的国家，整个的民族性就有追求稳定、安土重迁的习惯。屈原《楚辞》中就有安土重迁的情怀："鸟飞反故乡兮，狐死必首丘。"种地，作为自给自足的经济方式，可以说需要冒的风险是最低的。除非失去土地、战乱、人口超过土地承受能力时，人们一般是不离开土地一步的。所以，几千年来，我们的祖祖辈辈都是从众的，就是种田。

至于那些特立独行的农民造反者、革命家都是因为自己的抱负与从事农业的得益不符，值得铤而走险，包括陈胜、吴广、朱元璋、李自成等。为什么日本国民中存在较多的特立独行的浪子？主要是由日本国家的资源与制度决定的。一是日本国土窄狭，资源短缺；二是家庭财产实行长子制，次子只能作为浪子，寻求新的资源，于是就特立独行，不肯从众了。当然，新中国成立后，城里人从众行为也是非常严重的。城里人一般主要在国有企业、事业单位与政府机关工作，他们吃惯了大锅饭，自然就变懒散了，自然就从众了。罚不责众的好处就是不会使官民对抗升级；坏处就是加剧了民间的从众心理，平时一盘散沙，无人热心公共事务，有事则一哄而起、一哄而散的民间骚动就成了社会运动的一种主要方式。

德国学者诺伊曼提出的沉默的螺旋概念基本描述了这样一种现象：人们在表达自己想法和观点的时候，如果看到自己赞同的观点，并且受到广泛欢迎，就会积极参与进来，这类观点越发大胆地发表和扩散；而发觉某一观点无人或很少有人理会（有时会有群起而攻之的遭遇），即使自己赞同它，也会保持沉默。

罚不责众，但理可责众。这个理是道理的理，这个责是指责，而不是责罚。大体上可以这样说，法律重理性，而道理偏向感性；法律严谨、稳定，道理易变、波动；法律体现于制度中，而道理寓于感性诉求；法律具有刚性特征，而道理具有柔性特征。法律作为引向秩序的规范，在于打理社会人的日常杂事、政治和经济生活，乃是人创造和实践的制度。人是法律考虑的起点。即为人，则必然牵涉个人和社会感情、道理，一个成熟的法律制度，必然是法与理的融合与贯通。法律作为一种生活方式，应尊重常识、常理与常情，法律不得违背基本的人情之常，法意更是要贯通于人心，所以，罚不责众。但道理则是人类社会对个体道德、社会规律的基本要求，每个社会公民必须服从这个道理与社会的基本道德标准，从这个角度说，理可责众，而且是责大众。

分庭抗礼

——既要分庭也要抗礼

分庭抗礼，这则成语出自《庄子·杂篇·渔父》：“万乘之主，千乘之君，见夫子未尝不分庭伉礼。”分庭抗礼，原指以平等礼节相见，现多比喻互相可以抗衡。“庭”指庭院、庭园、庭宇，也有家庭、庭闱、庭训之意，更指审判案件的处所或机构法庭。在古代，“庭”、“廷”同用，“庭”也指朝廷、边庭（边境、边署），例如《史记·廉颇蔺相如列传》：“拜送书于庭”；《说苑·立节》：“使有禄于国，立义于庭”；杜甫《兵车行》：“边庭流血成海水，武皇开边意未已”等。

关于分庭抗礼这个成语，我们从六个方面给予阐述。

第一，人类各民族的历史都是分庭抗礼的历史。

中国历史就是分分合合的历史，有文字记载的大约一半是分离、“分庭”的历史，我们后面再作论述。先看欧洲的历史，古希腊是共和制度，加上城邦众多，没有形成统一的帝国。[①] 欧洲有40多个国家，面积与中国差不多。为何罗马之后再无罗马？首先是西欧的气候，没有什么大的自然灾害，不需要统一的政府来处理。其次是欧洲是城邦文化，人们比较喜欢自由、民主，喜欢独立，他们容得下别的国家在自己的身边做邻居，所以不需要一种统一的文化、统一的语言、统一的体制。最后是语言多样化，“通天塔”的隐喻说明欧洲国家能“分庭”而不能“合庭”。欧

① 斯塔夫里阿诺斯．全球通史［M］．吴象婴等，译．北京：北京大学出版社，2006.

洲虽然没有大一统的“合庭”，但有“分庭”的联盟——欧盟。从1965年成立欧洲共同体，到1993年成立欧盟，至今欧盟已经成为一个涵盖28个国家、总人口超过5亿、GDP高达17万亿美元的国家联合体。或者说，是一个“分庭”众多的“合庭”联合体。

再看南美，为什么南美洲也没有形成大一统的国家？首先，人口构成复杂，原住民印第安人几乎灭绝，黑奴贸易引入大量的非洲黑人、亚洲人（猪仔），但始终没有形成同一民族。其次，没有统一的语言、统一的地域、统一的思想意识、统一的风俗习惯。最后，在拉美独立战争的过程中，各地的起义都是各自进行，没有统一的革命，没有共同的目标和经历，也就无法形成大一统的国家。

最后看看非洲，为什么非洲小国林立、“分庭”众多？主要还是地理因素造成的。从地形上看，撒哈拉沙漠横亘非洲中部，非洲南部被各式各样的高原占据，而北非更像地中海气候的欧洲。南非多是黑人，语系复杂，而北非的文化与西亚相近。地理因素和文化差异，使得一个能够跨越沙漠和高原而并治的统一国家，在非洲是难以存续的。也就是具有“大”“一”“统”这三个特征的国家，在非洲完全不可能产生。

欧洲曾有大一统的帝国，但也分崩离析了；非洲没有大一统的帝国，南美也没有。北美虽然有美国、加拿大这两个大一统的国家，但是实行的是联邦制。除了中国大一统，为什么世界上这么多民族选择了“分庭”发展的模式？比较简单的解释就是，从人类历史角度看，世界上大一统的国家都是东西向而非南北向上的，这是由于气候等原因导致的。[①]

第二，中国几千年的历史，向内看似乎都是“合庭”的历史，但换一个角度看问题，其实也是“分庭”与“不庭”的历史。

中国自秦以来，政治上施行的是以官僚机构为载体的君主专

① 戴蒙德．枪炮、病菌与钢铁：人类社会的命运［M］．谢延光，译．上海：上海译文出版社，2006.

制制度，核心是权力一元化，皇帝集行政、立法、军权、司法等权力于一身。权力有分工而无分立，有吏治而无政治，有法治民而无法治权，能以官治民而不能以民治官，这就是中国官僚政治的特征。明末清初的著名思想家黄宗羲便根据自己对历史的考察和亲身感受，认为当时的政治之所以腐败，人民大众之所以受难，最大的祸根就是君主专制。

著名的历史地理学家谭其骧教授则认为，历史上的中国是多民族共同缔造的国家，因而中国与中原王朝是两个不同概念：凡是中华民族大家庭中任何一员在历史上建立的政权，都是中国历史上的政权；她所管辖和活动的范围，都是历史上中国的疆土；中原王朝只是其中的一部分；历史上除了清朝以外，没有一个政权曾经包括过所有中国的领土。[①] 可见，中国的历史是“分庭”的历史而不是“合庭”的历史。“合庭”也是在庭内专制极权，不能分庭抗礼。中国历史历来都是儒家思想一统天下，都是站在汉民族的角度论述历史，于是特别强调的是不能分庭抗礼，对“不庭”的民族与地区大加讨伐。汉族封建统治阶层一直强调“合庭”的好处，认为“分庭”与“不庭”的行为必须全民共伐之，神明共怒之。实际上，从地域上看，汉民族并没有同时“全庭”于西北、内蒙古、东北、西藏、云南、台湾、海南、钓鱼岛、南海诸岛等地；从民族角度看，中国历史就是匈奴、鲜卑、乌孙、突厥、回鹘、吐蕃、渤海、南诏、契丹、西夏、大理、女真、蒙古、维吾尔、满、高山等民族不断“分庭”与“合庭”的历史。中华民族由多个民族组成，中国是一个多民族的国家，多民族国家历史上自然存在“分庭”与“不庭”。

比如北宋时期，北界在现在北京、天津的南面，河北的中部，山西的中部，北面是契丹人建立的辽国，辽的疆域南至燕云十六州，北至西伯利亚；北宋中期又出来一个西夏，位于今天的宁夏、甘肃；北宋的西南，自从南诏以后变成大理国，就是现在

① 谭其骧．历史上的中国和中国历代疆域［J］．中国边疆史地研究导报，1988（03）．

的云南；还有吐蕃、回鹘，即现在的西藏、新疆。你能说这不是分庭抗礼吗？

第三，“分庭”就是分权，“分庭”就是制衡权力。

英国著名历史学家、政治理论家阿克顿指出，权力导致腐败，绝对的权力导致绝对的腐败。[①] “分庭”也有理论，那就是孟德斯鸠在1748年提出的著名的“三权分立”学说。他认为：“政治自由不是想做什么就做什么，在一个有法律的社会里，自由仅仅是一个人能够做他愿意且应该做的事，而不是被强迫去做他不愿做的事，为了防止滥用权力和保证人民的自由，必须以权力来约束权力。” “司法、立法、行政这三种权力必须分开，而不能、不应该彼此合并。当立法权和行政权集中在一个人或同一个机构的时候，自由就不存在了。如果司法权和行政权合二为一，法官就有压迫的权力，他们就会对公民的生命和自由实行专断。如果立法权和司法权集于一身，法官就是立法者。假如这三种权力集中在一个人和一个机构，那么一切完了。”[②]

第四，我们不仅要“分庭”，更要抗儒家之“礼”。

儒家的“礼”是否强调人人生而平等、天赋人权？儒家之“礼”的核心是“君君臣臣，父父子子”，是“君叫臣死，臣不得不死；父令子亡，子不得不亡”。封建统治阶层要人民不抗礼，就是要黎民百姓安贫乐道、逆来顺受，不得僭越，不得抗礼，其目的就是维护统治者家族的长治久安。若抗礼则为犯上作乱、大逆不道，必会受到国法、族规的严厉惩罚。所以，当今社会，我们要抗儒家之“礼”，抗人生而不平等之“礼”，抗贫寒之子永远贫寒、富贵之子永远富贵之“礼”。不抗“礼”，这个社会就被“官二代”“富二代”统治；不抗礼，我们就如鲁迅所说，我们只有当稳了奴才和没有当稳奴才的区别，子子孙孙无穷尽也。

第五，我们要抗儒家文化之“礼”，但不抗现代社会

① 阿克顿．自由与权力．侯健，范亚峰，译．南京：译林出版社，2011:342.

② 孟德斯鸠．论法的精神［M］．许明龙，译．北京：商务印书馆，2012.

之“仪”。

中国古代的“礼”和“仪”，实际上是两个不同的概念。“礼”是制度、规则和一种社会意识观念；“仪”是“礼”的具体表现形式，它是依据“礼”的规定和内容，形成的一套系统而完整的程序。现代的礼仪与古代的礼仪已有很大差别，我们必须舍弃那些为专制极权阶层服务的礼仪规范，重构、学习、借鉴人类文明现代之礼仪，包括人类各民族普遍存在的传统文明礼仪，如尊老敬贤、仪尚适宜、礼貌待人等，也包括守时、公共场所不大声喧哗、不乱穿马路、开会不接手机、不玩iPad等。

第六，我们要分庭抗礼，但不能抗法，而要依法。

实际上，30多年改革开放的历史就是中国经济从计划向市场转型的历史，也是分庭抗礼不抗法的历史。20世纪那些所谓的不三不四挣大钱的创业者，就是从计划经济转向市场经济的分庭抗礼者，就是与国有企业分庭抗礼者，就是通过市场与政府的分庭抗礼者，就是对自身身份的抗礼者，是诚信契约的践行者，也是遵循市场规律的守法者——因为市场经济就是法治经济，遵循市场规律就是遵循市场经济的基本法治原则。

从宏观上看，从计划经济向市场经济转型的过程，就是市场与政府“分庭”的过程，是金钱与权力“分庭”的过程，是从“大庭”转为“小庭”的过程。遗憾的是，30多年改革开放的市场经济还是权贵主导的经济，是金钱与权力“分庭”又合署的经济，而不是知识和创新与金钱和权力“分庭”的经济。权力与金钱“分庭”又合署的历史经验主导中国现代化历程。主流媒体津津乐道的改革家王安石与张居正，其改革都是官商“合庭”的改革，前者导致北宋灭亡，后者导致明朝加速灭亡。还有洋务运动的“买办经济”，是导致甲午战争失败的经济原因，也是根本原因。这些都是权钱“分庭”合署的典型形态，都是靠特权来操纵、控制经济，从而导致中国严重的贫富不均。30多年改革开放所形成的中国模式，不过是卖血汗、卖资源、低工资、低人权、高污染的模式，而不是知识与创新驱动的模式，也不是知识经济的模式。缺乏知识和创新与金钱和权力的“分庭”，只能处于世界产业生态链的低端而不是高端。

改革开放30多年，知识的代表者——知识分子更不能与权力与金钱的代表者分庭抗礼。知识分子本是社会三大精英中的主体之一，现在沦落为弱势群体之一，以至于知识的代言人依附权贵来谋取生存，既不“分庭”，更不“抗礼”。没有知识精英的民族不可能持续发展，不可能屹立于世界民族之林，更不可能屹立于世界民族之巅。

风马牛不相及

——美第奇效应相及风马牛

“风马牛不相及”出自《左传·僖公四年》：“四年春，齐侯以诸侯之师侵蔡，蔡溃，遂伐楚。楚子使与师言曰：‘君处北海，寡人处南海，唯是风马牛不相及也，不虞君之涉吾地也，何故？’”这段话的意思是：鲁僖公四年的春天，齐桓公凭借各诸侯国的军队进攻蔡国，蔡国溃败后，接着又进攻楚国，楚成王派屈完为使者，他对齐军说，你们居住在大老远的北方，我们楚国在遥远的南方，相距很远，即使是像马和牛与同类发生相诱而互相追逐的事，也跑不到对方的境内去，没想到你们竟然进入我们楚国的领地，这是为什么？

“风”在这里是作动词讲的，意思是“放逸、走失”，一说是兽类雌雄相诱叫“风”，因马与牛不同类，不会相诱。这里是形容齐楚两地相距甚远，马、牛不会走失至对方境内。与此相类似的还有一种解释，《古文观止》：牛走顺风，马走逆风，喻齐楚不相干也。后世则以“风马牛不相及、风马牛、风马不接、风马、风牛”等比喻事物之间毫不相干。

“风马牛不相及”是后世使用得非常广泛的一则成语，汤显祖《南柯记》第二十九出：“太子，君处江北，妾处江南，风马牛不相及也。”

这个成语是需要反思的。反思之一是风马牛不相及说齐楚两地相距甚远，马、牛不会走失至对方境内，这是楚国使臣观念的狭隘。秦国统一中国的进程中，六国依然认为马牛会迷失到对方的境内，这是六国观念的狭隘，认为只要统治好自己的一亩三分地就好，不知道秦国七百年的积聚与崛起就是要横扫六合。还有成吉思汗铁蹄横跨欧亚，英格兰国旗插遍地球有人口的3/4的土地上，怎风马牛不相及。

当时论及迷失的马、牛距离不过是楚国与齐国的距离，与现代五大洲、七大洋的距离相比已经不算距离了，特别是有了现在的动车、飞机等交通工具，齐楚的距离真不是距离，风马牛也不能不相及了。当今齐国（山东）与楚国（湖北、湖南）的商品竞争更使风马牛相及了，楚国的烟酒依然畅销于齐国，而山东的万达的商城遍布荆楚大地与三湘流域。

反思之二是许多生物与植物是风马牛相及的，是通过生物链连在一起的。达尔文在研究生物时观察到，在养猫愈多的地方，羊也养得愈多。猫和羊有何相干呢？原来羊吃一种三叶草，这种草是靠丸花蜂授粉的，而田鼠为吃这种蜂蜜又往往会破坏蜂窝，所以，田鼠多了，蜂就少，从而三叶草传粉的机会也就少。相反，养猫愈多，田鼠就愈少，丸花蜂因而也就愈多；三叶草传粉机会多了，就能获得好收成；三叶草愈多，牧草充足，喂的羊自然也就愈多了。因此，“猫—田鼠—丸花蜂—三叶草—羊”之间就形成了一条相互联系的生物的食物链，风马牛也就相及了。

其实，在客观世界中，不仅有食物链，而且还有其他相互联系的“链条”。从宇宙星系到微观粒子，从无机界到有机界，从自然界到人类社会，从客观世界到主观世界，无不处在普遍联系的相互影响和制约之中。正如恩格斯所说：“当我们深思熟虑地考察自然界或人类历史或我们自己的精神活动的时候，首先呈现在我们眼前的，是一幅由种种联系和相互作用无穷无尽地交织起来的画面。”[①] 植物生长总是和一定的阳光、温度、水分、土壤等相联系。一个年轻人的成长总是与一定的社会、学校、家庭影响相联系的。人的有机体的各部分也是不可分割地联系在一

① 马克思恩格斯全集：第19卷［M］. 北京：人民出版社，2008：219.

起的，人体的各个系统、器官、组织、细胞及其功能都是互相联系、互相作用和互相制约的。

如果把“风”说成是兽类雌雄相诱，而马与牛不同类，不会相诱。这种说法，在自然界是不全面的，在科技时代更有“一叶障目，不见泰山”的局限。科学家在研究自然界中千奇百怪的杂交动物时发现，不同物种之间的“基因差别”或许并不是“无法逾越的巨大障碍”，动物们某些自发的“混血交配”可能会产生奇迹般的“震撼效果”。有生物学家估计，有多达10%的动物物种和25%的植物物种会偶尔和不同物种进行交配。① 比如，培育产生的斑马马（斑马和马）、皮弗洛牛（北美野牛和肉牛）、狮虎兽以及众所周知的骡子（驴和马）。由于杂交行为贡献了新的基因，从而形成了各种各样不同生物体跨界共存的可能性。

我们知道，人类社会是“同性相斥、异性相吸”，男人与女人是相及的、相吸的；而男人与男人、女人与女人是相斥的，是风马牛不相及的。但是，人类历史几千年依然存在风马牛相及的情况（虽然少，但存在），即男人与男人、女人与女人相互吸引。现代科学研究显示，各种少数性倾向和精神病理不存在任何内在联系。欧洲许多国家不仅承认遗传、性激素、环境、宗教都可能使风马牛（男人与男人、女人与女人）相及，还从法律上给予承认，这些国家同性婚姻已经完全合法。风马牛不相及的同性恋被人们理解乃至认同，也是人类文化多元化发展的一种具体表现。所以，风马牛不相及，在人类社会中也不具有普适性。

现在，全球70亿人口，不同民族、不同地域，按中国成语的说法，可谓风马牛不相及了。1929年，匈牙利作家F.Karinthy最早提出了“小世界现象”的论断。他认为，地球上的任何两个人都可以平均通过一条由六位联系人（或者说只需要五个中间人）组成的链条而联系起来。这个论断现在称为小世界理论，也称为六度分割理论、六度分隔理论（Six Degrees of Separation）。小世界

① 高铁军.动植物世界不同物种“自然杂交混血”之谜［DB/OL］.（2010-09-17）［2014-07-18］http://news.xinhuanet.com/2010-09/17/c_12578474.htm.

理论否定了不同地域、不同人群的风马牛不相及的判断。该理论指出：你和任何一个陌生人之间所间隔的人不会超过六个，也就是说，最多通过六个人你就能够认识任何一个陌生人。哈佛大学社会心理学家斯坦利·米尔格拉姆通过招聘300人做了一个著名的试验，最终系统地提出并证实了“六度分割”理论，使得六度分割理论广为认同。六度分割理论并不是说任何人与人之间的联系都必须要通过六个层次才会产生联系，而是表达了这样一个重要的概念：任何两位风马牛不相及的人之间，通过一定的联系方式，总能够产生必然联系或相及。显然，随着相及方式和相及能力的不同，实现个人期望的机遇将产生明显的区别。

我们现在已经进入一个网络的时代，特别是移动网络的时代，当前最流行的广告词是“移动改变生活”。网络时时、处处影响着我们。现在成立的各种社交型网站，如人人网、开心网、QQ空间、新浪微博、微信等，其实质是风马牛相及的，网络使得不同人之间风马牛相及了。最为典型的风马牛相及的例子就是马克·扎克伯格（Mark Zuckerberg）创办的一个社交网络服务网站Facebook。这个哈佛小子想“风”那些不相及的哈佛女生，侵入了学校的一个数据库，将学生的照片拿来用在自己设计的网站上，供同班同学“风”。当然他是借助网络平台来“风”的，也就是说是借助评估来增加男女彼此的吸引力。截至2012年5月，Facebook拥有约9亿用户，是全球第一大风马牛相及的社交网站。

有专家说，如果人类社会有奇迹，那就是工业革命的奇迹，而工业革命的奇迹不过是文艺复兴的产物。文艺复兴的大本营是意大利，更确切地说是在意大利的佛罗伦萨城，而开启文艺复兴时代的是伟大的美第奇家族。

美第奇家族是佛罗伦萨的一个银行世家，正是由于美第奇家族以及其他几个有着相似背景的家族的鼎力资助，使一大批包括科学家、艺术家、文学家和商人在内的多学科、多领域的锐意进取之士齐聚佛罗伦萨城。他们彼此之间相互了解、相互学习、相互影响，从而打破了学科之间、文化之间的壁垒，创造出了惊人的新思想、新艺术、新文化与新科学，使文艺复兴时期成为人类历史上最富创造力的时期之一。实际上，文艺复兴不过是多学科、多文化、多样化人才跨界碰撞的结果。

“美第奇效应”就在于把不同的学科、不同的文化汇集到一起，找出思维交叉点、通过交叉思维形成新想法、新方向。在经济全球一体化发展的过程中，人才的全球化的大规模流动，必然使得以前认为风马牛不相及的相及了，联系上了，交叉思维碰撞了。

比如，建筑学家皮尔斯把风马牛不相及的建筑工程与蚁族筑建的保持恒温蚁冢相及起来，开创了“自然拟态工程”这一建筑设计的新领域，并设计建造出闻名世界的津巴布韦“东关”综合写字楼。生物技术人员将蜘蛛掌管吐丝的基因与山羊基因两个风马牛不相及的事物嫁接起来，从而用羊奶纺织出高强度、高柔韧性的丝线。再如，布朗大学一组分别来自数学、医学、神经科学以及计算机科学的风马牛不相及的专家群体，共同揭开了猴脑思考的秘密，引起了全世界的轰动等。这些都是风马牛不相及的地方相及了。

风马牛要相及就要跨界。跨界就是突破原有行业惯例，通过嫁接外行业价值或全面创新而实现价值跨越的品牌行为。跨界是对专业化的一次反叛，它让原本毫不相干的领域或元素，相互渗透、相互融汇，带来新的观念或生活方式，帮助品牌跨出本领域，跳出竞争困境。① 跨界就是让不相及的马牛相及。

跨界思维，就是多角度、多视野地看待问题和提出解决方案的一种思维方式。它不仅代表着一种时尚的生活态度，更代表着一种新锐的思维特质。思想的自由，思维的灵动，好似创意的眼睛，创新的灵魂。思想自由，则目光如炬；思维灵动，则意到神随。而欲达自由、灵动之境，跨界必先拆除思想的藩篱、打破思维的界限，包括跨行业、跨领域、跨文化，甚至是跨时空。

① 柳军等. 跨界改变中国［M］. 广州：广东经济出版社，2008.

成功的商业模式是跨界创新的模式。假如俞敏洪不跨出北大是否能成就今天的新东方？假如马云不跨出传统物流模式，是否会有今天的阿里巴巴？假如没有支付宝对银行的跨界经营，银行会震动吗？假如没有微信的跨界，三大电讯公司会反思吗？杂货店老板不断拉长经营时间、加大劳动的力度，依然被7-ELEVEN、沃尔玛侵蚀或者边缘化，为什么？就因为7-ELEVEN、沃尔玛是跨界经营。可以说，21世纪的竞争是商业模式的竞争，是跨界的商业模式的竞争，实际上是预见力与调整力的竞争。

当今世界自然科学与社会科学学科高度交叉、高度综合，跨界首先体现在学科之间的跨界，学科交叉就是跨界、就是创新、就是风马牛相及。比如，钮卫星教授著的《天文与人文》就是把天文学与人文学科做了一个交集。鲁枢元教授的《文学的跨界研究：文学与语言学》就是把文学与语言学这两个截然不同的学科整合起来，把汉语言与文化整合起来。比如，生物声学是介于生物学和声学之间的一门边缘学科，它是生物学、声学、语言学、医学、化学等多学科相互渗透的产物。广义的生物声学还涉及生物组织的声学特征、声对生物组织的效应、生物媒质的超声性质、超声的生物效应及超声剂量学等方面内容，并在此基础上形成了超声生物物理学一个新的科学分支。再比如，刘亚轻等主编的《高等数学实验与社会工作分析》，把统计学、高等数学、计算机软件等学科知识跨界整合在一起，为社会科学的数学教育提供了一个跨界整合课程的成功案例。

中国古代文人士大夫的最大特征是重文轻理，文理不能融通，马牛不得相及。风马牛相及的最典型案例是“夏商周断代工程”。这是中国的一项文化工程，是一个用自然科学与人文社会科学相及、相结合的方法研究夏、商、周三个历史时期的年代学的科学研究项目，是一个风马牛相及的多学科交叉、联合攻关的系统工程。通过把历史学、考古学、天文历算、科技测年技术四个不相及的科学进行相及和跨界研究，就可以把中华民族从不到

3000年的历史延伸到4100年的可信的历史，而不是大而无当的、没有依据的上下5000年。

世界经济最大的特征就是跨产业竞争，也就是来自风马牛相及的竞争。一个微信软件的运用，在功能上足以把中国移动和中国电信这两个巨头在电话和短信的收费利用方面赶尽杀绝！数字相机断送了百年柯达。从产品的研发看，苹果跨越了传统的制造、IT、文化创意、艺术等领域；从产品的使用功能看，苹果的iPad跨越了传统的通信、计算机应用，延伸到文化、娱乐、传媒、金融、证券、艺术等领域。苹果在全球创造了巨大的新市场，成为全球市值最高的公司。

风马牛相及导致交叉与融合的新产业涌现。比如，为了摆脱慈善事业的捐款困境，RED创始人运用跨界思维，形成了始于慈善、基于商业、多方共赢的慈善商业模式。跨企业责任与投资者利益的界：每一件带有“RED（红色）”标示的红色商品，背后都是慈善：40%的利润捐给慈善机构。跨全球品牌的界：创立一个全新的品牌——“RED”，此品牌不属于任何一个企业所有，参与红色计划的企业只能根据授权，进行贴牌生产、销售红色商品（PRODUCT RED），比如红色的苹果iPod nano、红色的摩托罗拉的L7手机、红色的 Convers运动鞋和阿玛尼手表、眼镜…… 在这里，红色绝非简单的产品外形，听起来像割企业的肉，但事实上，它正受到越来越多企业和消费者的欢迎。这个慈善商业模式为人们提供了一个关于商业与慈善的新思路。跨被动捐款与主动消费的界，跨时尚与慈善之界。

风马牛相及颠覆了消费电子之间产业的发展模式，信息制造业、信息服务业、数字内容产业乃至与信息相关的其他产业正在高度相及。这一趋势不仅拓宽了原先的产业创新边界，而且也不断孕育出新的产业，比如互联网电视、手机电视等。

管中窥豹

——观察的工具与观察的对象之关系

管中窥豹出自南朝宋·刘义庆《世说新语·方正》：“王子敬（王献之）数岁时，尝看诸门生樗蒲，见有胜负，因曰：‘南风不竞。’门生辈轻其小儿，乃曰：‘此郎亦管中窥豹，时见一斑。’”“管中窥豹”的故事源于东晋书法家王献之。他自小就聪明过人。一天，他家来了几位客人，玩一种赌博的游戏。他在旁边看热闹，看着看着，他忽然说道：“南边的要输了！”客人们都感到惊奇：小小年纪，竟看出了一点门道！后来，南边的一方果然输了。有位客人说：“此郎果然言中！此亦管中窥豹，时见一斑！”

关于“管中窥豹，时见一斑”，我们常常从贬义的角度来理解，或者从局部与整体的辩证关系来阐释。几乎没有探究“管”与“斑”、“豹”间存在何种对应关系，即有怎样的“管”，会看到怎样的“斑”；以及虽然用同样的“管”，但不同的持“管”人看到的却是不同的“斑”；更没有深究“管”与“斑”之间的核心问题实则是观察者、观察工具、观察方法、观察理论与被观察对象间存在着一种互动关系。

如果把“管”理解为观察工具，那么，随着新“管”的不断出现，就会发现“新斑”以至“全豹”。现今，宇宙大爆炸、黑洞、黑子、太阳系外星球、类星体、宇宙射线、银河系等一系列有关宇宙和太空的新发现或新现象时常见诸媒体报端，但如果没有伽利略发明望远镜——这个新“管”，所有这些都似不存在。

正是伽利略借助望远镜这个新“管”代替了“浑天仪”这个旧“管”，才改变了中国人“天圆地方”的宇宙观。也就是说，随着望远镜的改进——“管”的发展演变，人类将会看到更丰富多彩、斑斓多姿的宇宙。重要的是，人类不仅可以看到这些多姿多彩的“新斑”，而且可以窥测“全豹”。美国天文学家埃德温·哈勃就曾借助胡克1917年发明的望远镜，使人们终于知道银河系外存在“天外有天”的“全豹”，同时也促进了作为观察工具的望远镜——“管”的发展。

如果把“管”进一步理解为研究方法，那么不同的研究方法则会产生不同的创新理论，即不同的“斑”。在人类的思想史上，某一时代特征不仅体现在人类所获得的思想成果上，更表现为获得这种成果而使用的方法上。正如黑格尔所说：获得一个成果所用的方法比获得这个成果更为重要。

在数学史上有几次重大革命无不与方法的突破密切相关，无不是方法的革命。也就是说，借助不同的“管”，可以得到不同的“斑”，而且可以逐步走向“全豹”。从历时角度看，人类从借助算术这个“管”到借助代数这个“管”看自然界与人类社会，就已使人类对数及其运算的认识有了重大突破，看到的“斑”更大了。当韦达和笛卡儿引进数学符号方法窥豹时，就已比用非符号的“管”能更有效地认识世界，这不仅导致代数学（即解方程的科学）的产生，更重要的是这种方法对整个数学进程产生了巨大影响。特别是很多重大发现都与之密切相关，如对二次方程求解，导致虚数的发现；对五次及五次以上方程求解，导致群论的诞生；对一次方程组的研究，导致线性代数的建立；对应用方程解几何问题，导致解析几何学的形成等等。

当牛顿借助力学中的运动这个“管”替代静止这个“管”看世界时，导致微积分的创立，并促进了工业革命的发展。很难想象，若没有微积分，是否有工业革命。

人们常说，经济学是一门历史的科学，它以历史的处于经常变化中的社会经济运动过程作为自己的研究对象。从重商主义到现代，在几百年的时间内出现了几十个经济学派和数百位著名经济学家。在他们的努力下，经济学从无到有，由浅入深，由单纯到复杂，从片面到全面，从贫乏到丰富，成为社会科学中最早出现、并最为成熟的一个学科。其中一个重要原因就在于研究方法的不断变革，即不断用新的“管”代替旧的“管”来分析经济运行规律。

从共时角度看，同一时代的人是采用“同管”研究（同一研究方法），还是运用“异管”（不同研究方法）分析经济问题，其所看到的“斑”或所得结果是令人震惊的。最有代表性的是，19世纪70年代初英国的杰文斯、奥地利的门格尔和法国的瓦尔拉几乎同时，但又各自完全独立地借助微积分这个“管”来构建经济学体系，最终得出了同样的边际效用递减规律。这充分体现了科学的特征：方法相同，结果相同；“管”相同，“斑”亦相同。实际上，边际革命就是数学方法的革命，是从常量数学方法在经济学的应用变更为变量数学方法在经济学的应用。更具体地说，就是微积分的应用。再如，英国的配第和法国的魁奈几乎处于同一时代，但他们使用的研究方法不同，从而导致学说体系也有很大差异。

即使是使用同一个管，不同的持“管”者因其价值观、文化水准等方面的差异，面对同一事物也会看到不同的“斑”。也就是说，不同持“管”者的背后是有其各自的经验积累与理论沉淀作为支撑的，可将此称为“管源”。这可借助波普尔的观察渗透理论来解释。波普尔认为，观察依赖于理论，观察中渗透着理论，理论决定着观察的目的和对象。由此可知，波普尔的观察渗透理论在告诉我们：有什么样的“管源”，就会观察到怎样的“斑”；不同的“管源”，看到的是不同的“斑”。比如，当看到窗外一只鸟飞离时，物理学家看到的是位移运动，经济学家想到的是成本与收益分析，诗人眼中的小鸟则是飞向了自由的世界。这与鲁迅对《红楼梦》的经典评论相似：同一部《红楼梦》，经学家看见《易》，道学家看见淫，才子看见缠绵，革命家看见排满，流言家看见宫闱秘事。

还有一种情况是，持“管”者本身既是观察者，也是被观察者。这种微妙的情形犹如苏轼诗中所云“不识庐山真面目，只缘身在此山中”。其实，无论在自然科学，还是在社会科学领域，都不乏此类现象及其相应的理论阐释。在宇宙中，当局者与观察者之间的界限也并非都是那么清晰可定。卞之琳就曾将看风景的人，同时看做是构成风景的一部分。量子力学中的海森堡“测不准原理”的隐含意义也指出，在物理学中人类对原子、电子状态的观察，无法得到准确的结果，因为原子和电子的运动状态会受到观测者本身的影响，即观测者本身也是其考察因素之一，两者相互影响。就是说，持“管”的观察者本身也会影响到所观察对象的“斑”，乃至“全豹”。这种情况在金融市场中已然存在，比如我们无法准确地预测市场每一天的表现，因为市场表现在一定程度上是由参与者的行为决定的。

应该说，在科学研究中，科学观察基本上都是有目的、有计划进行的。科学观察的目的不外乎是为了做出新的发现或检验已有理论与假说。对此，波普尔强调，观察必须以正确的理论为指导。观察内容及其方向等往往取决于是在何种理论指导下进行的。在观察中如果以反映客观事物本质的理论为指导，将在一定程度上保证观察的客观性；相反，当不完备甚至错误的理论或观点渗透到观察中时，则会导致错误的观察结果。比如，十年“文革”是错用阶级斗争这个“管源”来发展中国，结果导致中国灾难深重。还有以GDP为中心的发展观导致的雾霾笼罩，这也是“管源”的错用。

我们还需特别注意的是，与“管中窥豹，时见一斑”这个成语相对应的还有“窥一斑而见全豹”。若细究起来，它们似乎是矛盾的。“管中窥豹，可见一斑”是说通过竹管可以大致看到一些情况，但尚不全面；而“窥一斑而见全豹”则意指借一小小竹管看部分细节，就可洞察全局。实际上，“窥一斑而见全豹”是一种以局部推断整体的思维。但如果从混沌经济学角度看，则可以很好地处理两者间的矛盾。混沌经济学认为，系统维持着某种整体的状态和特征，即便局部不确定，也能够维持一个相对稳定的整体状态，其原因所在恰好是局部不确定。因为局部的不确定性，维持了系统最大的适应能力和整体的稳定。因此在混沌系统中，局部不确定是一个已知的条件而不是我们想象中的未知事件。正是局部的不确定性决定了整体的决定性，这也算是对“略见一斑”与“由一斑见全貌”的一个较好的解释。

此外，还要注意“管中窥豹”中的窥测方法与思维方式。在哥伦布时代其实已有世界地图，如果管中窥豹的话，他似乎没有必要再去做一次探险，但哥伦布却是冒险前行。还有达尔文，他为了写作《物种起源》而登上贝格尔号海军勘探船，进行了几乎身临绝境的环球考察，收集了成千上万的动植物标本。如果管中窥豹的话，他的《物种起源》也许不会成为划时代的巨著，他本人也难以成为“进化论”的创始人。而在中国传统文化中却缺乏对“管”的开发，缺乏实证研究，缺乏科学精神与数字推演分析，在这方面中国需要学习哥伦布与达尔文。

开卷有益

——开卷的内容与形式决定开卷的损益

开卷有益，这则成语出自宋·王辟之《渑水燕谈录·文儒》：“太宗日阅《御览》三卷，因事有阙，暇日追补之，尝曰：‘开卷有益，朕不以为劳也。’”“开卷”就是翻开书，表示读书。开卷有益比喻读书有好处。宋太祖赵匡胤建立宋王朝的时候，各地还存在着一些割据政权，统一全国的任务直到他的弟弟赵光义当皇帝后才完成。赵光义即位后改名赵炅，史称宋太宗。宋太宗统一全国后，立志弘扬传统文化，下令整理各种古籍。同时，又重视各种古代文化资料的收集。在太平兴国年间（976—983），下令编纂《太平广记》《太平御览》和《文苑英华》三大类书，为保存和发扬我国的文化遗产，做出了重要的贡献。《太平御览》中引用的古书，十之七八现在已经无法看到了，所以又可以说它是北宋以前文化知识的总汇。这部书原名《太平编览》，编成后宋太宗对它非常重视，规定自己每天看三卷，一年后全部看完，因而改名为《太平御览》，意思是太平兴国年间皇帝亲自阅读的书。宋太宗的政事非常繁忙，经常因处理其他事情而未能按计划阅读这部书，于是就在空暇的日子补读。侍臣劝他读的时间不要太久，以免影响身体健康，太宗说：“只要翻开书卷阅读，就会有收益，所以我不觉得疲劳。”

这个成语对现代的中国人依然有警钟长鸣的意义。日本学者大前研一在其著作《低智商社会》中说：在中国旅行时发现，城市遍街都是按摩店，而书店却寥寥无几，中国人均每天读书不足

15分钟，人均阅读量只有日本的几十分之一，中国是典型的“低智商社会”，未来毫无希望成为发达国家。① 雅虎读书网调查的中国人的读书数据是：中国人年均读书0.7本，与韩国的人均7本、日本的人均40本、俄罗斯的人均55本相比，中国人的阅读量可以说少得可怜。

在那些发达国家的地铁里、火车上以及一些其他交通工具上，很多人都在静静地看书。而在中国的这些场合，人们要么是在高谈阔论，要么是在打瞌睡，要么玩手机，鲜有看书的人。我曾经到加拿大的大学谈项目合作的事，其中一位在加拿大的中国留学生告诉我说，在加拿大的华人圈中流传着一副对联，上联是：好山好水好寂寞，下联是：穷山穷水穷快活。说的是在加拿大没有人聚在一起喝酒、打牌，虽然好山好水但好寂寞；而在国内，虽然穷山穷水的，但大家在一起打牌、喝酒，还是很快乐的。现在，许多城市，特别是二、三线城市，最繁荣的娱乐业就数麻将馆和网吧了。麻将馆白天黑夜几乎都是满的，不愁客源。来参与打麻将的有农民、生意人、退休老干部、大学教师、医生、国家公务员等。可以说，地域不分南北、人不分男女、年龄不分老少、文凭不分高低，都参与到乐此不疲的麻将声中。可谓，大陆一片月，万户麻将声。10多年前，我曾写过一副调侃大学的对联。上联是：马屁声、喝酒声、麻将声，就是听不到读书之声；下联是：平庸气、官僚气、世俗气，就是闻不到书卷之气。没想到现在情况愈演愈烈。一个不重视读书的民族是没有前途的，所以开卷是有益的。

中国人讲开卷有益的“益”都是物质利益的“益”。最有名的莫过于“书中自有黄金屋”，这句话来自赵恒《励学篇》，原诗为：富家不用买良田，书中自有千钟粟。安居不用架高楼，书中自有黄金屋。娶妻莫恨无良媒，书中自有颜如玉。出门莫恨无人随，书中车马多如簇。男儿欲遂平生志，六经勤向窗前读。这

① 大前研一. 低智商社会 [M]. 千太阳，译. 北京：中信出版社，2010.

首诗表示的不过是：读书考取功名是当时人生的一条绝佳出路，考取功名后，才能得到财富和美女。那么开卷是否真的有益呢？

首先，开卷虽然有益，但并非开每一卷书都是有益的。现今的书籍市场泥沙俱下，良莠不齐。许多大学教师为评职称编写一些垃圾教材；许多大学教师热衷接课题、做项目，把课题与项目当生意做。所谓的应用研究、对策建议都是没有实际意义的，而这些对策研究、对策建议以什么级别的领导圈阅为好坏指标，实为荒唐。许多著作也是东拼西凑，著书不立说。更有许多诲淫诲盗的垃圾在其中，如有些作家抓住人们的猎奇心理，捏造离奇夸张的情节，编写一味追求香艳刺激的言情小说和只看到刀光剑影的武侠小说。还有一些出版商为了牟利而大量炒作低俗文化，甚至出版黄色、暴力、有害的书刊。熊十力说："任何书的内容，都是有好的地方，也有坏的地方。你为什么不先看出它的好的地方，却专门去挑坏的；这样读书，就是读了百部千部，你会受到书的什么益处？"[①] 熊十力是从肯定的角度看，如果他看到现今书籍市场的状况，他就不会这样说了。

其次，开卷有益这个成语，强调读书的重要性，自然有它的积极意义，但若作为"开卷"就"有益"的断语，却是不妥当的。因为，知识只是辅助人们成功的一根拐棍，如果你过分地依赖书籍，那就失去了人所应有的智商和天赋。我们不能把一切成功都附着于书本知识上，更不能把知识凌驾于人的智商之上，否则就是一个典型的书呆子，死学死用更是泯灭了人性。获得真知是一个多方位的过程，参加一次论坛，参与一次有益的读书沙龙，投入一次有效的头脑风暴，都是很好的学习。而在其他方面，深入基层调研，比读一本书有效，行万里路绝对超过读万卷书。唐朝诗人李贺写道：男儿何不带吴钩，收取关山五十州。请君暂上凌烟阁，若个书生万户侯。李贺是深刻的。我们获得知识的渠道不外乎是直接获得与间接获得，而许多知识直接获得比

---

① 转引自余世存．熊十力的狂放与疯癫［DB/OL］．(2009-04-16)［2014-07-20］http：//www.gmw.cn/content/2009-04/16/content_909977.htm.

间接获得更深刻、更直观，对我们工作与生活更有指导意义。我们一味强调开卷有益而忽略了读社会、自然这本书，就失之偏颇了。所以，开卷有益应该与行万里路结合起来，与工作的交流、思想的碰撞结合起来。

开卷有益实际上也是讲，我们要与人类的遗忘作斗争。人类的历史就是不断看书、不断记忆的历史，农业文明及工业文明的历史就是人类记忆的历史，也是与遗忘作斗争的历史。农业文明与工业文明时期，遗忘一直是常态，而记住才是例外，所以，我们要与遗忘作斗争，斗争的方式就是开卷有益，就是书不离手、曲不离口。然而，由于信息化社会的到来，特别是大数据时代的到来，数字技术与全球网络的发展，人类与遗忘作斗争的历史已经开始发生逆转。今天，在广泛流行的技术的帮助下，遗忘已经变成了例外，而记住却成了常态。数字技术与全球网络正在瓦解我们天生的遗忘能力——就是把有意义的留下来，把无意义的遗忘与删除。所以，我们要反思开卷有益的线性思维，不仅要学会记忆，更要学会遗忘。

牛津大学网络学院互联网研究所治理与监管专业教授维克托·迈尔-舍恩伯格被誉为“大数据时代的预言家”，他在出版的新著《删除：大数据取舍之道》中指出：大数据时代，是一个没有遗忘的时代，面对海量信息，人类该如何取舍，怎样学会删除之策，也就是怎样重新理解开卷有益是十分必要的。[①]

乱世习武，盛世习文。不同时期，不同场景，开卷是否都是有益的？改革开放之初，邓小平力挽狂澜，改革招生制度，开启了中国招生制度的正常化进程，然而也导致了应试教育的恶果。老三届、新三级，上大学的成就了自己的事业与职业，没有上大学的也成就了自己的企业与事业，比如那些乡镇企业家、农民企业家。读完大学的人，比没读过大学的人，较容易找到出路，不至于走投无路而非创业不可，所以都是打工的多，凡是没读过大

① 维克托·迈尔-舍恩伯格．删除：大数据取舍之道［M］．袁杰，译．杭州：浙江人民出版社，2013.

学的人，更有机会做老板。不少统计都显示：创业的人大部分都没有读过大学，因为创业要冒风险，承受比打工更大的压力，很多人是在其他的路都没法行的时候，才被迫去创业。大学没有读完的人成为大企业家的也为数不少，比如比尔·盖茨、乔布斯、马克·扎克伯格等。可见，开卷有益，实践有益，创业更有益。

开卷有益是开什么样的“卷”？在人类的历史长河中，“卷”可能是甲骨、玉石、丝帛、羊皮、竹简木牍直到纸张，或许在人们心目中开卷有益的“卷”是纸质图书，把看纸质书籍作为有益的唯一途径。但是，人类社会进入到信息化社会时，开卷有益的“卷”就不应该只是纸质的“卷”或者纸质图书了。1971年，Michael S.Hart启动了古腾堡计划（Project Gutenberg），出现了历史上第一本电子书，这完全颠覆了传统“卷”的概念。不同于纸媒，电子书需要额外的数字设备来开卷（阅读终端），40多年来，信息化与数字化技术的发展使得阅读终端也呈现出多元的样式。特别是2000年以后，随着电子书阅读的不断增长，催生了种类繁多的阅读终端，而阅读终端的多元化也促使人们不断地调整自己的开卷有益的方式。若跟不上开卷方式的演变，就不能很好地达到开卷有益。

滥竽充数

——人才二八率与长尾理论

“滥竽充数”的典故出自《韩非子·内储说上》：“齐宣王使人吹竽，必三百人。南郭处士请为王吹竽，宣王说之，廪食以数百人。宣王死，湣王立，好一一听之，处士逃。”这则寓言讽刺了无德0无才、招摇撞骗的骗子，提醒人们只要严格把关，骗子就难行骗。这个成语也告诉人们要有真才实学。

对这个成语我们也要进行反思，为什么滥竽充数现象会存在？

第一，“滥竽”的存在是因为权贵好奢侈、排场之风。“滥竽”之所以能够充数，原因不在滥竽，而在齐宣王。齐宣王爱摆排场，总想在人前显示做国君的威严。现在基层讲排场、讲阔气之风愈演愈烈，动不动就是VIP接待，前呼后拥，老百姓看了虽口里不说，心里却不是滋味。提倡轻车简从已经多少年了，可是为什么却越来越有派头了呢？ 原因就是“上好之、下必效之”。犹如楚王和他的大臣及宫女们，楚王爱细腰，宫中多饿死。上有所好，下自然投其所好，竭尽所能讨好上级，于是拍马屁之风盛行，使得社会风气败坏。“滥竽”自然泛滥成灾。

第二，因为一个单位的人才大约符合二八率。即在一个单位，大约20%的骨干，在干大约80%的工作，而大约80%的非骨干，在干大约20%的工作； 从人力资源管理方面看，大约

80%的人，在各方面平平常常，并无特殊技能；大约20%的人，却在某方面具有可取特长。这是意大利经济学家维弗利度·帕累托提出的关于“重要的少数和一般的多数的二八率”，也就是说，一个团队不可能没有“滥竽”，关键是抓住20%的“好竽”。所以，一个团队的核心不是找出“滥竽”并驱逐出去，而是把握“二八率”，准确识别20%的“重要人才”，即“好竽”。不管你是国内的还是国外的，体制内的还是体制外的，有头衔的还是没有头衔的，都可以参加公平、公开、公正的人才竞争。要通过考察、竞争，进行科学评价，让那些在新技术革命浪潮、市场经济发展大潮中“独立鳌头”的“好竽”涌现出来，站到领头羊的岗位上来。

此外，重视“好竽”的作用，并不是贬低、忽视占80%的“滥竽”的作用。没有绿叶，红花难显其美丽；没有士兵，将军难展其雄才。更何况在人才群体中，其他人才的作用远非就是“绿叶”和“士兵”，在技术进步、事业发展中各有不可缺少的作用，就像一台戏，离开配角，只有主角，就演不下去。更须指出的是，“二八率”中的20%与80%并不是静止不变、截然分开的两个固态部分，人类科学技术进步、专业人才队伍的发展变化表明，20%与80%不仅相互配合、支撑，同时又是相互渗透、转化的。发展新阶段中的20%，很多来自于那80%。按照“二八率”对人才群体进行科学配置，正确处理两部分人才的关系，不但能够确保科学进步、技术创新对当前人才的需要，而且大大有利于人才队伍与时俱进、长远发展。

第三，“滥竽”在网络时代有可能成为“好竽”。理论依据是“长尾理论”，长尾理论被认为是对传统“二八率”的彻底颠覆。人类一直在用“二八率”来界定主流，计算投入和产出的效率，它贯穿了整个生活和商业社会。而网络时代“二八率”中被忽略不计的80%的“滥竽”就是长尾。美国克里斯·安德森

（Chris Anderson）[1] 认为，网络时代是关注“长尾”、发挥“长尾”效益的时代，他说：“我们一直在忍受这些最小公分母的专制统治……我们的思维被阻塞在由主流需求驱动的经济模式下。”[2] 但是人们看到，在互联网的促力下，被奉为传统商业圣经的“二八率”开始有了被改变的可能性。这一点在媒体和娱乐界尤为明显，经济驱动模式呈现从主流市场向非主流市场转变的趋势。

“长尾理论”与“二八率”都必须引起高度重视。当今许多心怀“王侯将相，宁有种乎”大志的“前草根”们的崛起已经证实了“长尾理论”的正确，这些“前草根”们找到了被业界大腕们当做“鸡肋”且无视的“冷门长尾潜力股”，经过全力打拼，一步登天。最好的例子就是当年百度的崛起。

如果我们把“好竽”看做精英，把“滥竽”看做草根，也是对“滥竽充数”这个成语的反思。精英和草根是两个截然相反的词汇，描述了社会中两个云泥之别的阶层，不过就像猴群有猴王一样，作为一种存在，这是合理而不可避免的。我们既要“滥竽”的草根，也需要“好竽”的精英。少量“滥竽”会成为“好竽”、成为精英，大量“滥竽”依然是“滥竽”，是草根。我们需要草根，没有草根，没有“滥竽”，也就没有精英。

第四，用人不察，给了南郭先生充数之机。乐队队长只取俸禄，不尽职务之责，竟不知队伍中有“竽盲”之实，抑或知而不报，对上级极端不负责任，以致南郭先生愚弄了别人还自鸣得意，与现在官场“滥竽”泛滥同出一辙。最为典型的莫过于“带病提拔”，“带病提拔”在中国官场似乎屡见不鲜，每一次都引发

① 克里斯·安德森：《长尾理论》的作者，生于 1961 年。自 2001 年起担任美国《连线》杂志总编辑。在他的领导之下，《连线》杂志五度获得“美国国家杂志奖”的提名，并在 2005 年获得“卓越杂志奖”金奖。

② 克里斯·安德森．长尾理论［M］．乔江涛，石晓燕，译．北京：中信出版社，2012.

民众对官员选拔任用制度的质疑和要求加强政治体制改革的呼声。当然，“滥竽”不仅在官场，也在大学。现在有多少教授副教授在高校滥竽充数？人们一直抨击高等教育体制的教育行政化，其实在行政化的背后还有一个更大的毒瘤，即“现行的职称评定体系”，这种制度还在不断地制造没有真正学问的数以万计获得教授、副教授职称的“滥竽”。再环顾四周，发现数不清的局长书记们都无一例外地获得了“高级政工师”“高级经济师”“研究员”等高级职称。

柳絮才高

——科学态度与文学精神

“柳絮才高”的典故出自南朝宋·刘义庆《世说新语·言语》：“俄而雪骤，公欣然曰：‘白雪纷纷何所似？’兄子胡儿曰：‘撒盐空中差可拟。’兄女曰：‘未若柳絮因风起。’公大笑乐。” 成语是说，东晋时期，当时的尚书仆射谢安在大雪纷飞的冬天里把家人召集在一起谈论诗文经义，要求子侄们用诗形容此时的大雪，侄儿谢朗作诗“撒盐空中差可拟”，侄女谢道韫说“未若柳絮因风起”。谢安大笑，欣赏侄女的诗才。曹雪芹《红楼梦》第五回 “金陵十二钗正册判词”云：“可叹停机德，堪怜咏絮才。玉带林中挂，金簪雪里埋。”其中“咏絮才”用的便是东晋才女谢道韫的故事。

在中国历史上，基本上是扬“柳絮说”而抑“撒盐说”的。其实，这种扬抑态度是有待商量的。

用盐还是用柳絮比拟雪，这与雪的形态有关。雪的形态是由气象条件和生长环境的差异造成的。雪也是一种大气固态降水，而大气固态降水的叫法因地而异，因人而异，名目繁多，极不统一。为了方便起见，国际水文协会所属的国际雪冰委员会，在征求各国专家意见的基础上，于1949年召开了一个专门性的国际会议，会上通过了关于大气固态降水简明分类的提案。这个简明分类，把大气固态降水分为十种：雪片、星形雪花、柱状雪晶、针状雪晶、多枝状雪晶、轴状雪晶、不规则雪晶、霰、冰粒和雹。前面的七种统称为雪。

下雪过程中，雪落下来的形态是变化的。先落下的是雪晶，后落下的是雪花。主要原因是当温度达到零点时，飘浮在我们上空的水气才能凝结成冰，所以，落下来的也就是我们所能感觉到的雪粒；而当空中的水分子越来越多，凝结的雪粒也越来越多时，从高空中飘落下来，遭遇到地面的温度而分解，就成了我们肉眼见到的雪花。文献记载中谢朗是先说的而谢道韫是后说的。谢朗看到屋外下的是雪晶，所以说，“撒盐空中差可拟”。谢道韫看到下的是雪花，所以说，“未若柳絮因风起”。其实，他们说的都是对雪的比较准确的描绘。当然，他们都是对下雪过程中不同阶段的描绘，都有一种科学精神。如果谢朗把下雪晶说成是“未若柳絮因风起”，谢道韫把下雪花说成是“撒盐空中差可拟”，那就是睁眼说瞎话了，就没有了科学的精神。

问题不在于对雪的描述是“撒盐说”还是“柳絮说”，而在于，一千多年来，中国文人墨客为什么“扬柳抑盐”？我认为，本质上是中国文人表达方式中的文学精神偏多，科学态度缺乏。中国文人写雪的诗多如牛毛，但这些诗人对雪的形成、下雪的过程、雪的形态几乎没有研究。也就是说，中国文人偏向精神层面的浪漫而缺乏科学实践的态度，一直在用文学比拟直观的感受，做重复的、肤浅的表达。“撒盐空中差可拟”，太缺乏美学的精神了，太缺乏文学的才华了；那么，“未若柳絮因风起”是否太缺乏科学的态度呢？我们还要进一步研究中国古代士大夫的科学态度与文学精神的分裂问题。

中国古代文人士大夫缺乏科学的态度。首先，中国古代文人士大夫的传统强调的是实用性。古代留传下来的著作中，大多都是属于对当时生产经验的直接记载或对自然现象的直接描述，除猜测性的议论外，极少进行科学理论的探讨。其次，中国古代文人士大夫缺乏逻辑方法的运用。如在数学方面就缺乏演绎推理的工作，没有形成公理化的理论体系。其三，中国古代文人士大夫不善于用逻辑的方法对大量的材料进行理论概括，所具有的是相当多的思辨性的内容。但这些思辨性的内容往往缺乏经验或实验事实做基础，空泛的议论较多，而实质性的内容较少。在诸子百家中，只有墨家学派对于实验较为注重，但是墨家学派这种注意实验的学风也没有得到继承和发扬，汉以后墨学已成绝学。其四，中国古代文人士大夫轻实验且也不善于实验。虽然两宋理学家“二程”、朱熹等人也曾提出过“格物致知”，但他们所说的“格物”，不是通过对客观事物的观察和实验，而是采用静坐修心等内省的功夫，以达到存天理、去人欲、明心见性的目的。这些原因决定了，中国古代文人士大夫对雪的描绘只能是“扬柳”而不是“扬盐”。

这里还有一个问题，就是男性与女性思维方式的不同。我们都知道旧石器时代原始社会的原始人起先住在天然山洞或巢居在树上，后来出现人工修筑的竖穴和地面住所，新石器时代出现农业，人类开始定居，很多地区出现雏形村落。随着时代变迁，原始人的生活开始安定，但是漫长的时期中男人和女人是有分工的：男人出外狩猎女人留守看家，这看似平常的行为造成了男女思维方式的差异。

出外狩猎需要的是逻辑分析能力。所以上百万年的长期狩猎培养出了男人强劲的逻辑思维能力和动手能力。面对棘手问题，比如狩猎，总会有突发状况，必须迅速做出分析判断，果断决策。这就是典型的男性思维。而从原始社会开始女性所扮演的角色都是繁衍后代、照顾后代、留守部族、帮助族人等，所以女性拥有更多的时间去观察、揣摩、感受其他人的行为、动作，所以女性的情感更为丰富、细腻。概括地说，男女在思维方式上的差别主要表现在：男性思维偏于理性，女性思维偏于感性；男性思维偏于看整体，女性思维偏于看细节；男性思维受情绪影响相对较少，女性思维情绪化倾向较明显。男性与女性思维方式的差异没有好坏与对错，只有互补。两性之间的人格标准——男子之美是阳而刚的，女子之美则是阴而柔的。在中国封建的男权社会里，社会的文化应当是雄性十足的文化，文人士大夫更是清一色的男性。但是，中国古代文人士大夫的心灵，却表现出非常强烈的女性化倾向。林语堂说："确实，中国人在许多方面都类似女性心态。事实上，只有女性化这个词可以用来总结中国人心灵的各个方面。女性智慧与女性逻辑的那些特点，就是中国人心灵的特点。"[①] 而中国文人士大夫，就是女性化心态的中国人的典型代表。

为什么作为统治者和压迫者的性别群体中的大量成员，在心理上这么强烈地感到自己与被压迫的性别群体同命相怜呢？中国古代文人士大夫依附权贵，他们会比一般庶民更强烈地意识到自己的地位其实正如女子一般，于是很自然地表现出女性化的倾向。比如，司马相如的《长门赋》，曹植的《洛神赋》《美女篇》等都是女性化的，而像曹操《观沧海》的豪迈，几乎是中国文人士大夫的例外。

中国文人士大夫的思维女性化、人格女性化，是由中国封建专制的政治制度造成的。明清以降的小说为什么大都是"公子落难、小姐多情"的模式，就是因为中华民族越来越极权，越来越封闭，中国文人士大夫越来越边缘化，人格几乎丧失。正如台湾史学家孙隆基所说，中国民族是一个未断奶的民族。[②]

周非先生指出，中国主流知识分子们在统治者软硬兼施的政策下，从特立独行的士，蜕变为只有韬略的策士，再由策士蜕变为专为帝王服务的谋士，最后蜕变为完全按奴才标准设计的进

---

① 林语堂 . 吾国与吾民［M］. 南京：江苏人民出版社，2010.

② 孙隆基 . 未断奶的民族［M］. 台湾：巨流图书公司，1996.

士，一步步地蜕变。学术从“百家争鸣”到“独尊儒术”，从独创到“为帝王谋”，从儒学到理学，从“格物”到“致良知”，从经世致用到考据，慢慢黯淡下去。在“功名，还是自由”的选择中，知识分子们步步后退：庄子根本不出仕，严子陵坚决当隐士，陶渊明迷途知返，李白左右摇摆，苏轼终身不离官场，柳永在风月场中自我麻醉，唐寅只能写一些吃不到葡萄说葡萄酸的诗文。真正的知识分子已经彻底沦亡了！[①] 所以，我们不可能期望这些未断奶的文人与士大夫具有多少独立意识。千百年来，文人士大夫欣赏的是“未若柳絮因风起”，而不喜欢“撒盐空中差可拟”。

① 周非. 中国知识分子千年沦亡史——在功名和自由之间挣扎与抗争［M］. 上海：上海三联书店，2012：29.

买椟还珠

——超越形式与内容关系的局限

买椟还珠出自《韩非子·外储说左上》："楚人有卖其珠于郑者，为木兰之柜，熏以桂椒，缀以珠玉，饰以玫瑰，辑以羽翠。郑人买其椟而还其珠。"意思是说，一个楚国人有一颗漂亮的珍珠，为了卖个好价钱，他请来手艺高超的匠人，用名贵的木兰为珍珠做了一个盒子（即椟），用桂椒香料把盒子熏得香气扑鼻，精雕细刻花纹，镶上漂亮花边，然后拿到市场上去卖。一个郑国人出高价将楚人的盒子买了下来，并把珍珠交给了楚人。此成语比喻郑国人注重形式，不注重内容，没有眼光，不懂得取舍。也讽刺那些不了解事物本质、舍本逐末、弃主求次的人。

今天我们要用发展的眼光看问题，对买椟还珠问题反思之一是，形式也是重要的。我们都嘲笑郑国人买椟还珠，认真思考一下，我们何尝不注重形式，忽视内容。比如，在欧洲、北美等发达国家，动力表盒及珠宝盒早已十分盛行，绝大部分的手表、珠宝都注重包装了。

网上有一则禅宗故事说，一天，一个小和尚跑过来，请教禅师："师父，我人生最大的价值是什么呢？"禅师说："你到后花园搬一块大石头，拿到菜市场上去卖，假如有人问价，你不要讲话，只伸出两个指头；假如他跟你还价，你不要卖，抱回来，师父告诉你人生最大的价值是什么。"于是小和尚抱块大石头，先到菜市场上去卖，有个家庭主妇要用20元买去做压酸菜的石头。

小和尚没卖，又按师父说的把石头拿到博物馆去卖，这里有人出2000元要买去雕刻一尊神像。小和尚依然没卖，又按师父说的拿到古董店， 这次居然有人出20万元当做古董买。禅师后来说，人生最大的价值就好像这块石头，如果你把自己摆在菜市场上，你就只值20元；如果你把自己摆在博物馆里，你就值2000元；如果你把自己摆在古董店里，你就值20万元！平台不同，定位不同，人生的价值就会截然不同！

可以看出，形式或者位置是可以决定价值和内容的。买椟还珠，是重形式轻内容。问题是形式是否重要，形式是不是内容的表现形式？黑格尔认为，形式就是本质自身的表露，是本质固有的反思。形式是本质的，本质是有形式的。

对买椟还珠问题反思之二是，买椟还珠的本质问题还不是郑国人重形式轻内容，而是割裂形式与内容的关系。这也导致中国人的一种零和思维。要么不重视形式，如“文革”期间大量产品价廉物美但包装简陋；要么，如同现在的月饼，过度包装，形式大于内容。有些政府部门 “认认真真走形式、热热闹闹走过场”就是这种形式大于内容的体现，就是买椟还珠的政法工作的现代版。有记者节日走访省城几家大型超市和商场发现，茶叶、红酒、洋酒、化妆品都是过度包装的重灾区，凡是畅销的送礼物品基本上都有礼盒装。据业内人士介绍，豪华包装的成本越来越高，占产品总价的比例也越来越大，部分过度奢华包装所占成本超过总成本的50%，而奢华包装所有的成本费用肯定会转嫁到消费者身上。

其实，形式就是内容的体现形式，形式本身也被内容所约束。不论怎样的形式也还是以本质为转移的。无形式的、同一的本质称为质料。质料是形式的基础或基质。如果抽去某物的一切规定、一切形式，那么剩下的就是无规定的质料。质料是某种纯粹抽象的东西。质料是不能看见、不能触觉到的，凡是能够看见、能够触觉到的东西已经是规定的质料，即质料和形式的统一体。质料是被动的东西，形式是能动的东西。质料必须形式化，形式必须质料化。凡是表现为形式的活动，同样也就是质料自己的活动。

对买椟还珠问题反思之三是，互联网时代的思维就是跨界思维。大凡成功的企业、阅读物，形式与内容已经跨界，形式就是内容，内容就是形式。比如，阿里巴巴是电商形式的企业，但其子公司支付宝（吸储、支付）、阿里金融（贷款）的经营内容则是金融。 比如公司都是要牟利的，但RED的创始人运用跨界思维，形成超越公司牟利形式与慈善内容的，创建基于商业、多方共赢的慈善商业模式。既不是买椟还珠，也不是买珠还椟，而是既买椟也买珠。

对买椟还珠问题反思之四是，我们虽然认识到重形式轻内容不对，但几千年来我们依然是买椟还珠的践行者。比如我们的教育重形式，轻内容；重学历教育，轻能力培养，本质上与买椟还珠是一个道理。中国人重形式轻内容的翻版种类很多，比如，重物质生活、轻精神生活；重结果，不顾道德底线。我们完全可以把买椟还珠理解为路径与目标的关系。买椟还珠体现的是中国人为达到目标不择手段，为达到目标丧失道德底线。中国一向自认是世界上最文明、最讲道德的国家，所以中国人的道德底线也高得惊人。孟子说：“杨氏为我，是无君也。墨氏兼爱，是无父也。无君无父，是禽兽也。”杨氏仅仅主张“为我”，墨子仅仅主张“兼爱”，却被孟子斥为“禽兽”。可见我们的道德底线几乎是人性的最高点——“毫不利己，专门利人”，“鞠躬尽瘁，死而后已”，“舍生取义，杀身成仁”，这些都是中国人的道德准则。 但是试看今天的知识分子，今天爆出这位名教授剽窃他人的研究成果，明天传出那位名教授为了赚钱做虚假广告。这些都是为了结果不择手段，为要形式不要内容，也是买椟还珠的翻版与践行。

买椟还珠这个成语给我们最大的启示不是内容与形式的关系，不是内容与形式的分割，而是我们在嘲笑郑国人注重形式忽视内容的同时，几千年来我们依然在注重形式忽视内容。

南辕北辙

——目标的一元与方法的多元

南辕北辙，典出《战国策·魏策四》：“魏王欲攻邯郸，季梁……见王曰：‘今者臣来，见人于大行，方北面而持其驾。’告臣曰：‘我欲之楚 。’臣曰：‘君之楚，将奚为北面？’曰：‘吾马良。’曰：‘马虽良，此非楚之路也。’曰：‘吾用多。’臣曰：‘用虽多，此非楚之路也。’曰：‘吾御者善。’此数者愈善而离楚愈远耳。今王动欲成霸王，举欲信于天下。恃王国之大，兵之精锐，而攻邯郸，以广地尊名，王之动愈数，而离王愈远耳。犹至楚而北行也。”意思是要到南方去，却驾着车往北走。比喻行动和目的相反。

当古代人不知道地球是圆的，认为天圆地方的时候，南辕北辙则达不到目的，这种看法是对的；但当知道地球是圆的时候，南辕北辙达不到目的的判定就显得主观、单一、霸道了。目标在南，向南走可以到达，向北走也可以到达，向东、向西走实际也是可以到达的。

比如，从西方怎么才能到达东方？按传统的思路应该走亚洲腹地的丝绸之路，但是走这条陆路不仅要穿越许多沙漠、冰川和崎岖不平的山地，而且沿途充满危险，所以这是一条路途远、耗时长、花费大、运载量小的路线。哥伦布等航海家决定南辕北辙。到东方不向东走而向西走，不走陆地而走海路，不仅发现了新大陆，开辟了大西洋航线，取得了地理上的重大发现，而且通过实地考察探明了地球上的海洋是相通的，印证了地球是圆的这一理论。

如果我们把南辕理解为目标，把北辙理解为方法，那么南辕北辙蕴涵的问题是：目标的一元是否表示方法也应该一元。审视我们的高等教育就可以发现南辕北辙的问题了。考大学这是一元的目标，然后，按照一元目标、一元方法的思路，要考上大学的方法就是接受应试教育，接受标准答案。采用一元的应试教育的方法实现考大学的一元目标，导致应试教育教出来的人大部分没有思想、没有独立人格、没有批判思维、更没有创造力与自我管理能力。要从应试教育的泥潭中解放出来，就要从一元目标必须用一元方法的僵化思维中解放出来。这可以借鉴20世纪80年代，美国著名发展心理学家、哈佛大学教授霍华德·加德纳博士提出的多元智能理论。霍华德·加德纳多元智能理论的解决方案，就是一元的目标可以用多元的方法解决问题的方案。他认为人类的智能是多元化而非单一的，每个人都拥有不同的智能优势组合，主要由语言智能、数学逻辑智能、空间智能、身体运动智能、音乐智能、人际智能、自我认知智能、自然认知智能八项构成。在加德纳看来，依照多元智能理论，智能既可以是教学的内容，又可以是教学内容沟通的手段或媒体。这个特点对于教学来说是极其重要的。

与传统的“智力”“智商”概念不同，多元智能更加致力于开发学生不同层面的潜能。在多元智能的概念里，不存在学生是否聪明的问题，它更关注的是学生在哪些方面聪明，以及如何聪明。多元智能带来的教学理念在某种程度上更加符合素质教育的题中之意——全面发展，这样对学生身心的健康成长有莫大的益处。多元智能不会从整体上对学生是否聪明进行判别，所以它决定了实施个性化教学的必然性。加德纳说：“传统的教育和评价方式对孩子们来说是不公平的，甚至是某种程度的歧视”。[①] 从多元智能理论来看，考试只能考查学生的语言和数理逻辑智能，

① 霍华德·加德纳．多元智能新视野［M］．沈致隆，译．北京：中国人民大学出版社，2012.

而对其他智能很少涉及。因此单从考试成绩来衡量一个学生是极为片面的。从不同角度评价，每个人都可以是第一。可见霍华德·加德纳是典型的一元目标、多元方法的探索者，也是南辕北辙的探索者。

1960年，哈佛对商学院1520名学生到哈佛学习的动机做了调查，其中1245人想迅速致富，只有255人出于对专业感兴趣。20年后，有人搞了跟踪调查，结果是这1500多名学生中有101名学生成了百万富翁，而这101名富翁中有100名是追求自己的兴趣的人。调查结果告诉我们，追求兴趣与名利不相悖，相反或许是获得名利最好的渠道。这个调查说明了一元的目标采用一元的方法就会出问题。

其实，一元目标本身也是要反思的。就是是否只有一元的“南辕”或一定要“南辕”？比如，为什么一定以GDP为国家以及政府的发展目标？为什么人的一生就只许成功？我们是否应该既要发展也要生态，既要成功也要快乐。如同企业只注重专业化发展战略，忽视多元化发展也是一种战略选择，或者说，一元南辕与多元南辕都是要考虑的问题。

20世纪90年代以来，国内外企业家与企业战略研究专家主要讨论的问题是：企业发展是选择专业化经营战略还是选择多元化经营战略。我们知道，采用一元的专业化经营战略可以利用核心技术强、资源集约以及经营效率高等优势将业务做精、做细、做透；而多元化战略则可以扩大企业的业务范围、分散经营风险、加快企业的成长速度。美国企业的发展历程被人们普遍认为是最具代表性的从专业化发展到多元化发展的典型案例。

从美国企业发展史可以看出，19世纪中叶，美国企业基本是实施一元的专业化发展战略。据统计，1917年美国最大的278家公司中绝大多数是单一产品型企业。但从20世纪20年代开始，美国的大企业开始进入多元化经营；20世纪50年代初美国企业出现了多元化发展的热潮； 20世纪60年代末70年代初，随着美国第三次兼并浪潮的出现，美国企业多元化发展达到高潮。[①]

到了20世纪中后期，随着传统产业逐渐由成熟走向衰退，一方面有些企业的主营业务开始亏损，顾客不断流失，致使这些企业不得不向新产业转移以寻求新的发展；另一方面在行业内已经占据竞争优势的企业面对极具吸引力的新兴产业，也在考虑寻求新的经济增长点，一元的南辕变成了多元的南辕。

但从20世纪80年代开始，美国及西欧又出现了反多元化经营的势头，逐渐形成了“归核化”或“范围紧缩”的新浪潮。大公司们纷纷用多种手段清理非核心业务，加强培养企业的核心竞争力。进入20世纪90年代，受美国学者帕汉拉德和哈默尔的著名论文《公司核心能力》的影响，回归核心产业又一次成为众多企业明智的选择。

可见，从一元南辕到多元南辕再到一元，是一个历史演化的过程，新的一元南辕是多元基础上的南辕，新的一元南辕又导致新的多元，因此，没有永远的一元南辕。

其实，人生目标也存在一元目标与多元目标的平衡。单一目标易于导致人生的成功，如果在设定人生目标时，朝三暮四，经常改变，则难以成功。如有的年轻人频繁变换职业与发展方向，在短期内没有实现心中的目标就放弃，这种人到头来也难以成功。而坚持一元就容易成功，成就伟大。比如，中国导弹之父钱学森，著名数学家华罗庚、陈景润，杂交水稻之父袁隆平，汉字激光照排发明家王选，企业家张瑞敏、王石、柳传志以及教育领域的俞敏洪等，他们设定出与进行奋斗的事业相适应的相对集中、单一的人生战略目标，并集中个人的全部智能进行长期“投入”，排除一些不正常的干扰，从而在促进事业、贡献社会的同时，最大程度地实现了人生的价值。

强调人生目标的相对单一性，并不排斥目标的适当多元。有些人天生兴趣广泛、适应性强，具有学习、钻研和探究多门知

① 小艾尔弗雷德·D. 钱德勒. 看得见的手——美国企业的管理革命[M]. 重武，译. 北京：商务印书馆，1987.

识、学科及专业的爱好与志向，往往易形成和设定出人生的多元目标，并在实践中取得大的成就。

欧洲文艺复兴时期的伟大天才达·芬奇就是极好的例子，他长期钻研绘画艺术，完成举世闻名、流传千古的《最后的晚餐》《蒙娜丽莎》等不朽杰作，成为世界上最负盛名的伟大画家。同时，达·芬奇还是一个卓越的自然科学家，在数学、物理、天文学方面造诣极深。他先后发现了立体几何中关于正六面体、球体和圆柱之间关系的规律，发现了抛物体运动规律，发现了“杠杆原理”，并对传统的“地球中心说”提出怀疑与否定，比哥白尼的“太阳中心说”要早得多。达·芬奇还先后设计了纺纱机、印刷机、钟表、内燃机、自行车、起重机等数十种机器和装置，并设计城市桥梁、教堂、宫廷、剧场等，成为当时最杰出的工程巨匠。所以，南辕不是一元，而是多元，更是多元交叉形成的新的一元。

难得糊涂

——中国人的糊涂与德国人的职业精神

难得糊涂，是指人在该装糊涂的时候难得糊涂。“难得糊涂”是清朝乾隆年间郑板桥传世的名言，也是他为官之道与人生之路的自况。后人感慨“难得糊涂”这四字中富含的哲理，便以横幅的形式挂于家中，每每作为处世的警言。其实，误人深远，误国深远。郑板桥为什么要提出“难得糊涂”的命题?

从时代来看,“难得糊涂”实际是专制极权时代无奈的选择。郑板桥所处的时代正值清王朝兴起骇人听闻的文字狱，再加上死板的科举制度，禁锢了人们的思想，阻碍了文学艺术的发展。士大夫们慑于文字狱的淫威，不敢谈论与政治有关的问题，只能谈风月。当时的文坛，要么穷经尽史，钻进故纸堆；要么是倾情风花雪月、儿女情长的作品。郑板桥是有正义感与使命感的士大夫，但无法施展抱负与才华，只能用难得糊涂宣泄自己内心的无奈。这实际上是对专制极权与文字狱的控诉，而不是我们现在官员对社会责任的推卸，对自身权力追逐的一种难得糊涂。

难得糊涂是中国官僚制度下为官者无奈的策略。在中国专制极权的社会里，读书做官被认为是人生奋斗的终极目标和最高理想，正所谓“万般皆下品，唯有读书高”。想当官的人太多，需求很大，而官位的供给却严重不足，于是，千千万万的“范进”把生命激情白白地消耗在了漫长的等待中，这种等待包含了多少无奈、痛苦与彷徨，只能“糊涂”了。

难得糊涂也是中国古代家族制、等级制下的怪论。中国漫长的专制极权的历程，必然导致家族制、等级制与官僚制。权贵获得更大的自由，而低等级的人们则处于被压迫、被剥削的困顿境地，只能“糊涂”。鲁迅先生曾说，“我”翻遍了中国的历史与文化，所看到的只有两个字，那就是“吃人”。在这种“吃人”的社会规范下，个人的能量是有限的，反抗是徒劳的，想要不“糊涂”也难。

从思维方式上看，“难得糊涂”是中国传统士大夫思维方式的本质体现。即不对客观事物进行科学的逻辑分析研究，而只是停留在对客观事物的感性认识上，或者停留在文字游戏的层面上。“聪明难，糊涂难，由聪明而转入糊涂更难”，如同“见山是山，见山不是山，见山还是山”的模糊表达。其所表达的思维方式，只是对中国文化的感性与模糊认识。郑板桥生活在一个人性压抑的时代，生活在这样的时代下，有痛苦与彷徨，有对生命与自由的渴望，这使他写出了“难得糊涂”的无奈的话语，以控诉这个人性压抑的时代，也表达出人们心底的一种呐喊。

“难得糊涂”是职业精神缺乏的体现。职业精神丧失，“难得糊涂”盛行。古代中国是不缺乏职业精神的。中国人自从有了职业，就对职业格外看重，历史上为了职业不惜牺牲的事例比比皆是。春秋时期，齐国人崔杼杀了国王，史官先写下了“崔杼弑其君”，被崔杼杀了，史官的弟弟又来写，弟弟又被杀了，最小的弟弟接着写，在外地当差的“南史氏”，也是史官，准备继续写——也要送死去。这就是古代的职业精神。为什么职业精神会逐步丧失呢？这是因为极权政治导致人失去其尊严、人格，自然也就失去职业精神。

如今，政府就社会主义职业伦理界定了五个方面：（一）热爱本职，忠于职守；（二）钻研业务，精益求精；（三）为民服务，热情周到；（四）顾全大局，团结互助；（五）正直廉洁，克己奉公。这些要求也写进了职业伦理的教材。但在企业中，特别是在国有企业、政府机关、公立大学，企业员工、公务员、教师是否忠于职守、钻研业务、为民服务、正直廉洁呢？哪怕做到起码的守时、尽职、细心？不装糊涂就做不到。

当下中国各行各业都存在一些缺乏职业精神的人，有的官员把当官当做经商，他们的职业信条是“有权不用，过期作废”。有的商人，不是开发产品、按章纳税、繁荣经济，而是以害命的方式去谋财：为了多赚钱，不惜往奶粉里加三聚氰胺，往火腿上加敌敌畏，用工业酒精造假酒，给孩子打过期疫苗。有的大学校长不把校长身份当做教育家，而是当做领导，充满官僚的傲慢和商人的市侩。同样，医生成了高价药品的推销者；专家失去知识分子的尊严，教授不好好教书育人，到处走穴赚出场费；公务员到煤矿入股当商人等，不胜枚举。至于敬业、严谨、守时，关注细节、责任更不用提。可见“难得糊涂”是怎样误国、误事与误人的。

当巴西世界杯决赛时，全世界看好德国队。为什么？其实从德国那些大牌球员身上，我们可以看到德国足球文化中那种“职业素质第一”的精神。克洛泽曾经是个木匠，其他德国球员多少都有些从事其他职业的经历。对他们而言，足球是他们职业选择的一个结果。打造桌椅和制造进球在文化层次上并无二致，应当拥有同样的职业素质，如勇气、冷静和进取心。

微信上疯传一个笑话：一位中国人到德国留学，与一位德国人做邻居。几天后，中国人厨房里香气四溢的味道馋坏了德国人，于是德国人拿着小本子过来讨教，国人大显身手一番后，德国人还是摸不着头脑，追问着：“盐放多少克？油放多少克？水放多少毫升？……”中国人瞠目结舌，无以作答。后来他到德国人的厨房去指点，发现他的厨房像个实验室，量杯、量筒一应俱全，厨具、刀具森然排列，俨然一个兵器库……最后中国人发现自己不会做菜了。这个笑话，准确地把德国人的严谨、规范、注重细节等良好的职业精神体现了出来。

德国有句俗话：“公务是公务，烧酒归烧酒”，私下烟酒不分的朋友，办起公事来却公私分明，不讲一点儿私情。德国人工作起来一丝不苟、不徇私情，就像一部机器，严格而冷峻。最值得我们中国人效法的就是德国人的遵纪守法和遵约守时了。有一个笑话：在半夜12点开车，看见红灯还停车的，全世界只有德国人。说明德国人在遵纪守法方面具有很强的自觉性。准时就是帝王的礼貌，德国的公共交通以守时著称，不光是飞机，火车也以安全正点闻名于世，连公共汽车也有自己的运行时刻表，必须按点行驶。居民只需在家里查准时刻表，按时到站上车，不必提前到站候车。汽车即便提前到达，也会等到正点发车。

中国人少一些"难得糊涂"，多一些职业精神，或许这就是中国的希望，这也是我们的中国梦。

能屈能伸

——价值底线与生存谋略的平衡

能屈能伸的典故出自《孔子家语》。子路问于孔子曰："由闻丈夫居世，富贵不能有益于物，处贫贱之地而不能屈节以求伸，则不足以论乎人之域矣。"孔子曰："君子之行己，期于必达于己，可以屈则屈，可以伸则伸。故屈节者所以有待，求伸者所以及时，是以虽受屈而不毁其节，志达而不犯于义。"意思是说，有一天，子路向孔子问道："我听说，大丈夫居于世间，富贵却不能做有益于众人之事，处于贫贱之地又不能暂时忍受委屈，以求将来伸展才志的机会，这就不足以达到人们所说的大丈夫的境界。"孔子答道："君子对于自己的志向操守，必然要明达。需要委屈时可以委屈，需要伸展时便能有所伸展。所以降身屈从，是为了等待知遇的机会；施展才华，是为了及时抓住良机。所以即使暂时得不到发展，也不会失掉气节；有机遇实现自己的抱负，也不会违背道义。"

关于"屈伸"，《系辞传》中有一段解释，子曰："……日往则月来，月往则日来，日月相推而明生焉。寒往则暑来，暑往则寒来，寒暑相推而岁成焉。往者屈也，来者信也，屈信相感而利生焉。尺蠖之屈，以求信也。龙蛇之蛰，以存身也。精义入神，以致用也。利用安身，以崇德也……"

自然界如此，人类社会也如此。屈与伸是一个事物的经纬，是一个演化过程的两个侧面。屈是伸的基础，伸是屈的完成。没有屈伸，就没有往来变化，也就没有人的成长与完善。只有二者辩证统一，才能厚积薄发，安身立命。从这个意义上来说，屈是厚德载物的具体表现，伸是自强不息的自然流露。一屈一伸，一柔一刚，刚柔相济，相反相成。从处世的层面观之，屈与伸是自强不息与厚德载物精神的最好结合，是德性修养与经世致用的有机统一。

能屈能伸虽值得提倡，但屈伸要有度。古代名将廉颇负荆请罪于蔺相如，西德总理勃兰特曾跪在波兰英雄纪念碑前，都是屈伸有度的典范。前者在成就将相和美誉的同时维护了赵国的利益，后者在震撼世人的同时把德国重新拉回世界大国的行列。若廉颇丢不下大将的颜面，赵国必被他国趁朝野不合而覆灭；若西德总理勃兰特没用如此方式反省，新一轮的法西斯战争必然在所难免。懂得屈伸有度之道的不仅是智者，也是勇者；不仅是君子，也是行者。

能屈是生存的一种智慧。屈是暂时的，暂时的忍辱负重是为了长久的事业和理想。不能忍一时之屈，壮志就不能得以实现，抱负就不能得以施展。屈是伸的准备和积蓄的阶段，就像运动员跳远一样，屈腿是为了积蓄力量，把全身的力量凝聚到发力点上，然后将身跃起，在空中舒展身体以达到最远的目标。比如，韩信，不能忍失意时的胯下之辱，就不能在刘邦搭台拜将时干一番事业。如果当初韩信一气之下，宁折不弯地和那些流氓拼了，恐怕历史将要改写，历史上也不会出现一个叱咤风云的大将军。胯下之辱绝对让人不堪忍受，但韩信爬过去了，这是因为，韩信是智者，知道现在还没有能力伸，胯下而过虽是奇耻大辱，但要等待时机，蓄势而动，当韩信爬过去后，拍拍尘土扬长而去，这是胸襟，也是智慧，这是为储蓄能量而屈，为成就大事业而做准备。

能屈能伸的“屈”的度在哪里？就在于坚守道德底线，更要坚守正义。正义是道德的核心，是一切社会准则的灵魂。作为真正的人，在面对强暴、威逼、利诱之时，必须毫不动摇地为正义而战！南宋末年，宋都临安被元军攻破，文天祥面对元军高官厚禄的诱惑，毫不动心。元军没办法，只得把他囚禁起来，折磨他，但为了民族大义，他始终没有屈服，反而写下了令人感佩的《过零丁洋》：“辛苦遭逢起一经，干戈寥落四周星。山河破碎风飘絮，身世浮沉雨打萍。惶恐滩头说惶恐，零丁洋里叹零丁。人生自古谁无死？留取丹心照汗青。”文天祥以自己的生命为代价，捍卫了民族大义。但能屈者不能屈得失去道德底线，成为汉奸。八年抗战，为日寇作战的伪军超过百万，人数之多，犹如过江之鲫。抗战时期汉奸的大量出现，的确令人深思。其中要素之一，就是能屈能伸使他们找到当汉奸的理由，同样能屈能伸也成为出卖道德与灵魂的借口。“曲线救国”就是能屈能伸的孪生兄弟，不过是出卖民族利益谋取个人权益的勾当。汪精卫之流出卖国家与民族的尊严，违背了最起码的道德底线，所以，被钉在历史的耻辱柱上的是汪精卫之流，而不是其他人。

在大是大非的问题上，不能屈服，只能威武不能屈。最为典型的例子莫过于马寅初先生的《新人口论》受批判时“威武不屈”的精神，或者说，是屈伸有度的智慧。《新人口论》遭批判时，他说：“我虽年近八十，明知寡不敌众，自当单枪匹马，出来应战，直至战死为止，决不向专以力压服、不以理说服的那种批判者们投降。”马寅初先生曾用 “宠辱不惊闲看庭前花开花落，去留无意漫观天外云卷云舒”表达他的屈伸有度的精神。

能屈能伸也是一种生存策略，大多数人还是为生存挣扎，特别是和平时代，没有什么非要“威武不能屈”的。正直、刚烈对一个人来讲很重要，是人身上最可贵的品质，但刚烈要有度，有了困难和挫折宁折不弯是对的，但却不可不问原因一味地刚强到底，要知道刚强者不能持久。况且刚强的人都是心劲足、血性大的，遇到困难耗尽心血，硬撑死撑，直到精血耗尽，无可再撑，一旦折服很难再有重新站起的机会。

李固在《与黄琼书》中说道：“峣峣者易缺，皎皎者易污。阳春之曲，和者必寡；盛名之下，其实难副。”用现代的话说就是，常常听说性情刚直、卓尔不群的人，往往容易横遭物议；品行高洁如玉石之白者，最容易受到污损。高雅如《阳春》这样的曲子，能应和的人一定很少；名望很大的人，实际的才德常常很难跟名声相符。所以，非原则问题还要能屈能伸。纵观历史，有不少自负清高者，他们才气冲天，不可拘于斗室之内，性情独异，不肯垂首低眉伏小。他们是为社会不容的人，官场没有他们的一席之地，所以他们必须出局。在当时那个社会里，你不去为官不去为国家做点什么，真是空有一身文才，不说生活，甚至有时候连自己的生计都难以解决。如果一个人连自己的生存都成问题时，何以谈生活，何以谈理想？难道理想比自己的生命还重要？

能伸者不能忘乎所以。勾践虽然能屈能伸但忘乎所以。大夫文仲在最终打败吴王夫差中立下了赫赫战功，却被勾践赐死；商鞅、李斯为秦国的统一立下了汗马功劳，却惨遭刑戮；韩信在临刑之前也发出了“狡兔死，走狗烹；飞鸟尽，良弓藏；敌国破，谋臣亡”的浩叹。这些都是君王“伸”的忘乎所以，谋臣屈伸无度而酿成的历史悲剧。

从屈伸的角度看中国谋士，姜太公、孙叔敖为一种类型，他们的特点是能屈也能伸，如太公70岁之前安于贫穷，孙叔敖三次放弃高官显位，就是“屈”。而太公之“安”，孙氏之“弃”，都是出于自己的明智选择，他们能屈，时机一旦成熟，就很快地找到了自己的位置，伸展自己的抱负与才能。

越国大夫文仲和李斯为一种类型，他们的特点是能伸不能屈，只知忧其君，不知祸患萌芽于忧其君中。而范蠡、张良他们则能伸也能屈。顺势而伸，成就大业，逆势而屈保全性命。其实，历史的经验是值得注意的。

歧路亡羊

——分岔的必然与选择的偶然

歧路亡羊这句成语是从《列子·说符》的寓言提炼而成的。寓言说，杨子的邻居丢失了羊，于是邻居率领他的朋友，还请杨子的童仆一起追赶。杨子说："呵！丢一只羊，干吗要这么多人去追？"邻居说："岔路很多。"不久追羊的人便回来了，杨子问："找到羊了吗？"邻居回答："丢了。"杨子问："怎么会呢？"回答："岔路之中还有岔路，我们不知道往哪边去追，所以就回来了。"成语是说因岔路太多无法追寻而丢失了羊。比喻事物复杂多变，没有正确的方向就会误入歧途。

这篇寓言最后由杨子的学生孟孙阳的朋友心都子向杨子请教后而形成"大道以多歧亡羊，学者以多方丧生"。这就是歧路亡羊的前身。最后"大道以多歧亡羊"演变为"歧路亡羊"。下面，我们分析歧路亡羊的问题。

首先，歧路就是分岔，分岔是客观存在的。自然界与人类社会客观上都存在分岔。比如，生物学家是讲分岔的，因为每一棵树都可能有无数的分岔。教育家是讲分岔的，因为人生的道路有很多，但是道路当中有很多岔路口，我们在路口的时候选择往哪个方向走是最重要的。城市交通的管理者和铁路线上的搬道工是讲分岔的，否则就会酿成交通事故。婚姻选择也是如此，当你选择一个伴侣时，他（她）可能会毁了你的一生，选择另一个时，他（她）可能助你获得成功。

其次，生存环境也会导致民族文化的分岔。比如，中国人信奉的是十二生肖，而西方人信奉的则是十二星座。为什么中国人信奉十二生肖呢？这是因为中国是一个以农耕文明为特征的民族，十二生肖与农耕文明要么直接相关，要么间接相关。为什么西方信奉的是十二星座呢？这与西方民族是以获得海洋资源为生存的民族相关的，他们必然是海洋文明的产物。为了获得海洋生存资源，他们就必须进行航海，而航海最为重要的是夜观星座。而中国是农耕社会，靠土地资源生存，农耕文明时人们靠气候、靠天收成，经验是最重要的，所以是老人政治；而西方要获得海洋生存资源老人可不行，所以，航海主要是年轻人的事业。年轻人谁也不服谁，有些事就要投票决定，因此，海洋文明导致民主政治。可见分岔是必然的，是生态环境的必然产物。

第三，汉民族与北方民族文明的分岔也是因生存环境差异导致的。在西周之前，汉民族既牧马也种田时，与北方民族没有太大的文明分岔，但到了西周，地球气候变冷，汉民族只种田不牧马时，北方游牧民族与汉民族的文化分岔就出现了。我们知道，华夏及周边各民族的传统经济区域呈现为农耕、畜牧两个大的经济区。从经济区来说，西部和西北部游牧民族活动的中心，是传统的畜牧经济区。黄河中下游和长江中下游及其以南地区，是发达的农耕经济区。这就导致了农耕民族与游牧民族的差异、碰撞与互补，也导致汉民族与北方民族千年路径的分岔：一个是以种田为业，一个是以牧马为生。作为农耕的汉民族与作为游牧的北方民族千年来的恩怨其实只是种族共生演化的生态结果。中国历代王朝的兴衰与周期性气候变化密切相关。在寒冷气候下，当北方的游牧民族饥寒交迫时，必然南下掠夺与杀戮，此时统治中原的王朝往往也正值衰败时期，这给了游牧民族可乘之机；而气候相对温暖的时期，则往往是农耕王朝处于强盛的时期，如汉唐，必然北伐造成农耕区域的北移，促成农耕民族北上开垦农田。

虽然分岔是自然与人类社会的客观存在，但人们对分岔是缺乏理性认识的。为什么亡羊农夫虽然带多人追寻也无功而返，而作为中国智者代表的杨子也只能叹息？就是因为农耕时代的哲人缺乏对分岔规律的认识。当然，这不能苛求古人，但我们现在不能对分岔规律依然没有深入的认识。分岔也是有理论的，分岔的英文叫做bifurcation。1975年，李天岩与约克的论文《周期3意味着乱七八糟（Period three implies chaos）》第一次引入了混沌与分岔的概念。混沌现象在人们的生活中无处不在：上升的香烟柱破碎成缭乱的旋涡；旗帜在风中前后飘拂；龙头滴水从稳定样式变成随机样式；高速公路上阻塞的汽车群体；野生动物种群数的涨落；心脏和大脑的振动等等。

李天岩与约克研究了Logistic映射方程：$x_{n+1}=\mu x_n(1-x_n)$ 的动态行为。李天岩与约克指出：即使在一维系统中，只要出现周期3，则该系统也能呈现其他的周期，也能呈现完全的混沌状态。如果从混沌经济学的观点看，在纷繁复杂的经济系统中具有内在的随机性。状态空间是纵坐标上的区间$0\leqslant x\leqslant 1$，控制空间是横坐标上的区间$0\leqslant \mu\leqslant 4$。研究发现，控制空间分为两段，$0\leqslant \mu\leqslant \mu_\infty=3.569945$ 是系统的周期运动区，$\mu_\infty\leqslant \mu\leqslant 4$ 是系统的混沌运动区。周期区存在许多分岔点，把周期区分为许多小段，系统在区间（μ_0, μ_1）内呈现稳定的一点周期运动；$\mu=\mu_1$ 时，一点周期失去稳定性，在区间（μ_1, μ_2）内系统作稳定的2点周期运动；$\mu=\mu_2$ 时，2点周期失稳，系统在区间（μ_2, μ_3）内作稳定的4点周期运动；$\mu=\mu_3$ 时，4点周期失稳，系统在（μ_3, μ_4）内作稳定的8点周期运动。随着控制参数 μ 的增加，系统还会出现新的稳定性交换，这是出现混沌运动的前兆。从Logistic映射方程图可以看出，当周期超过3时，这个简单的系统已经出现了非常多的分岔，而当超过极限 $\mu_\infty=3.569945$时，系统将出现非周期的定态运动，进入混沌运动区。

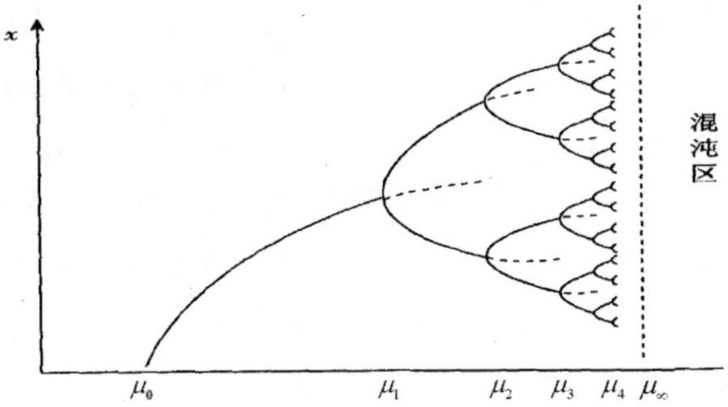

Logistic映射方程图①

李天岩与约克的研究实际上就是现在所称的混沌经济学，也称为非线性经济学（Nonlinear economics），是20世纪80年代兴起的一门新兴的学科，是用新的思想、新的分析方法，得到新的经济规律的一门新兴交叉科学。詹姆斯·格莱克（James Cleick）声称，20世纪的科学只有三件事将被记住：相对论、量子力学和混沌（可以理解为分岔）。混沌是20世纪物理科学中的第三次革命，就像前两次革命一样，它割断了牛顿物理学的基本原则，而且他还继续强调，在这三次革命中，混沌革命适用于我们看得见、摸得着的世界，适用于和人自己同一尺度的对象。②

歧路亡羊这个成语在思维上存在的问题是把世界看成是线性的、是简单的、是确定性的。但从非线性科学、复杂性科学看世界，发现世界是非线性的，不确定的、复杂性的，也就是自然世界与人类社会是存在分岔的。因为世界是非线性的、是存在分岔的，所以，我们不能以为人多力量大就能解决问题，如同寓言所说，人多还是亡羊。为什么歧路亡羊而返，就是因为失羊的农夫是线性思维。遇到分岔，也就是非线性就无功而返。

中国有一句俗语叫“富不过三代”。中国百年民营企业、富

① 李士勇等．非线性科学与复杂性科学［M］．哈尔滨：哈尔滨工业大学出版社，2006：55.

② 詹姆斯·格莱克．混沌：开创新科学［M］．上海：上海译文出版社，1990：7.

豪家庭没有连续过三代的，证明这个经验的判断是对的，但是没有事实证明。实际上，“富不过三代”不过就是分岔理论的一个家族财富的体现形式。[①]

非线性科学极大地改变了我们的思维方式，因为非线性科学本身真正体现出了经典科学向现代科学转变所引发的思维方式变革，这就是：“从绝对走向相对；从单义性走向多义性；从精确走向模糊；从因果性走向偶然性；从确定走向不确定；从可逆性走向不可逆性；从分析方法走向系统方法；从定域论走向场论；从时空分离走向时空统一。”[②] 人类社会历史的发展是一个典型的非线性系统，要找到历史发展完全确定的规律几乎是不可能的。历史决定论认为历史发展具有确定的发展规律的想法是没有依据的，甚至与科学理论相冲突。歧路亡羊成语的误区是认为，道路出现分岔的意外，亡羊就找不回来了。实际上，歧路是客观存在的，但是否亡羊，就要看我们的思维方式与能力。歧路亡羊的思维如同演绎法，由一个出发点演绎开来，变成一棵逻辑树，这是传统的思维方法。如果我们把演绎法与归纳法结合起来，并与经验相结合，适当剪枝，就可解决问题，可能找到亡羊，更可以借助分岔理论去找。

把歧路亡羊的思维方法放大，就是历史决定论的翻版。历史决定论的批判者认为，历史不可能按照一条能够精确描述的确定的历史规律发展，也就是说，历史规律不存在严格的因果关系，因此，寻找机械决定论式的历史规律是徒劳无功的，也注定要失败。陈平曾试图依据非线性系统演化动力学的理论模式来解释中国和西方不同的社会非线性的演化路径，他指出中华文明不同于西方文明，关键在于路径的分岔，即非线性的相互作用。[③]

---

① 甘德安．复杂性家族企业演化理论［M］．北京：经济科学出版社，2010.

② 宋健．现代科学技术基础知识［M］．北京：科学出版社和中共中央党校出版社，1994：48.

③ 陈平．文明分岔、经济混沌和演化经济动力学［M］．北京：北京大学出版社，2004.

在中国的近代史上，鸦片战争、甲午海战、八国联军、辛亥革命等其实都可以视为分岔点。从东非走出来的人类，至今为什么有如此巨大的差异，这就是环境导致的分岔选择。Ellsworth Huntington的地理决定论认为，远古人对环境的塑造极其有限，主要是环境塑造人。分岔将这种选择代代相传，积淀，路径锁定，形成影响至今各个民族的不同的传统文化。

面对分岔就是面对非线性，就是面对复杂性。农业社会是很简单的社会，它在一切方面都表现得比较简单。对于这种简单社会来说，其对治理体系及治理方式的科学性要求是极低的，治理体系及治理方式的变动，甚至要很长时间才会在社会中显现。东西方学者曾把中国农业社会看成是一个停滞的社会或者超稳定的社会。比如，亚当·斯密曾指出中国社会长期停滞问题①；而金观涛、刘青峰针对中国封建社会长期延续的问题提出了一种“超稳定系统”的解释，就是说“超稳定系统”一方面具有巨大的稳定性，另一方面表现出周期性振荡。②

与农业社会相比较而言，工业社会由于人口以及商品和资本的流动，变得复杂起来，因而，可以把工业社会称为“低度复杂社会”，也就是说，工业社会已经是复杂的社会，但是它的复杂程度相对较低。不过，它毕竟是一个复杂社会，因而对治理体系及治理方式的科学性要求也就相应地提高了。工业社会也是以市场经济为特征的社会，市场的要素是秩序、可预测性、稳定性和可靠性。在走向后工业社会的过程中，秩序、可预测性、稳定性和可靠性都不再存在，取而代之的是复杂性、不确定性和风险，因而，也对市场经济的发展提出了新的挑战。与工业经济比较，知识经济社会的互联网时代则是一个高度复杂性的社会。知识经济社会是以知识为第一要素的社会，它是以不断创新的知识和对

① 白钢．中国封建社会长期延续问题论战的由来与发展［M］．北京：中国社会科学出版社，1984.

② 金观涛，刘青峰．开放中的变迁——再论中国社会超稳定结构［M］．香港：香港中文大学出版社，1993.

知识的创造性应用为主要基础而发展起来的。[①] 创新经济的非线性、主动性、多样性、融合性等特征必然使知识经济社会具有复杂性社会的主要特征。[②]

《互联网周刊》主编姜奇平教授指出，互联网时代的中国式管理是复杂性管理，其特征是以灵活的组织应对复杂的环境。复杂性是互联网时代与中国式管理的交集。一方面，复杂性是时代特色所在，今天用来描述互联网的分布式、交互联接、自组织等特征，其实都可用复杂性一言蔽之；另一方面，复杂性又是中国特色所在，中国人讲究灵活变通（所谓“易”），灵活性即组织复杂性，是不同于美国人、日本人的管理基因；互联网时代的中国式管理，正好把传统的复杂性，与未来的复杂性，巧妙嫁接在一起，形成“做活”这一既世界又民族的管理新范式。[③]

伊曼纽尔·沃勒斯坦认为，应当在根据复杂性、不确定性的新认识论的基础上，重新理解科学世界和社会政治世界，重新建构社会科学的理论体系。[④] 控制论及管理科学专家W.E.哈拉尔说：“旧世界的特点是管理事务，新世界的特点是需要处理复杂性。”[⑤] 武汉大学徐绪松教授从6个方面提出基于复杂组织转变的建议。[⑥]

分岔是对确定性的否定，对决定论的否定。事物总是从有序走向无序，热力学第二定律表达了从有序走向无序的规律。但一位年轻的物理学家费根鲍姆则思考，无序中是否蕴含有序呢？费根鲍姆猜想，简单迭代时发生的周期倍增现象，先是二周期的，

---

① 甘德安．知识经济创新论［M］．武汉：华中理工大学出版社，1998：3-4.

② 刘洪．组织复杂性管理［M］．北京：商务印书馆，2011.

③ 姜奇平．“以灵活对复杂”——互联网时代的中国式管理［J］．互联网周刊，2013（10）.

④ 伊曼纽尔．沃勒斯坦．所知世界的终结：二十一世纪的社会科学［M］．冯炳昆，译．北京：社会科学文献出版社，2002.

⑤ W.E. 哈拉尔．新资本主义［M］．冯韵文，黄育馥，译．北京：社会科学文献出版社，1991：119.

⑥ 徐绪松．复杂科学管理［M］．北京：科学出版社，2010.

再是四周期的，接下去是八周期的，十六周期的，直到发生紊乱；紊乱周期倍增后面是否存在规律，或者说歧路亡羊后面的歧路是否存在找到亡羊的规律？费根鲍姆对分岔理论作了进一步研究并发现对于所有在［0，1］区间内的单峰光滑映射，如正弦映射、圆与椭圆映射等，都可计算出同样常数。而且许多包含耗散的非线性系统，只要发生倍周期分岔也会有同样的常数。其中，第一费根鲍姆常数是倍周期分岔中相邻分岔点间隔的极限比率，费根鲍姆常数如同大自然中存在的一些普适常数，例如圆周长与直径之比的圆周率π，反映物理量随时间衰变的自然对数e，反映物质微观量度的普朗克常数h，真空中光速c，反映比率的黄金分割的0.618等。费根鲍姆常数的发现说明在对自然规律的认识上又前进了一步，不仅使我们知道有序蕴含着无序，同时无序中也蕴含着有序。歧路是必然亡羊的，因为有序蕴含着无序，歧路蕴含着亡羊；进一步亡羊后，是否可以找到亡羊，费根鲍姆给我们一个新的视角，无序中可以找到有序，亡羊也有可能找到，当然2000年前的失羊，杨子找不到，不重视科学实验的中国人找不到，或许费根鲍姆常数可以帮助我们在指定的范围寻找，而不是像寻找失联马航MH370一样劳而无功。

千里马常有，而伯乐不常有

——千里马与伯乐的博弈分析

“千里马常有，而伯乐不常有”，这个典故出自唐朝诗人韩愈的《马说》：“世有伯乐，然后有千里马。千里马常有，而伯乐不常有。故虽有名马，祗辱于奴隶人之手，骈死于槽枥之间，不以千里称也。”

这个命题的论述不够全面，它其实涉及四个方面的问题。“千里马常有，而伯乐不常有”是千里马与伯乐四种关系的一种，还有三种情况：千里马常有，伯乐也常有；千里马不常有，伯乐常有；千里马常无，伯乐也常无。我们要分析的更主要的问题是：伯乐与千里马的有无与制度与文化的关系是什么？要走出几千年的“伯乐发现千里马”这种人治因素与人身依附的人才成长的奴才理论，首先要借助博弈论分析方法分析四种情况的得益，指出这四种情况下，哪种才是稳定解，或者说纳什解[①]。然后，进一步借助制度经济学分析千里马与伯乐出现的制度与文化的原因。

---

① 纳什解也称为纳什均衡解、非合作博弈均衡点，是博弈论的一个重要概念，是以约翰·纳什命名的。纳什均衡解实际上是一种策略组合，使得每个参与人的策略是对其他参与人策略的最优反应。纳什均衡就是说，博弈的理性结局（纳什均衡解）是这样一种策略组合，其中每一个参与人均不能因为单方面改变自己的策略而获利。换一种说法是，其中每个参与人选择的策略是对其他参与人所选策略的最佳反应。不严格地说，纳什均衡解是一个最优反应的“僵局”，谁都不愿意改变这个“僵局”，谁改变、谁吃亏。

实际上，如果把千里马定位为人才、职业经理、学生，伯乐定位为领导、老板与教授，千里马总是常有的，伯乐也总是常有的。说千里马的有无与伯乐的有无，只是说，千里马与伯乐之间的博弈关系。伯乐是否肯定千里马，千里马是否被伯乐发现。我们可以根据博弈理论与实际利益得失设计一个千里马与伯乐的博弈分析表，如下：

		伯　乐	
		认可	不认可
千里马	被认可	5　8	2　–2
	不被认可	–2　2	–2　–2

从上表中我们可以发现四种情况。

第一种情况是，千里马与伯乐相互认可时，两者都有最大得益，而且伯乐得益大于千里马得益。主要是因为伯乐是单位领导、教授、老板，千里马是下属、学生、职业人，千里马得到认可，或者千里马被认可，而千里马也愿意被认可时，领导、老板与教授的得益大于下属、学生与职业人的得益。有使命感的伯乐，怎能不发现千里马呢？有真才实学的千里马怎能不日行千里、一展才华呢？

第二种情况是，伯乐不认可千里马，或者说老板不认可员工，伯乐没有得益或负得益，而千里马至少作为普通的马，得到基本得益。千里马不能被认可损失最大的首先是伯乐，其次是千里马，当然社会的总收益也是减少的，如同《麦琪的礼物》中的夫妇，没有导致社会福利的增加。至于，伯乐认为选千里马是给别人做嫁衣，不愿做伯乐，那只能说明这些所谓的伯乐本身就是伪伯乐，或者是愚昧至极的伯乐。

第三种情况是，伯乐认可千里马，而千里马自恃清高，不要求被认可，伯乐虽然得不到最大的得益，至少可以得到得益，损失大的是千里马。比如，在不少企业与组织中常常看到一些有些天分的年轻人，自恃清高、恃才傲物，四处跳槽，结果一事无成，浪费青春，对这些人而言是负得益。

当然，最坏的一种是第四种，千里马与伯乐都互不认可，结果导致千里马与伯乐无得益，社会最大负得益。如同当今社会，人和人之间缺乏信任一样，千里马与伯乐都不能实现自己的利益最大化。所以，只有在具有良好社会制度与文化的国家、企业与组织中，只有形成千里马与伯乐的相互认可才会使个人与社会实现共赢和利益最大化。

以上是千里马与伯乐都常有情况下的博弈分析。如果从历史的角度看，我们会发现，政治开明时代，人才辈出，政治黑暗时期只能是万马齐喑。在正常社会秩序下，千里马常有，在非正常情况下，千里马常无，即使有，出现的概率也偏低。比如，春秋战国时期产生了诸子百家；三国（魏晋南北朝）时期出了竹林七贤；民国时期，推翻帝制，出现了陈寅恪、王国维等一批国学大师与科学大家。20世纪80年代也是人才辈出的十年，那是因为实行了真正的改革开放，这是从纵向看；从横向看，同样是中国人，只有到国外才能获得诺贝尔自然科学奖，比如杨振宁、李政道、李远哲、高锟等，这是制度的原因。

不仅中国如此，西方也如此。欧洲的封建社会从公元5世纪到15世纪延续了近1000年，难出人才，即使出现也被视为异端。比如，创立日心说的哥白尼写出《天体运行》，却迫于教会的淫威，不敢发表。发明望远镜用以观察天象的伽利略，被宗教裁判所诬蔑为“魔鬼的发明”，且被判有罪并下狱。由此可见，人才辈出的时代与先进的社会制度，以及在这种制度下经济和科学的快速发展是密切相关的。多元化的社会、包容的世界告诉我们：“千里马常有，伯乐也常有”，要想处理好伯乐与千里马的关系，最重要的是要改革并形成一套比较公正的用人体制与模式，不能只依靠伯乐发现人才。

此外，真正的千里马，比如顶尖人才，出现的概率实际上是很小的。所以顶尖人才的培养与发现是要靠制度与文化的。不容忍另类和异端学者的教育制度和社会制度不可能产生拔尖人才。有创建的科学家，常有不同于常人的思维方式，有关怀的作家也有不同于常人的视角。一个谔谔之士没有立锥之地的地方，不可能出现拔尖人才的身影。

还有伯乐对千里马的评价标准也很重要。荀子说，口能言之，身能行之，国宝也。口不能言，身能行之，国器也。口能言之，身不能行之，国用也。口言善，身行恶，国妖也。治国者敬其宝，爱其器，任其用，除其妖。所以，千里马可以是能说能干的政治家、企业家；可以是能说不能干的教授；也可以是能干不太能说的工程师；但一定不能是好话说尽、坏事做绝的国妖，他们就是当今的腐败分子。

“千里马常有，而伯乐不常有”，这句成语最值得肯定的是成语背后的绝望与控诉：人才启用再也不能搞人身依附了，再也不能花钱买官了。它用诗的语言，提出发人深省的思考，核心就是：有怎样的发现人才的制度与文化，就会产生与这一制度与文化相适应的人才。

三百六十行，行行出状元
——跨产业生存的思考

所谓“三百六十行”，是指各行各业的行当，也就是社会的工种。关于行业，自唐代开始就有三十六行的记载。宋代周辉《清波杂志》上便记有肉肆行、海味行、酱料行、花果行、鲜鱼行、宫粉行、成衣行、药肆行、扎作行、棺木行、故旧行、陶土行、仵作行、鼓乐行、杂耍行、皮革行等等。

由三十六行如何发展为“三百六十行”呢？据徐珂《清稗类钞·农商类》载：“三十六行者，种种职业也。就其分工约计之，曰三十六行；倍之，则七十二行；十之则三百六十行。”可见“三百六十行”只是一个约数，其实自古以来，行业的工种绝不止“三百六十行”，三千六百行也不止。所以“三百六十行”只是概括数，也是民间的统称，说起来方便，听起来顺耳，所以直到现在，说起行业还是笼统地称“三百六十行”。

对“三百六十行，行行出状元”我们至少要做如下几个方面的思考。

第一，不同时代有不同的行业，不同行业在不同的时代有的可能出状元，有的不能。先看看美国产业变迁的规律：1860年以前，美国农业部门的重要性远超过工业部门，农业部门是行业的状元，而在工业部门内部则以轻纺产业为状元。但此后，状元则是钢铁产业、煤炭产业。1900年汽车是不可能成为大王或者状元的。而到了20世纪70—80年代，美国钢铁、汽车、工具机、消费型电子及办公设备等令人瞩目的产业迅速衰落，马上“产业变幻大王旗”。20世纪90年代以后，美国大力发展信息产业，乔布斯、比尔·盖茨成为时代的状元了。现在，世界上最具有创新精神的公司都是美国的，并且都是与信息产业相关的产业，比如苹果、微软和Facebook。

霍夫曼定理指出，在一个国家，一般总是食品和纺织品等消费品率先发展起来，冶金和机械等资本品部门随后得到发展，后者虽然起步较晚，但发展却快于前者。发达国家也是如此，工业化之初是纺织业出状元，随后是化工业的英雄——杜邦家族；钢铁大王——卡内基；汽车业的英雄——福特；然后是服务业的英雄——摩尔根；现在称雄于世的是信息业的状元——比尔·盖茨、乔布斯与马克·扎克伯格。

再看我国的行业发展历程：20世纪50年代的行业状元是纺织业的郝建秀，农业状元是饶新礼；60年代出了石油行业的状元王进喜；80年代是太阳神的怀汉新，玉环集团的王定吾，攀枝花钢铁集团的赵忠玉；进入21世纪，行业状元变成电子商务的马云和腾讯的马化腾。今天的腾讯，市值是2个阿里巴巴，3个百度，比三大门户新浪、搜狐和网易加在一起的总和还要多一倍。马化腾，在年仅34岁时缔造了一个风靡中国的“网络神话”。他让2亿中国人改变了沟通习惯。可见，信息产业才是21世纪产业的状元，马云、马化腾他们才是行业的状元。

回看1800年，中国在全球制造业总产出中所占的比重高达33%，领先于印度。但随后行业格局发生了变化。第一次工业革命大幅提升了纺织品、机床等各类产品的生产率。中国，这个伟大的农业文明之国，没有跟上工业革命的步伐，没有及时地转变产业，依然依赖传统农业与传统手工业，因而一直落后于世界。

在三百六十行中，当某一行或某几行出状元时，同时也意味着其他行业不能出状元。从国家的角度可以分为新兴的工业化国家与落后时代的国家，比如第一次工业化的状元是英国；第二次是美国和日本。中国则在两次工业化革命中没有成为状元而受到剥削和压迫。如果一个国家经济要持续地高效发展，就要不失时机地推动行业结构的升级换代。出状元的行业的特点是既能吸收新技术，又有高增长率，而且能带动其他行业的发展。出状元的行业出现的顺序一般是从劳动密集型行业转向资本密集型行业，再转化到技术和知识密集型行业。第二次世界大战以后，两次产业结构调整正好体现这一规律。如20世纪60—70年代西方发达国家将劳动密集型行业和传统行业向韩国、中国台湾、中国香港等国家和地区转移，到20世纪80年代，这些地区和国家又将劳动密集型行业向中国大陆转移，而自己则发展技术密集型和知识密集型行业。

虽然目前中国的GDP总量世界排名第二，但那是卖血汗、卖资源的GDP；是低工资、低人权、高负荷、高污染的GDP，不是在战略新兴产业挣钱，不是在高端服务业、高端制造业发展。一个极具代表性的例子就是芭比娃娃的生产与销售。一个在美国卖10美元的芭比娃娃，在中国广东生产，包括所有的原材料、人力、运输以及污染成本，一个芭比娃娃不到0.36美元。为什么？就是因为我们发展的只是低端制造业，而别人发展的是高端服务业。再比如，你能在Asda用29英镑买一套西装；你可以在玛莎百货（Marks and Spencer）以高出10倍的价格购买一件出自意大利裁缝之手、采用上乘羊毛面料制作的西装；你还能用比这再高出10倍的价钱，在萨维尔街（Savile Row）定制一套西装。同样是西装，为什么有100倍的差价，就是他们是设计产业的状元，而我们只是低端制造业的打工仔。

现在有这样一种打印机，它可以打印出会飞的飞机、可骑的自行车；或是一块能吃的蛋糕；能穿的衣服与鞋子，甚至加上关键零部件就可打印出一把可以射击的步枪……这种打印机就是3D打印机。3D打印机正逐渐改变着制造业的传统生产方式，3D打印技术使得劳动力成本变得越来越不重要。3D打印将从源头颠覆制造业，机器将取代模具、部件、半成品到成品等每一个关键环节，劳动力、设备投资、工人技能、生产线管理等将变得无关紧要。但正如没有人能预言1450年古登堡铅活字印刷、1750年蒸汽机、1950年晶体管的出现所产生的影响一样，3D打印机的持久影响尚待评估。毫无疑问的是，它将扩展工业想象力的极限。但可以预料的是，如果我们还像清王朝，或者像计划经济时代那样闭关锁国，那么，下一步死掉的是中国制造业及其在制造业打工的工人及“企业家”，同时也必然进一步拉大我国与发达国家的差距。事实上，以“机器人革命”“3D打印”“智能制造”等为标志的再工业化浪潮对中国实体经济必然产生影响。2013年2月，国内最大的代工企业富士康公司“暂停招工”的消息，表明富士康的“百万机器人计划”已开始落实。国务院参事、经济学家汤敏四处奔走呼吁：中国经济如果不能跟上以3D打印为代表的新技术潮流，中国有可能重蹈1840年被蒸汽动力武装起来的列强击败的覆辙！

在中国人心中实际上还存在一种制造业拜物教观念，这种观念认为制造业是核心的经济活动，其他活动多多少少都是次要的，这种观念已深深地植入中国人的思维。其实，自20世纪80年代开始，全球产业结构呈现出“工业经济”向“服务经济”转型的总趋势，发达国家的经济主体已经从原来的制造业转到服务业。据世界银行统计，2009年，全球服务业总体规模约58.26万亿美元，世界各国服务业增加值占GDP比重达到70%。总体来看，无论是发达国家或发展中国家，抑或高收入国家或低收入国家，服务业在国民经济中的比重仍将处于不断上升的态势。后工业化国家在向工业化国家转变过程中，服务业发展将起到更重要的作用。以经济合作与发展组织（OECD）国家为例，金融、信息、保险、房地产及经营服务等生产性服务业的增加值占GDP的比重均超过了1/3。生产性服务业已经成为发达国家的支柱产业。

经济转型的一个重要内容是加大服务业包括各种各样的服务活动在经济活动总量中的比重。而现在服务业得不到提升的根本问题是认识问题，认为国有企业是执政之基，是共和国的长子，所以依然扶持国有企业发展，依然给国有企业垄断地位。虽然也强调国有、民营并重，要发展混合所有制，但近十年的实践的实质还是发展国有企业。国有企业发展的必然结果是重物不重人，重视发展制造业而不重视以知识资本为重的服务业，经济转型、产业转型自然就是空话。

第二，没有市场就没有行业，没有行业也就没有市场。亚当·斯密1776年发表的《国富论》的基本思想是：一个国家的财富怎么能够成长，靠的是劳动生产率的提升和技术进步，而劳动生产率的提升靠什么？要靠劳动分工，也就是不同的人、不同的企业在做不同的事情，这样他们就可能带来更快的技术进步。而劳动分工依赖于市场，没有市场，不可能有真正的劳动分工，而市场的规模则决定着专业化和分工的范围。市场规模越大，分工就会越细；分工越细，技术进步越快；技术进步越快，财富增长也就越快；财富增长越快，导致资产规模的进一步扩大，由此形成了良性经济增长的回馈。

实际上，三百六十行，哪些行当出状元，不是政府决定的，而是市场决定的，政府只能利用政策进行倾斜和扶植。如果不让三百六十行中的一些行业和企业死去，就不可能使三百六十行中的大多数行业出状元。不让一些行业或企业中的劳动力失业，就不可能让大多数行业和大多数劳动者出类拔萃成为主导行业或新兴行业的状元。要使我们的三百六十行，行行能出状元，必须产生在国际上有竞争力的行业，政府要对其进行扶持，使行业间结构不断高级化。我们的三百六十行，为什么不能行行出状元？关键是：从体制上说，没有一个行业之间合理比例与结构的理论、政策，没有执行合理政策的政府；再者投资主体是政府而不是业主，因此在主观上，各级政府为了多一些行业与企业争项目、争资金、跑“部”前进。

第三，以前状元是第一、唯一的人，而当今时代，状元是一个团队，可以提自主创新，但不能提独自创新。100年前或许可以，现在则是一个团队的力量。比如，苹果的乔布斯创业是一个团队，微软比尔·盖茨创业也是一个团队，Facebook的马克·扎克伯格创业也是一个团队。再比如新东方，虽然状元是俞敏洪，但创业之初时王强、徐小平等团队成员对新东方的作用是不可忽视的。马化腾也说：在大学里面我也不是核心，我们班当时有几个人技术都挺强，所以我们几个人互相切磋学习，互相激励，互相头脑风暴。要成功申请国家自然科学、社会科学课题，申请成功的一个关键因素就是团队。不过总的来说，状元的数量总是极少的，还有少部分大概能到举人或秀才，绝大多数什么都不是。三百六十行，行行出状元，每个行业都有自己的杰出人物，不过这不意味着你就是那个杰出人物，你或者只是一个小角色，或者什么都不是。古代的科举考试，成为状元只有一条路可走，大家别无选择。而三百六十行，行行出状元，说明的就是你是否入错行的事，指出成为状元的道路很多，如果你在一条路上走不通，也许只是因为这不是你要走的路罢了。我相信每个人必然有其不擅长的事，只有在你擅长的方面做事并努力，你才能取得最终领军的称号，成为状元。

第四，时代在进步，不是每个行业都能出状元。那么，鼓吹行行出状元的人，特别是统治者，其实是别有用心的。比如，封建王朝就是要农民好好当农民，祖祖辈辈当农民，便于统治者统治。在计划经济时期，我们的职业是不能由自己选择的，都是由组织安排的。当你不喜欢组织安排的工作时，单位领导自然会用“三百六十行，行行出状元”给予鼓励或宽慰。“三百六十行，行行出状元”是指只要我们努力工作，什么工作都可以干出成就来。但三百六十行，真的能行行出状元吗？当我们的纺织业、制造业等行业全面亏损时、当我们仓库积压的产品高达3万亿元时、当在国有企业工作几十年的职工突然下岗失业时，你是不是要认真思考这句成语呢？

第五，进入夕阳行业时，就是你受穷之时。俗语说，男怕入错行、女怕嫁错郎，就是从另一方面证明，不是三百六十行，行行出状元的。人一生的成败起始于对行业的选择。所选的行业如与命局相符，较容易成功；反之，若不相符，往往不易成功。比如，大学刚毕业要进入社会找工作者或要升大学选专业者，应谨慎选择，因为这关系着自己未来一生的前途。这也就是经济学的路径依赖。当我们知道我们不幸成为一个行业的失败者时，我们要知道怎样从不出状元的行业中退出，进入出状元的行业。

如果我们希望成为自己选择的行业中的佼佼者，所选行业必须是这个时代、这个时期中国家的主导行业，即高科技、高附加值的行业、资金密集型的行业、知识密集型的行业、精加工深加工的行业。

从个人层面讲，如果你不进入状元行业，你就可能是失业者、失败者或者失意者。比如20世纪90年代的国有企业纺织女工。所以，要跨过三百六十行，行行出状元的思维误区，破除“一个行当干一生”的观念，接受市场经济的挑战，树立全新的择业观，在尝试、碰撞中建立自己的事业，不断向“阳光地带”和“朝阳行业”靠近。中国人吃了很多亏，其中最大的亏是要面子的亏，封建社会和计划经济最大的特点是要面子，当我们的国有企业的职工面临失业下岗时才有危机感，才放下面子从出失业者的行业进入出状元的行业。

三百六十行的描述是存在问题的。首先，三百六十行不是一个常数而是一个变数，每时每刻都在转变。现在出状元的行业与高科技、高附加值相关，即现在出状元的行业是资金密集型的行业、是知识密集型的行业、是精加工深加工的行业。调整产业结构，实际上就是让三百六十行中的一些行业死去，只有这样才能使三百六十行中有些行业成为状元。但由于政企不分和资产的部门所有，即条块分割很可能使行业的结构调整成为一句空话。如果不扭转条条块块和强化部门利益的管理局面，三百六十行可能都出不了状元。

其次，现在新行业层出不穷，行业界限已经模糊。比如互联网的跨界竞争。瑞星杀毒收费，360一来，全免费；电信运营商舒舒服服地收了十几年的通话和短信费，结果微信一来，全免费。比如和君商学院，中国大部分商学院、培训机构都收费，和君免费，用最认真、最实战的教学吸纳各大高校的才子来培训。

再如余额宝对银行的冲击。据报道称，短短几个月的时间，余额宝聚集资金量已经超过2000亿元，导致银行存款大量流失，逼迫银行存款或理财产品利率大幅上升，不得不向天弘基金高价融资。这种跨行业的竞争，才能出马云、马化腾这样的状元。阿里巴巴和腾讯两家公司所正在经历的将会记入历史。阿里巴巴针对金融业，其产品组合是支付宝（吸储、支付）、阿里金融（贷款）。腾讯针对通信业，其核心产品是微信（短信、通话），互联网基于自身革命性的优势对传统产业产生根本性影响。比如，支付宝所具有的小额支付、支付担保功能，阿里金融所具有的海量数据使贷款的成本极大降低、速度和范围极大增强。比如，微信基于互联网实现的信息沟通，从顶部向下打破运营商的通道垄断。今天互联网的力量是根本颠覆性的，这些握有大数据、握有关系链、建立了互联网生活（腾讯）和生产（阿里巴巴）底层体系的公司，对传统体系具有摧毁性的能力。

三个臭皮匠，能抵个诸葛亮

——对劳动者的数量与质量关系的反思

诸葛亮是中国人心目中智慧的化身，“三个臭皮匠，能抵个诸葛亮”[①]，说的是人多智慧多。实际上，这句成语是农业文明和粗放经营方式的产物。当我们从计划经济向市场经济、从粗放经营方式向集约型经营方式转变时，我们要反思这个成语。

如果我们把臭皮匠理解为没有受到或仅受到较少教育的体力劳动者，如农民，而把诸葛亮理解为受到较多教育的脑力劳动者，那么这句成语所产生的误区之一就是只注重了劳动的数量而忽视了劳动的质量，只注重了体力而忽视了脑力。于是中国人有“多子多福”“人多力量大”之类的说法，特别是现在实行的计划生育国策，客观上导致了人口的逆向变化趋势：臭皮匠在不断生产着臭皮匠，即文盲在不断创造更多的文盲，而诸葛亮在自我生产的过程中不断减少。在计划经济时期，我们只注重人口的数量而不是人口的质量，于是有了批马寅初的《新人口论》的运动，结果是“三个人的饭五个人吃”，“三个人的事五个人来做”，即经济学所说的“隐性失业”以及当前的人口压力和就业危机。在计划经济时期，我们为什么总是通过搞“大会战”的方式来发展经济？通过用政治运动的方式来搞经济？实际上，这都是

① 这个成语还有许多种说法，三个臭皮匠，赛（顶）过诸葛亮；三个臭皮匠，抵得上一个诸葛亮；三个臭裨将，抵得上一个诸葛亮（原意是指三个副将的智慧能顶一个诸葛亮，“裨将”民间流传中被说成了“皮匠”）等等，其实，都是说集体力量大，人多智慧多。

只注重劳动者的数量而不讲劳动者的质量的体现。这也就是为什么中国的劳动生产率远远低于发达国家劳动生产率的原因。

这句成语所产生的误区之二是，在决策过程中参与的人越多，决策就越科学。其实，人多并不能保证决策的科学性，更不能保证决策的创新性。从哥白尼的“日心说”到达尔文的“进化论”；从贝尔的电话到乔布斯的iPhone、iPad；从众多国有企业的“集体智慧”到民营企业家市场机会的捕捉，无不表明，三个臭皮匠抵不上一个诸葛亮。人多决策链加长，人多决策成本增加，人多使创新思想被扼杀，因为真理总是在少数人的手上，特别对于一个处于创新阶段的企业，三个臭皮匠是抵不上一个诸葛亮的。我们一直不愿承认一个简单的事实：许多事不是臭皮匠能做的，而是只能由诸葛亮来完成。“三个臭皮匠，能抵个诸葛亮”这个成语，在农业文明时代或许是对的，在计划经济时期或许是对的，但从农业社会向工业社会转轨，从计划经济向市场经济转轨的中国就不全对了。社会进步、经济发展不是靠体力和自然资源，而是靠脑力与人力资源。要适应这一转变，劳动者必须要从臭皮匠向诸葛亮转化，即蓝领工人白领化或白领比重要超过蓝领。因为中国现代化的过程就是产业结构的优化，也是知识密集型、技术密集型产业增多的过程。对诸葛亮的需求增加，没有文化，意味着失去生存的资格。

从人才成长的规律与分布来看，人才是分层次、分区域的，人才成长是按群落来体现的。在人口、人手和人才之间是有一个比例的；创新人才、普通人才，即诸葛亮、臭皮匠之间也是有一个比例的，这与生物的成长链相似。我们在现实中常常看到一个优秀的厂长、经理能搞活一个亏损企业，但是人们不能接受有些事只能诸葛亮才能干好，于是在我们的干部政策中，基本上是“撒胡椒面”，使臭皮匠（平庸的干部）与诸葛亮（创新的人才）一样享受改革的成果，但让诸葛亮去承担创新失败的成本，结果诸葛亮越来越少，臭皮匠越来越多，像货币市场“劣币驱逐良币”的现象一样，臭皮匠在人才市场驱逐诸葛亮，结果整个社会平庸下去了。

诸葛亮是智慧的化身但并不是知识的化身，诸葛亮并不等于学者、教授。知识是人类对有限认识的理解与掌握，智慧是一种悟，有知识不等于有智慧。一个人可能学富五车，但他不一定是智慧之人，因为他完全可能千万次地重复人家的思想，自己却不善思考，不去探究，更不会创新与创造，他们更像是贩者，知识的贩者。相反，像苏格拉底那样，逢人便说我只知道自己一无所知，倒可能最富智慧，因为他自认无知，所以总想与人理论，探究真理在何方，所以，苏格拉底是智者。知识关注的是现成的答案、现成的公式、现成的历史事件的归纳，而智慧关注的是未知的世界，这就是知识与智慧的区别。所以，诸葛亮是智者而不是学者、教授。掌握很多实用技能也不等于智慧，比如臭皮匠，他们是掌握生产皮制品技能的人，他们不是智者。一个人学会驾车，学会电脑，但他却不一定富有智慧，因为他很可能是被迫去做的，内心对这些行当毫无兴趣，更谈不上从中悟出智慧。真正的智者，会对自己所从事的活动倾注全部心血，从做的过程中体验到生活的愉快、人生的乐趣。而臭皮匠可能十八般武艺、谋生之道样样精通，但却思想贫乏、内心空虚、没有信仰、没有对真善美的渴望，你能说这是有智慧的人吗？你能说这些臭皮匠能抵得上诸葛亮吗？

因此，学者、教授与诸葛亮类型的智者是两种不同类型的人，诸葛亮型智者掌握的知识不一定胜过学者、教授，但对世界的理解一定深刻得多。杜威曾经指出，教育要区分两种人：一种是拥有许多知识的人，另一种是睿智的人。前者拥有一大堆“间接知识”“外在的公共经验”，这些知识非但无助于其经验、智慧的增长，反而有可能阻滞生命的灵性和智慧的闪现。智者是具有独立人格、批判精神和创新思维的。教育活动的目的应该是培养“睿智的人”。

此外，关于诸葛亮与臭皮匠之间的关系，就是智慧与知识技能的关系，有知识技能不一定有智慧，但有智慧一定有知识。知识必须转化为智慧，才能显示其真正的价值！“知识”是死的，“智慧”是活的。当前大学的一些学者、教授仅仅只有理论知识，而没有社会实践，没有把理论与实践相结合，没有用学到的理论去解决社会发展的实际问题，如果不能把市场经济运营过程中的实际问题提升到理论层面，产生新的理论去指导实践，是不能产生诸葛亮的。那么，不仅三个臭皮匠抵得上一个这样的诸葛亮，而且三个这样的诸葛亮也抵不上一个做实事的臭皮匠。

“三个臭皮匠，能抵个诸葛亮”，是集体崇拜的经典话语。中华民族为什么是一个缺乏创新的民族，一个重要的原因是个人价值没有受到应有的尊重。一个社会中个体的地位越高，特立独行、我行我素的个体受到集体的排斥就越小，个体在这种社会中生存下来的概率就越大，创新发生的概率自然就越高。个体主义强调内在价值观，不管别人怎么说；真正的创新者、特立独行者都是个体主义者，他们为科学而科学，为学术而学术。三顾茅庐是尊重人才，尊重个人主义价值观的典范，而“三个臭皮匠，能抵个诸葛亮”是扼杀诸葛亮及创新型人才的帮凶之一。

“三个臭皮匠，能抵个诸葛亮”是迷信集体，不过是借助集体主义欺骗大众的手段而已。勒庞认为，领袖就具有做群体领路人的作用，但这个作用不可以用定期出版物来代替，因领袖不可能时刻在群体聚会中讲演。领袖只是能瞬间领导集体的个人，而不是集体的指引灯，他不能左右整个群体的方向，最终的方向将由我们自己选择。希特勒就是一个很好的例子。谎言重复千遍不会变成真理，但谎言重复千遍容易使群体相信被重复的谎言就是“科学真理”。

三天打鱼，两天晒网
——快工作与慢生活

这句成语来自曹雪芹的《红楼梦》第九回，说薛蟠从老家来到大观园住下后，打听到贾府有一所家学，学校里有许多年轻人，就动了好色之念，假装去上学，不过是三日打鱼，两日晒网而已。学校里有些学生贪图薛蟠的钱财就上了他的贼船。秦钟与贾宝玉来上学，薛蟠立刻就打他们的主意。成语的意思是：对学习、工作没有恒心，经常中断，没有长期坚持。这个成语也表达了做事要快些，不要拖拖拉拉、慢慢悠悠的意思。

我们可以把三天打鱼看做工作，两天晒网看做休闲。在远古时代，三天不打鱼，人类就不能生存，生命就难以维系，所以必须三天打鱼，而且应该从传统打鱼方式向现代打鱼方式转变，从传统渔网向现代渔网转换，从打鱼效率不高向借助机械化、电气化、信息化及网络化打鱼转换。这就是工业化时代的打鱼方式，而工业化时代就是一个快工作的时代。

工业化时代是崇尚快捷的时代，速度和效率是工业化时代的标志。美国发明家富兰克林的那句名言："时间就是生命，时间就是金钱"，是工业化时代的座右铭，更是改革开放时代的座右铭，影响世界，更影响中国。自工业化时代以来，对速度的崇拜让快文化占据了人们的潜意识和价值体系，使得越来越多的人开始沦为时间的奴隶。"快"无处不在，信息有"快报""快讯""快信"；传递有"快递""快运""快件"；出行有"快车""快艇""捷运""高铁"；唱歌有"快歌"；摄影有"快照”；婚姻有“闪婚”；写作有“快枪手”；餐饮有“快餐面”；连购物都时兴“秒杀”。日本经济起飞初期就要求“五快人才”：走得快、吃得快、说得快、睡得快、拉得快。

应该快工作，但不能操之过急。一万年太久，只争朝夕，于是钢铁产量要“超英赶美”，就全民大炼钢铁，结果造成人力财力的巨大浪费；想要跑步进入共产主义社会，结果一个大跃进几乎使一个民族陷入绝境。而今很多工程不按照科学的进度，只是为了政绩工程，为了向祖国献礼，结果搞成了豆腐渣工程。

快节奏最为典型的例子就是社会的麦当劳化。要说到社会的麦当劳化，不得不提到美国马里兰大学社会学系教授乔治·里茨尔（George Ritzer,也翻译成乔治·瑞泽尔）的《社会的麦当劳化——对变化中的当代社会生活特征的研究》一书。他认为，麦当劳化是工具理性在现代社会的体现，强调效率、强调数量和利润，就是说强调快、强调规则、强调节奏。他认为，麦当劳快餐导致社会是一种非人性化的社会，导致人的创造力和想象力消失的社会，导致高度同质性的社会。中国人接受麦当劳其实不仅仅是接受汉堡和薯片之类的快餐文化，还有“快餐式教育”“快餐式医疗”。实际上快餐文化渗透到我们社会生活的每个方面、每个环节。[①]

2009年，《中国青年报》社会调查中心所做的一项调查显示，84%的人认为自己生活在“加急时代”，即5个人有4个人生活在快生活的时代。渣打银行中国首席经济学家王志浩曾公开提出，中国生活节奏是美国的4倍。按照王志浩的计算，美国的1年相当于中国的2.8个月，英国的1年相当于中国的3.1个月。一位美国人或英国人在中国3个月的时间里感受到的变化，需要在他的老家待一年才能感受到。换句话说，中国的生活节奏快了4倍。如果你生活在亚洲的话，这种变化速度就比较容易理解，新加坡的1年等同于中国的半年，韩国

① 乔治·里茨尔．社会的麦当劳化——对变化中的当代社会生活特征的研究［M］．顾建光，译．上海：上海译文出版社，1999.

人可能相对不太惊异于中国的变化速度，1个韩国年相当于中国的8个月。①

如今的中国人可以说是最急躁、最浮躁、最没有耐性、脾气最差的人群。在十字路口，绿灯亮时，前车启动稍慢，后面的喇叭声就响成一片。车辆闯红灯，行人不走人行横道，就因为等不了一分钟、甚至几十秒的时间。在银行等公共场所，只要一排队就心情急躁，想插队的比比皆是，因此而打架的人不在少数。到了餐馆，上菜稍慢就脾气暴躁、恶语相向。

目前很多中国人，拼命地赚钱，快餐果腹，行色匆匆，结果过劳死、抑郁症、亚健康开始笼罩职场，阴魂不散。急功近利的育儿方式开始剥夺孩子宝贵的童年，当快节奏导致的暴戾情绪在整个社会迅速蔓延时，所有人都成了物质的奴隶，被欲望所控制。

打鱼不能快，晒网也不能快。或者说，我们需要快工作，但是快工作不能影响工作，更不能影响生活。所以，我们需要"三天打鱼"，更需要"两天晒网"。

西方有一个科学考察队到了非洲，雇用了当地人做向导，在连续几天匆匆赶路之后，当地的向导无论如何也不肯向前走了，问其原因，答曰：连续几天快速赶路，灵魂已经落在了后面，现在必须休息，好让灵魂赶上来重新进入到身体内。

三天打鱼，两天晒网，其实是很好的、很对的。不晒网就不能打鱼，网晒得好鱼才能打得多，网也能用得长；晒网是为了打鱼，有时晒网也不仅仅是为了打鱼，也许什么都不为，就是有鱼吃了，晒网时，也晒晒太阳，把生活节奏放慢些。特别在当今一个快速的工业化、信息化、快餐化的时代，更应放慢生活的脚步、生活的节奏、生命的韵律。这种放慢，包括思维的放慢、阅读的放慢、写作的放慢。

思维的快与慢，是思维的两个系统在起作用。快的思维常常是无意识的系统在起作用，它依赖的是情感、记忆和经

① 王志浩. 中国1年等于美国的4年吗［DB/OL］.（2007-10-20）［2014-07-25］http://finance.sina.com.cn/economist/xuezhesuibi/20071020/00184080418.shtml.

验，这种无意识的思维对事物能作出迅速的判断和抉择，使我们能够迅速对眼前的情况作出反应。但快的思维任由损失厌恶和乐观偏见之类的错觉引导我们作出错误的选择。慢的思维要通过调动注意力来分析和解决问题，依赖的是逻辑、数理和概率对事物作出判断和抉择，它是比较慢的思维。要使判断不出错，我们必须启用慢思维，即有意识的思维，而不是快思维。大家可以发现，反应快的人常常不深刻，而反应慢的人常常深刻，如同恩格斯与马克思，前者思维敏捷，后者反应迟缓但深刻、系统。所以，从思维的角度看，我们在生活上或许需要快思维，而解决抽象的理论问题，还是需要慢思维。

古人写的慢，读的也慢；今人写的快，读的也快。教育是什么？其实，教育就是一个慢生活。教育是心灵的感应与感化，不分对象与年龄，是一个慢功夫。教育是一个长周期、迟效益的社会活动，经不住忽左忽右、时东时西的折腾。回顾历史，我们有着痛心的教训。现在中国办教育的人，还有许多静不下心来，潜不下心去，致使当今的教育仍很浮躁。我们必须善于从历史上吸取教训，特别是当今的校长。我们要学习苏轼大学士的情怀："何妨吟啸且徐行"，"一蓑烟雨任平生"。

人生就是一场旅行。如果从一开始就只顾追求速度，直奔终点而去，而忽略沿途的风景和享受放松的心情，那么我们人生的意义何在呢？如果我们已经远离了森林、草地、花鸟虫鱼、灿烂的阳光、新鲜的空气、悦耳的自然交响曲，远离了土地，河川，一切回归自然都成为了空想。我们可以慢慢来，慢餐饮、慢睡眠、慢工作、慢读书、慢运动、慢休闲等。慢工作是指一种更为计划、自由、开放、弹性的工作方式，快乐地工作。而慢运动强调的是运动过程的享受，而不是结果，目的是使自己更健康、更快乐。对于平时疏于运动的都市人来说，高强度的运动可能反而对自己的身体有害，而慢运动才能真正提高生活品质，带来健康。

另外，文学、艺术、修养、情操等也被抛进了历史的垃圾堆。我们现在已经是身不由己了，仿佛每天内心都有一种声音、一种力量推动着我们去奔跑、去追逐，永无休止。

捷克著名作家米兰·昆德拉认为，“慢生活”是事业成功而又健康的关键，“慢生活”状态应该是每周一小休、每月一中休、每年一大休。慢，有时是一种生活态度和生活方式，是一种安排好生活和工作的能力，也是一种对有限生命资源的保护和储备。著名“慢生活”倡导者卡尔·霍诺认为：“慢生活”不是支持懒惰，放慢生活节奏也不是拖延时间，而是让人们在工作和生活之间找到平衡。

生于忧患，死于安乐

——积极心理与忧患意识

“生于忧患，死于安乐”出自中国一部著名儒家典籍《孟子》。文中通过同是出身于下层的舜帝、傅说、胶鬲、管仲、孙叔敖、百里奚六人的事例说明：人只有经受过痛苦的磨砺——苦其心志，劳其筋骨，饿其体肤，空乏其身（贫困之苦），行拂乱其所为（做事不顺），才能内心强大，能力增强，胜以重任。同样，没有不断地试错与纠错，则难以找到正确的方向；没有不断地质疑与思考，则难以打通心路；没有不断地自我表达，则难以走进内心。由个人推及国家，一个国家的内部如果没有坚守法度的大臣和辅佐君主的贤士，外部没有与之抗衡的敌手和忧患，这样的国家常常会灭亡。然后才知道，忧患使人得以生存，安逸享乐导致死亡。

“生于忧患，死于安乐”这个成语包含着深刻的哲理，体现了中国人的人生智慧。它至少带给我们两点启示：

一是人生不是康庄大道，总是会遇到种种艰难曲折，但要在不断经历失败和不断克服困难中奋勇前进。它引导人们把困难和逆境看做是激励自己奋进的动力，自觉地在困难和逆境中磨炼自己，不屈不挠地争取胜利，这也造就了中华民族不畏艰险，自强不息的精神。

二是要具有忧患意识，能未雨绸缪、居安思危、防患于未然。生活困苦，要为将来打算，不至于将来更困苦；生活安逸、工作顺心，也要为将来而计划，否则美好生活可能会消失，已有成就可能会被人赶超。没有忧患意识，会使人落后，乃至停滞不前；没有忧患意识，会让人耽于享乐，腐化堕落。

可见，忧患意识源于自觉的危机感、紧迫感、责任感和使命感，是一种清醒的防范意识和预见意识。它告诫我们无论困苦还是快乐都要有忧患意识。这有一定道理，但它也刻意回避了人生目标、人生路径，甚至人生意义等重要现实问题，在一定程度上误导了普通人关于人生的理解。

忧患的人生未必是积极快乐的人生。从古至今，我想不会有人希望自己的人生时常充斥着纷乱战争，充满哀怨与忧患。生命中或许有忧患，但不应该是生命的主旋律；生命中可以有忧患，但忧患不应该充塞整个生命，只能是生命过程中的一个意外或偶然。生命中存在忧患，但不应该为忧患而生，而应为快乐而生。所以，人生的目标应是积极的、快乐的，而不是充满忧患的。

虽然“生于忧患，死于安乐”强调了生存的压力有利于生命的成长，并将忧患作为可以转化的动力，但压力不能超过阈值，更不能让生命的意义成为抗压，况且人是无法承受太多、太重的压力的。

比如，知青一代所受的教育就是忧患的教育。知青一代充满着理想主义、英雄主义、爱国主义、集体主义、利他主义，还有一些传统的忠孝仁义，可谓充满忧患意识，但得到的却是苦难。在伟大领袖的号召下，他们到农村去、到边疆去、到祖国最需要的地方去。在十六七岁就被过早地驱入四野，经历农村生活的艰辛。虽然艰苦，但知青一代依然以爬雪山过草地的红军、具有民族大义的文天祥为榜样，在苦难中却依然有要解放世界上2/3还处在水深火热之中的人民的愿望。虽然他们有生于忧患的意识，但并没有解放谁，许多人在40多岁时就被迫下岗，成了保姆、摊贩、钟点工、饭店服务员，成为荒唐时代恶果的承担者与改革开放的失败者。

应该说，现代人尤其是年轻人，他们大多数已被迫成为忧患生存者。还未出生，他们的父母就为其能否与其他人站在同一起跑线上而忧患。出生后为入托上学而忧患，之后又为考大学而忧患，为大学毕业后找工作而忧患，为成家、买房、生育孩子而忧患，整个生命似乎都在忧患中，这样的人生倒像是为忧患而生。要知道忧患无尽，人无远虑必有近忧，近忧需解，远忧需防。如果忧患成为生命中的常态，那难免会心生疲惫，生命也会失去该有的色彩与意义。所以，不应是生于忧患，而应是为快乐而生；不应过忧患的人生，而应追求快乐、幸福、积极的人生。

这里简要介绍心理学界正在兴起的一个新的研究领域——积极心理学。它于20世纪末首先在美国兴起，而现今愈来愈多的心理学家、研究者开始涉足此领域，并将矛头直指过去近一个世纪里占主导地位的消极心理学。也就是说，从1887年到2000年的心理学学术研究几乎都是消极心理学研究而不是积极心理学研究。

积极心理学主要有三大任务：一是诊断并解决心理问题；二是让普通人更快乐、更幸福；三是让天才更天才，普通人更聪慧，帮助人们发挥潜能。积极心理学是一门研究如何让普通人幸福、快乐、发展的科学，它提倡用主动、乐观、开放、欣赏的心态来看待事物，主要体现在三个方面：一是从主观层面研究人的积极心理体验。强调人要满意地对待过去，幸福地感受现在，乐观地面对未来。二是从个体层面研究积极的特质。如培养积极的人格特质，增强积极的情感体验。三是从群体层面研究积极的社会组织系统。如公民美德的培养、社会责任感、利他主义、职业道德等。

可见，积极心理学很重要的一个研究就是对快乐的研究。快乐是一种情感体验，同时也是一种人生态度，更应将其看做是人生目标。人们常会困惑于人生的意义究竟为何，其实人生的意义是由我们自己来决定并赋予的。快乐来自于积极、乐观的心态。以乐观的心态面对悲观的现实，如同我们常说的“做最好的准备，最坏的打算”。因为乐观可以让你对生命的目标更坚持，并能获得更多的资源，达到较高的生命满意度。

同样，幽默也能为人们带来特殊的快乐。林语堂先生就强调了幽默对于国民的重要性。他认为，没有幽默滋润的国民，其文化必日趋虚伪，生活必日趋欺诈，思想必日趋迂腐，文学必日趋干枯，而人的心灵必日趋顽固。①

可见，当今社会似乎充满了焦虑与不安，压力太大，生存不易，这时更需要人们用积极的心理去面对，来纾解自己的情绪压力，用快乐武装自己，学会幽默，才会有快乐、豁达的人生！

忧患生存的背后必定是不堪的生存环境。忧患生存一方面是因为人们的欲望太多、期望太高，以至于烦恼增加，焦虑增加，不确定因素增加；另一方面也是因为让人们不放心、不安心、不顺心的东西太多，以至于人们不得不为自己的吃饭、安全、工作及个人发展问题而担忧。然而，过多的担忧必会导致压力负荷。如果一个人、一个社会，乃至一个国家常常面临忧患的威胁，那必是一件十分危险的事情。“生于忧患，死于安乐”有可能会演变成“生于忧患，死于忧患”。这在一定程度上也体现了人们所处的环境——自身环境、社会环境、国家环境以及时代环境。同时，也可看出所处环境的治理水平、公平程度与诚信等级等。

尽管，知青一代也产生了一些领袖、政治家、企业家和知名学者，但与苦难的知青一代相比，这些成功者是很小的比率。其实，忧患生存与安逸享乐是生存的两种极端状态，也是人群中的少数，是正态分布中的“3σ坏蛋”②。但现今它更具有普遍意义。大多数人普遍担忧福患，这是不正常的现象，也是一个法治

---

① 林语堂．一夕话．台北：金兰文化出版社，1984.

② 3σ 坏蛋的学术说法是 3σ 准则或 3σ 原则。它是先假设一组检测数据只含有随机误差，对其进行计算处理得到标准偏差，按一定概率确定一个区间，认为凡超过这个区间的误差，就不属于随机误差而是粗大误差，含有该误差的数据应予以剔除。这种判别处理原理及方法仅局限于对正态或近似正态分布的样本数据处理，它是以测量次数充分大为前提的，当测量次数的情形用准则剔除粗大误差是不够可靠的。因此，在测量次数较少的情况下，最好不要选用此准则，而用其他准则。在正态分布中 σ 代表标准差，μ 代表均值。$x=\mu$ 即为图像的对称轴，3σ 原则为，数值分布在（$\mu-3\sigma,\mu+3\sigma$）中的概率为 0.9974。可以认为，Y 的取值几乎全部集中在（$\mu-3\sigma$，$\mu+3\sigma$）区间内，超出这个范围的可能性仅占不到 0.3%。直观地说，就是 1000 个蛋中，可能存在 3 个坏蛋。

社会、文明社会不该出现的社会现象。这种情况的出现无疑与政府没能成为人民幸福的扶持之手有密切关系。一个国家的政府及其领导者首先要有忧患意识，忧民之所忧，想民之所想。因此，面对一个拥挤的社会、压力极大的社会、病态的社会更应该追求积极、快乐、幽默的人生。

或许人们会反驳，认为人生苦短，人生本就是一场苦难。这种对人生苦难的看法与佛教等宗教不无关系。它实则是人类对早期恶劣生存环境无奈的一种反映。因为在远古时代，在人类基因深处铭刻的是人类祖先对洪水、饥饿、短命、毒蛇的记忆，这些记忆进化为人类的情绪，形成了三大怪物，即抑郁、焦虑、恐惧，这三大情绪怪物跨越远古至今。然而，我们的祖先一直无法克服心灵的困惑，只能借助宗教来解脱自己。其实，世界上的一切宗教都是对人生忧患和现实苦难的回应，都在试图通过对忧患和苦难原因的探究，以及对人生和社会本象的把握来为被焦虑、煎熬缠身的众生指点迷津，以提供一条通往极乐世界的途径。

守株待兔

——偶然与必然的关系

守株待兔，出自《韩非子·五蠹》：“宋人有耕田者，田中有株，兔走触株，折颈而死。因释其耒而守株，冀复得兔。兔不可复得，而身为宋国笑。今欲以先王之政，治当世之民，皆守株之类也。”

这位宋人把一次偶然事件看成必然事件而贻笑大方。大家觉得宋人可笑，但如果把这只兔子理解为儒家文化和传统统治方法，是否两千年来的儒生、儒学皆可笑？因此，我们要把“守株待兔”的思维模式，或者说表述模式，转化为事物的偶然与必然的关系进行研究，深入分析兔子撞到树的偶然性与宋人守株待兔的必然性、绝对性。或者说，我们应如何看待偶然性，宋人用必然性的思维处理偶然性的事件是否合理的问题。

宋人为什么会把偶然看成必然而遭人嘲笑？我们对偶然是否有清晰的认识？宋人是否比我们对偶然有更深入的认识？我们认为偶然的事件是否可能就是事件必然的另一种表现形式？

首先，我们要理解什么是偶然。偶然是指突然的，不经常的，让人意想不到的。偶然事件是指意外地和非预谋而发生的事件，而偶然性是指出乎意料的非规定特性。可见用“偶然”来形容某事件时有一种突然而意想不到的意味，而“偶然性”则是指使它具有这种意味的性质，在专业领域里通常称之为随机性。有可能发生的事情会被描述为“可能会发生”，而对必然不发生的事情可以说“偶然性为零”。实际上，我们已经从概念上普遍接受了用数学公理量化了的偶然性，而把这种偶然性量化的方法就是以概率论为基础的随机性模型。这种模型已经在各种领域中得到广泛的使用，从自然科学到社会科学，从人文学科所用的统计到金融与赌博等领域无有例外。

其次，我们要了解偶然有多少种形式。必然性可以区分为严格的确定性和统计意义上的确定性，而严格的确定性通常只在抽象的、理论的意义上才存在，这已经为学界所熟知；而偶然性的含义则更广泛，这一点就不是常识所能了解的。如“事件或过程确定实现时出现的一种不确定性；事件或过程本身实现与否的不确定性，其中包括极小几率的事件或过程；事件或过程的潜在的（非实现上的）可能性；由严格确定的规律中发生的一种不确定性；由于观测者位置的差异在事件或过程的描述上所出现的一种不确定性。”①

不同含义的必然性与偶然性可以组合成不同的必然性—偶然性关系。这些关系包括：偶然性被排除在必然性之外并受必然性约束，这仅限于牛顿力学和与牛顿力学相似的简单性科学；偶然性进入到必然性之中，这是由热力学第二定律对于熵②的微观解

① 郑玉玲．必然性与偶然性——在科学理论和科学认识中［M］．北京．北京大学出版社，1995：3.

② 熵（entropy）最初由克劳修斯于1865年创造。字尾“tropy”源于希腊文，是转变之意。字头“en”是源于energy（能量）的字头。1923年，德国物理学家普朗克来南京中央大学讲学，我国著名物理学家胡刚复教授担任翻译。胡刚复教授根据entropy意为热量与温度之商，而且这个概念与火有关，就在商上另加火旁，首次创造了中国字典中从未有过的新字“熵”。熵指的是体系的混乱的程度，它在控制论、概率论、数论、天体物理、生命科学等领域都有重要应用，在不同的学科中也有引申出的更为具体的定义，是各领域十分重要的参量。克劳修斯提出熵的概念后，将其应用在热力学中。后来，香农首次将熵的概念引入到信息论中，之后又将其移植到社会学中。表示随着人类社会科学技术的发展及文明程度的提高，社会“熵”——即社会生存状态及社会价值观的混乱程度将不断增加。按其学术观点，现代社会中恐怖主义肆虐，疾病疫病流行，社会革命，经济危机爆发周期缩短，人性物化都是社会“熵”增加的表征。

释所表明的；偶然性在必然性之中表现自己，这是由布朗运动理论[①]所表明的；偶然性甚至极大偶然性自身转化为必然性，这是由自组织理论[②]和现代生命起源与进化理论所表明的；必然性自身孕育出一种偶然性，这是由混沌理论所表明的；必然性自身转化为一种偶然性，这是由量子力学所表明的；必然性与偶然性互相补充，这是由海森堡测不准关系所表明的；必然性与偶然性连锁地进行作用，这是由相对论所表明的；多种必然性与偶然性多元连结、构成立体网络，这是由布朗运动理论、自组织理论和混沌理论所共同表明的。[③]

从这几种偶然性与必然性的关系中看偶然性，可以看到，兔子撞到大树，可以是随机性的，如果是这种情况，这位宋人就是愚昧的；如果兔子撞到大树是具有大数统计规律的，则这位宋人是借助科学，以逸待劳地获得食物，是智慧的；如果兔子繁殖很快，它们不仅有很好的食物链，而且没有天敌，那么这位宋人从兔子撞到大树，看到这一事件的发生概率，推断出兔子撞到大树的必然性，这位宋人就不仅不应该被嘲笑，而应该受到称赞，因

① 1827 年，苏格兰植物学家罗伯特·布朗在研究山字草时，发现浮在水面上的花粉动个不停。布朗起初以为花粉在水面上晃动是因为它是活的，是花粉在游动。可是，并不只有花粉会在水面上晃动，普通灰尘浮在水面上也是一样。布朗偶然发现的这种现象，后来被人称作“布朗运动”。布朗认为，这个现象可能和某种物理定律有关。直到 1863 年，才出现了一个能被普遍接受的说法：水面上的花粉运动是粒子冲撞花粉造成的。到 1905 年爱因斯坦根据扩散方程建立了布朗运动的统计理论。布朗运动的发现、实验研究和理论分析间接地证实了分子的无规则热运动，对于气体动理论的建立以及确认物质结构的原子性具有重要意义，并且推动了统计物理学特别是涨落理论的发展。

② 自组织理论（Self-organizing Theory）是研究在一定条件下，系统是如何自动地由无序走向有序，由低级有序走向高级有序的理论。自组织理论包括耗散结构理论、协同论、突变论、混沌理论等。自组织的核心是指一个开放、远离平衡的化学体系，在一定条件下可以自发地组织成时间和空间的有序结构，呈现出类似于生命特征的自组织现象。

③ 郑玉玲．必然性与偶然性——在科学理论和科学认识中［M］．北京．北京大学出版社，1995：49.

为他具有中国人——不论古代中国人还是现代中国人——不具有的借助科学理论以逸待劳获得食物的能力；如果这些兔子本身就是布朗运动中的分子，宋人为什么不守株待兔呢？

如果把兔子看成历史中的人类，把兔子撞到大树看成偶然出现的事件，我们敢说，人类不会再撞到大树吗？历史总是惊人的相似，但不是简单的重复。也就是说，兔子还是会撞到大树，不过会以不同的方式、不同的方向撞到大树而已。所以，宋人守株待兔也就非常合理了。

宋人守株待兔受到嘲笑，是人们习惯性思维的产物，认为兔子撞到大树是一个偶然事件，但是宋人可能超越古代中国人，借助SWOT[①]分析，认为守株待兔是风险最小、成本最少、收益最大的博弈策略。可能宋人研究了环境与兔子的关系，发现这个地方草很茂盛，兔子天敌很少，所以繁殖很快，兔子撞到大树的概率也很大，守株待兔付出成本最低，自己身体状态不适合奔跑，所以守株待兔很划算。

我们还可以做更深层次的分析。在伽利略、牛顿等的努力下，西方科学取得了突飞猛进的发展。以牛顿力学为代表的西方近代科学，是一种把整个世界看做一个大机器的理论。反映在世界观上，就是机械的世界观。这种世界观反映在历史上，就自然形成了机械的历史观，也就是所谓的历史决定论。[②]卡尔·波普尔指出：“历史决定论是探讨社会科学的一种方法，它假定历史预测是社会科学的主要目的，并且假定可以通过发现隐藏在历史演变下面的‘节律’或‘模式’、‘规律’或‘倾向’来达到这

① SWOT分析方法是一种根据企业自身的既定内在条件进行分析，找出企业的优势、劣势及核心竞争力之所在的企业战略分析方法。其中战略内部因素（“能够做的”）：S代表strength（优势），W代表weakness（弱势）；外部因素（“可能做的”）：O代表opportunity（机会），T代表threat（威胁）。

② 黄欣荣，于海．历史决定论：从复杂性的观点看［J］．河北师范大学学报（哲学社会科学版），2005（3）．

个目的。”① 历史决定论具有两个最基本的特点：第一，肯定社会历史发展具有内在规律性；第二，肯定人们能在认识这种规律的基础上对社会历史作出预言。② 恩格斯指出，“历史事件似乎总的说来同样是由偶然性支配着的。但是，在表面上是偶然性在起作用的地方，这种偶然性始终是受内部的隐藏着的规律支配的，而问题只是在于发现这些规律。”③ 这里说的规律，指的是历史形成的事物之间广度不同、深度不同的各种联系，尤其是那些具有决定意义的本质性联系。也就是说，即使到了工业时代，人们还在用决定论的视角看问题，而宋人是站在偶然性的视角看问题。在某种意义上，宋人超越了历史决定论，超越了牛顿力学的视角，进入了量子力学与复杂性科学的视角看偶然性，知道偶然性在某种意义上就是必然性，就是必然性的偶然表现形式。所以不能小看偶然性，不能小看一只兔子撞到大树的偶然，还要看到这背后所体现的必然。守株待兔是从偶然中看到必然的一种反映与举措，是智慧之举。

最后，即使兔子很少，兔子撞到大树的几率很低，人们嘲笑宋人的愚昧，但中国的读书人，几千年守着儒学，守着传统极权统治，与这位宋人守住这株大树，又有什么本质区别呢?

波普尔声称：“我已证明，由于纯粹的逻辑理由，我们不可能预测历史的未来进程”，因而“历史决定论是一种拙劣的方法——不能产生任何结果的方法。”④ 德国哲学家K.费舍指出：“我所能看到的，只是一个独一无二的、因而关于它无法作任何概括的伟大事实。对历史学家来说只有一条正确无误的原则：他

---

① 卡尔·波普尔．历史决定论的贫困［M］．杜汝楫，邱仁宗，译．北京：华夏出版社．1987：2.

② 黄欣荣，于海．历史决定论：从复杂性的观点看［J］．河北师范大学学报（哲学社会科学版），2005（3）.

③ 马克思恩格斯选集（第4卷）［M］．北京：人民出版社，1995：247.

④ 卡尔·波普尔：历史决定论的贫困［M］．杜汝楫，邱仁宗，译．北京：华夏出版社，1987：1.

必须承认人类命运的发展只是一些偶然的、不可预见的力量的游戏。”[①] 雅斯贝尔斯也认为，“世界历史看上去就像偶然事件的堆积……是泛滥的旋涡。就这样它由一种混乱转向另一种混乱，由一种贫困转向另一种贫困。”[②]

近代史一直是历史决定论占统治地位的历史。但另一方面，复杂性研究经过30年的积累，到20世纪80年代终成气候，为复杂性研究贡献了丰富而深刻的哲学思想。[③] 成思危认为，复杂性科学的兴起表明了科学正处于一个转折点——那就是复杂性科学的兴起[④]，是人类历史上又一次科学范式的大变革。如果说相对论排除了绝对空间和时间的幻觉，量子力学排除了可控测量过程的牛顿迷梦，那么，复杂性科学则排除了拉普拉斯决定论的可预见性的狂想[⑤]。

例如，德国物理学家波尔茨曼把偶然性、概率和统计方法引入物理学，动摇了以牛顿和爱因斯坦为代表的传统的必然性观念；海森堡的测不准原理揭示了微观世界中粒子位置和运动速度的相对性和不确定性；爱因斯坦的相对论揭示了时空的相对性和不确定性；美国气象学家洛伦兹的 “蝴蝶效应”则揭示了自然界的混沌现象。非线性科学、分形理论、混沌理论以及各种复杂性系统科学，也通过各自划时代的发现一再向我们证实了物质世界和自然界的偶然性。英国哲学家汤因比则断言：“根据历史上诸文明命运的证据，我们必须与之战斗的女神，不是携带着致命武器的‘凶猛的必然性’，而是‘或然性’”。[⑥]

深入分析中国30多年改革开放的历史，也可以发现大量民营企业的成功带有极大的偶然性，或者说是必然中的偶然。比如乡

① 转引自陈中立：反映论新论［M］. 北京：中国社会科学出版社，1997：406.

② 雅斯贝尔斯. 智慧之路［M］. 北京：中国国际广播出版社，1988：67.

③ 苗东升. 复杂性科学的首席思想家 [Z]. 科学时报，2003-06-20.

④ 成思危. 复杂性科学探索 [C]. 北京：民主与建设出版社，1999.

⑤ 格莱克. 混沌：开创新科学 [M]. 上海：上海译文出版社，1990.

⑥ 阿诺德·汤因比. 历史研究 [M]. 刘北成，译. 上海：上海人民出版社，2005.

镇企业异军突起，这些民营家族企业在成长前期的成功，大部分是无意中把握了某些成功要素，取得了不错的成绩。这种成功的偶然性并不能保证他们在中国经济不断市场化与全球化的进程中竞争获胜。可以说，30多年中国改革开放的进程使部分善于捕捉市场机遇和自身资源的机会主义者获得了偶然的成功。但他们仅靠这些机会导向发展，极容易走向“因为成功而失败”的必然，大企业的例子有亚细亚、太阳神等，中小企业的例子就更多了。吴晓波在《激荡三十年：中国企业1978—2008（上）》中也有类似观点，他举例说，如果当年联想的倪光南和柳传志没有反目成仇，联想有没有可能走上另一条更具技术色彩的道路？如果张瑞敏和他的团队早早地成为了海尔集团的资产控制者，也许海尔的资本结构就不会如此繁杂，海尔的成长轨迹或许会更透明和清晰一些？如果没有1997年亚洲金融风暴的突然出现，中国政府很可能着力去培育日韩式的财团型大公司，那么，中国公司的成长版图会不会全然改变？[①]

20世纪80年代布赖恩·阿瑟曾提出偶然事件锁定历史路径现象，并归纳出许多典型案例。比如，关于QWERTY打字机键盘。人们一般相信市场经济会选择出最好的技术，但是现在人们使用的英文打字键盘却不是这样。QWERTY是英文打字键盘的第一行的字母排序，是1878年由克里斯多夫·斯考钦斯工程师设计的。当时由于打字机速度过快常常出现技术故障，所以为了减慢指法的速度，克里斯多夫设计了QWERTY格式的打字键盘。经仁民顿公司大批量生产，拥有了很多使用者，创造了市场，又使更多的厂商生产，于是锁定了键盘的发展路径，至今计算机键盘仍采用这种设计。内燃机车取代蒸汽机车则得益于1914年北美突然爆发的一次口蹄疫疾病，拆除马饮水用的水槽使蒸汽机车无法加水。当时蒸汽机车行驶30多英里就需加一次水，因无法加水使蒸汽机

① 吴晓波. 激荡三十年：中国企业 1978—2008（上）[M]. 北京：中信出版社，2007：XI.

车很快丧失了巨大的市场，汽油机车则很快占领了机车市场。[①]这些也是偶然锁定产业与企业历史的现象。

兔子撞株是必然还是偶然？历史选择儒家文化是必然还是偶然？站在历史长河看问题，在农业文明时选择儒家文化如同一只兔子撞到大树，在工业文明、信息文明的时代，我们是否依然守株待兔？依然守儒家文化？

大数据时代的特征是超越因果，不强调因果关系而强调相关关系的。

① 米歇尔·沃尔德罗普.复杂：诞生于秩序与混沌边缘的科学[M].陈玲，译.北京：生活·读书·新知三联书店，1997.

数典忘祖

——没有扬弃就没有创新

数典忘祖，这句成语出自《左传·昭公十五年》：“籍父其无后乎？数典而忘其祖。”谈论历来的制度、事迹时，把自己祖先的职守都忘了。比喻忘本，也比喻对于本国历史的无知。后来就用数典忘祖比喻忘掉自己本来的情况或事物的本源。

这句成语的典故是说周朝时期，晋国典籍官籍谈被派遣到周朝去参加葬礼。周景王设宴招待他，并问他为什么没有礼物朝贡。籍谈说晋国在受封时就没得到朝廷的赏赐，因此不必朝贡。周景王驳得他体无完肤，并指责他是数典而忘其祖。

要了解“典”的含义，首先要从“典”字的象形来追溯了。在汉字里，典、共、供、具、兵、其、六以及冀、黄、翼等都有一个共同的符号，即一横下面加两个支撑状的点，这个符号的象形含义是一个陈列架或陈列物品的有腿的桌几。当然，这不是普通的桌几，而是用于陈列重要物品的器具，通常都用于重大仪式或宗教巫术仪式上。“典”的原义则是指一种陈列或安置在桌几上的具有重要意义的文书，它的作用相当于公告牌、公约板、神谕碑、法规文书和行为规范告示。它可能是从契约演化来的，即把小巧的便于收藏的契约大型化、公开化、庄严化，其材质可以是木板、竹板、石板或金属材料，也可能是皮革、丝帛（附着在硬质材料上）。典的进一步演化就是册，史载殷先人“有典有册”，册就是后来的竹简或木简，是由“典”的不断小型化、轻便化、折叠化、卷曲化而形成的。此外，典可能也是鼎（铸有重要文字）的前身或雏形。而三坟五典的典是指少昊、颛顼、高辛、唐、虞的书，相传为我国最早的典籍。林语堂在《闲话说东坡》中说："也许竹书纪年，或什么三坟五典真有记载。"

理解了"典"的含义，我们要思考在这个后工业时代，我们该不该忘却远古时代的典、农耕文明的典？回顾我们的历史都是数典忘祖的历史。祖先狩猎采集，伏羲钻木取火，发明渔网、八卦、音乐，算是数典忘祖之祖了；嫘祖创新穿丝麻衣服，算数典忘祖；神农氏搞农耕畜牧，也是数典忘祖。列宁说，忘记了过去就意味着背叛，但是不忘记过去就不能创新。

其实，中国历史上出现的盛世都没有推崇三皇五帝与儒家经典。文景之治时采以老子思想，实行轻徭薄赋、与民休息的政策，恩威并施，修复了多年战争带来的巨大破坏，使人民负担得到减轻，是中国进入大一统时代以来，第一次被传统历史学家称羡的盛世时代。这一难得的辉煌与儒家没有丝毫关系。贞观之治则是由于唐太宗任命两位主张道家思想的人物，一个是魏徵，一个是徐茂功，而放弃儒家的所谓"忠君"政治，并任人唯贤，开放言论，虚心纳谏，采取了一些以农为本、减轻徭赋、休养生息的政策，使得社会出现了安宁的局面。

从元代起，少数人开始意识到儒家对思想的禁锢，它令中国几千年几乎再也无法产生新的思想家、哲学家，无法产生真正的进步。从汉朝至宋朝，一千多年的历史中，思想方面的成就几乎都停滞了，以至到今天，中国社会能够拿得出手的思想家，还是几千年前的庄子、老子、孔子、荀子这些人物，这在世界历史上简直是荒唐的奇迹！

元朝的邓牧已经有否定封建君主专制统治、否定忠君的数典忘祖思想。明朝李贽指责儒家经典并非"万世之至论"，揭露儒学的虚伪，反对歧视妇女和压抑商人。清初的黄宗羲对封建君主专制的经典进行激烈的批判，提倡"法治"，反对"人治"，反对重农抑商。顾炎武强调"经世致用"的实际学问，主张把学术研究与解决社会问题结合起来，力图扭转明末不切实际的、儒家空谈的学风，提倡“实学”，批判理学，反对君主专制政治的祖宗之法。

王安石变法时提出的著名的“天变不足畏，祖宗不足法，人言不足恤”的口号，更是数典忘祖。“天变不足畏”是指对自然界的灾异不必畏惧，“祖宗不足法”是指对前人制定的法规制度不应盲目效法，“人言不足恤”是指对流言蜚语无需顾虑。这三句话表达了一位改革家的无所畏惧的精神态度。

首先，忘记农耕文明落后之典不是主要目的，主要的是要建设工业文明以至信息文明之新典。工业文明的经典是什么？随着分工的深入、市场的扩大、产权的明晰，导致劳动方式的最优化、分工的精细化、节奏的同步化、组织的集中化、生产的规模化和经济集权化，自然要发展科学、技术经济与大规模生产，自然形成了工业文明的产业经济之典。其次，从老死不相往来的农民向大批的自由劳动者转型，从业者必须有较高的教育，国家必须建立起完整而系统的国民教育体系，自然形成工业化要求的现代教育之典，夸美纽斯的《大教学论》[①]就是工业文明的教育之典的代表。最后，工业文明是一个高度流动的社会，不可能在分工之间设置障碍，不允许社会层级一成不变，必然导致人与人之间的法律、社会与政治的平等。生而平等、天赋权利、私有产权神圣不可侵犯自然是工业文明的文化之典。自清朝初期到鸦片战争前夕，中国社会仍然是一个独立的专制极权国家，原本强盛的国势到乾隆末年开始呈现出江河日下之势。自明代中叶开始产生的资本主义萌芽到了清朝发展依然缓慢，以小农业和家庭手工业相结合的自给自足的自然经济始终占据中国社会经济的

① 夸美纽斯（Johann Amos Comenius，1592—1670），捷克伟大的民主主义教育家，西方近代教育理论的奠基者。他尖锐地抨击中世纪的学校教育并号召“把一切知识教给一切人”。提出统一学校制度，主张普及初等教育，采用班级授课制度，扩大学科的门类和内容，强调从事物本身获得知识。其《大教学论》提出，反对封建的、经院主义的教育，系统阐述适应新兴资产阶级要求的教育观点，包括教育的目的、作用、制度、内容和途径。提出教学必须“遵循自然”，并论证教学的“简易性”“彻底性”“简明性和迅速性”等原则。为近代最早的有系统的教育学著作。

主导地位。土地兼并日趋严重，成为全国的普遍现象；吏治败坏，专制极权发展到了极点。清政府用“四书”“五经”将人们的思想禁锢起来，对怀有不满情绪或评议时政者，实行残酷镇压；国防空虚，军备废弛。

正当清王朝日趋衰落的时候，英、法、美各国的资本主义却在迅速发展。18世纪60年代起英国开始了工业革命，到19世纪三四十年代，大机器工业逐渐代替了工场手工业。英国的工业产量急剧上升，“不断扩大产品销路的需要，驱使资产阶级奔走于全球各地”。工业革命在改变整个人类的生存状况。正如马克思所指出的：“资产阶级在它的不到一百年的阶级统治中所创造的生产力，比它在过去一切时代创造的全部生产力还要多，还要大。”[①] 资本主义对两千多年专制极权的中国最首要的冲击是鸦烟流毒，实为中国三千年未有之祸。鸦片大量输入，使中国每年白银外流达600万两，中国国内发生严重银荒，造成银贵钱贱，财政枯竭，国库空虚。鸦片输入严重败坏了社会风尚，摧残了人民的身心健康。烟毒泛滥不仅给中国人在精神上、肉体上带来损害，同时也破坏了社会生产力，造成东南沿海地区工商业的萧条和衰落。鸦片战争的失败和一系列不平等条约的签订，使得中国社会发生根本性的变化：政治上独立自主的国家战后由于领土主权的破坏，自给自足的自然经济逐渐解体，逐渐变成资本主义的商品市场和原料供给地。中国开始沦为半殖民地半封建社会，导致了典祖俱亡的下场。

经过两次鸦片战争失败后，清王朝内部的洋务派在全国各地掀起 “师夷之长技以制夷”的改良运动。洋务派主张采取官办、官督商办、官商合办等方式发展新型工业，增强国力，以维护清政府的封建统治。洋务运动的目的是维护清朝统治，是在坚守专制极权政治的经典，还不能忘却专制极权的祖先，其失败是必然的。最为精要的说法是张之洞的“中学为体，西学为用”，就是希

① 马克思，恩格斯. 共产党宣言［M］. 中共中央编译局，译. 北京：中央编译出版社，2005.

望要坚守祖宗留下的经典，坚持不忘列祖列宗的专制极权的祖宗之法，希望利用先进的技术维护封建统治，而不彻底变革封建制度就让国家富强起来。虽然洋务派引进了西方资本主义国家的一些先进的技术，培养了一批科技人员和技术工人，在客观上刺激了中国资本主义的产生和发展，但仅仅局限在器械方面的改革，是不能从根本上改变中国的积贫积弱状况的。改革不触动封建制度，这是导致洋务运动失败的根本原因。

洋务运动失败后，中国的仁人志士再一次绝地反击，发动了戊戌变法。戊戌维新运动是中国传统士大夫向现代知识分子转型的先驱用工业文明的经典取代农耕文明的经典的一次失败的尝试。由于两千多年专制极权的经济基础和政治力量过于强大以及儒家思想影响的根深蒂固，变法的失败带有必然性。虽然失败，但开启了“废科举、兴新学”的思潮，引进新典、忘却专制极权的祖先，学习人类共同创造的先进历史经验与理论。

随后，辛亥革命推翻了两千多年的专制制度，进步的人们不再坚守专制极权的经典。但这不是数典忘祖，而是总把新桃换旧符。袁世凯复辟表明，帝制虽然被推翻了，专制极权的经典与几千年的专制极权的祖先却没有被清除，于是有了“五四运动”，高举“科学、民主”之新典，扫荡传统的经典。

新中国60多年的建国史，也是数典忘祖的历史。改革开放前中国政府采用的经济运行方式是计划经济，忘的是传统自然经济之典；政治运行方式是阶级斗争，忘的是传统政治运行中上层是专制极权政治，底层是家族、乡绅政治，政体不下县之典；改革开放时期的政府是企业化政府，忘的是抓革命、搞阶级斗争之典；重视国企发展，忘的是发展民营经济之典。

互联网时代的经典是什么？就是注重人的价值，而不是权力拜物教与资本拜物教；是人类历史再一次的“文艺复兴”运动，是对工业文明经典的颠覆。农业文明时代，一切的经典是围绕土地展开的，农民被土地异化；工业文明的经典是围绕资本展开的，工人被资本异化、被流水线异化，成为流水线上的螺丝钉；

工业文明的经典是对农耕文明经典的颠覆与替代。到了知识经济、互联网时代，所有的经典是围绕信息、数据展开的，知识工作者、信息工作者成为经典的创立者。中国现在既是从农耕文明走向工业文明，也是从工业文明走向信息文明，所以，我们不仅要忘却农耕时代的经典，还要在建设工业时代经典的同时，建设信息时代的经典，改造工业时代的经典。信息时代的互联网思维，最为重要的是必须忘却“三纲五常”“男尊女卑”的经典，忘却“泱泱大国”“唯我独尊”的经典，忘却“商品拜物教”“金钱拜物教”“权力拜物教”的经典。必须体现信息时代互联网思维所要体现的平等、开放的特征，必须尊重科学、尊重民主，践行五四精神。从这个意义上讲，互联网思维就是“五四精神＋互联网技术”的产物。

没有扬弃就没有创新，如果我们忘的是落后之典，就不是忘本，更不是背叛，而是创新。

田忌赛马

——一场信息与制度不对称的游戏

田忌赛马出自《史记》卷六十五《孙子吴起列传第五》：齐使者如梁，孙膑以刑徒阴见，说齐使。齐使以为奇，窃载与之齐。齐将田忌善而客待之。忌数与齐诸公子驰逐重射。孙子见其马足不甚相远，马有上、中、下辈。于是孙膑谓田忌曰："君弟重射，臣能令君胜。"田忌信然之，与王及诸公子逐射千金。及临质，孙膑曰："今以君之下驷与彼上驷，取君上驷与彼中驷，取君中驷与彼下驷。"既驰三辈毕，而田忌一不胜而再胜，卒得王千金。

从博弈论角度看，田忌赛马输赢的关键在于信息是否对称。一方面，田忌的赛马整体水平不如齐威王，但这个成语假设田忌知道齐威王的出马顺序，而齐威王则不知道田忌的出马顺序，所以，田忌可以在整体实力不行的情况下赢得胜利。另一方面，在一场公平、真实的赛马中，齐威王并不会把出马顺序告诉田忌。因为双方均具有相等的话语权或规则制定权，双方可以约定无须向对方告知自己的出马次序以及马的等级，或者不再固定一种出马次序。基于此，我们可以把齐威王与田忌赛马的策略列一个博弈表，如下。

		田忌					
		上中下	上下中	中上下	中下上	下上中	下中上
齐威王	上中下	3，−3	1，−1	1，−1	−1，1	1，−1	1，−1
	上下中	1，−1	3，−3	1，−1	1，−1	1，−1	−1，1
	中上下	1，−1	−1，1	3，−3	1，−1	1，−1	1，−1
	中下上	−1，1	1，−1	1，−1	3，−3	1，−1	1，−1
	下上中	1，−1	1，−1	1，−1	−1，1	3，−3	1，−1
	下中上	1，−1	1，−1	−1，1	1，−1	1，−1	3，−3

根据完全理性和完全信息的假设，田忌和齐威王都拥有完美分析判断问题的能力，都完全掌握了对方在不同策略组合下的收益信息。那么，从这个博弈表中可以看到，若获得较大胜率，双方应会尽量不让对方知道自己的出马次序。在单次赛马中，上中下三种马一共有 6 种出马策略，齐威王与田忌各自策略的组合共有36种。田忌在这次博弈中胜算的概率只有1/6，而齐威王的胜算是5/6。

田忌赛马这个成语隐含的假设是齐威王的智力远不如田忌。也就是说，在中国人的惯有思维中，我们的敌人永远比自己智商低、品质低，且长相难看。其实，在竞争与博弈的过程中，竞争对手或敌人与你具有同等的智商和同等获取信息的能力。竞争双方都是完全理性人，都在追求自身利益的最大化。此外，理性人的决策与战术，也会将对方的出招策略纳入到自身的预期结果中，即以对方的出招作为自身出招的前提，并在此基础上追求利益的最大化。

田忌赛马还从侧面反映出中国人的竞争都是“你死我活”式的竞争，即没有妥协，没有双赢，更不是竞争中的合作，合作中的竞争。所以，中国历史上只有“零和博弈”，即双方的收益总和为零，一方的得必等于另一方的失。其实，竞争双方与博弈双方不仅有“零和博弈”或“你死我活”式的斗争，还可以有其他的模式，比如博弈过程中的双赢模式以及双赢模式中相对合理的利益分配等。这种模式犹如生活博弈论中常见的夫妻博弈，一起看足球或者一起看芭蕾，对夫妻双方来说是双赢。这是田忌赛马这个成语带给我们的反思。

从社会治理角度看，田忌赛马这句成语体现了中国人缺乏诚信的品质。田忌赛马在比赛之初，田忌与齐威王约定，把各自的马分成上、中、下三等。比赛的时候，上马对上马，中马对中马，下马对下马，所以比赛了几次，田忌都失败了。于是才有了孙膑的违规操作、做假破坏规则和契约——用下等马假充上等马、上等马假充中等马、中等马假充下等马与齐威王比赛，有为达目的不择手段之嫌。可见，田忌赛马也从侧面体现了我们的祖先缺乏契约精神，充满了机会主义。田忌赛马，是一个典型的中国式思维的故事，是利用规则的漏洞，或者是破坏规则取胜的典型。所以，在这个故事里，谋略大于实力，侥幸重于理性，成功也是建立在谁比对方更流氓、更不守规则的基础上。一个最典型的案例就是在刘邦与项羽的契约中，刘邦表现出的机会主义行为与勾当。虽然不能一概而论地认为中国历史上的成功者都是借助机会主义获得天下，但这种靠投机取巧而获利的方式，并不是社会的常态，更不是合作双赢的博弈模式。不值得提倡，田忌赛马可算是中国人不诚信的又一实例。

田忌赛马这个成语之所以被中国人津津乐道，是因为大家认同孙膑等兵家具有的超强谋略，以及善于用自己的长处对付对手短处的智慧，甚至还认为田忌赛马是西方博弈论思想的鼻祖。其实，田忌赛马的谋略思维是破坏契约和规则的思维，是推崇阴谋诡计、不尊重规则的具体体现，实为中华民族开了一个特坏的先例。把田忌赛马的阴谋诡计作为中华民族的最高智慧，传承千年，并植入国人灵魂深处，成为中国人的一种文化基因，实为悲哀。回想过去数几十年，阳谋盛行，猫论泛滥，只取结果、不计手段。正如严复所说：“华风之弊，八字尽之。始于作伪，终于无耻。”

我记得，在哈佛大学学校正门上有一句话：“真理之门只会向那些正直的民族开放。”意思是说，在这个世界上，那些不诚实的人是没有出路的。现代社会的博弈，是建立在尊重规则基础上的竞争与发展，追求的是合作与双赢。改革开放30多年的成就就是来自由看重身份到重视契约的转型；市场体制的核心就是尊重契约、尊重游戏规则，防止机会主义行为。

田忌赛马不过是权谋的伎俩，不是经济发展的策略。田忌赛马虽然流传两千余年，但中国人从来就没有在赛马业方面有所发展。而在1870年左右由巴黎实业家奥莱发明的赛马博彩却催生了一个新的产业——赛马业。赛马业已从王室贵族的最爱转变为士农工商各阶层参与、男女老少喜闻乐见的一项文明娱乐和大众社交活动，赛马文化也成为一个民族、一个国家文化的精神内涵。

田忌赛马既没有催生中国赛马业的产生，也没有促进GDP的增长，究其原因主要还是田忌赛马的核心是王公贵族的娱乐与贵族之间的算计，并没有成为满足广大人民群众喜好的一部分，更没有把田忌赛马的算计应用到经济发展上来。这自然不会催生与促进赛马业的发展，更不要说发展赛马彩票了。因为，中国王公贵族与儒家知识分子工于心计，谋求权利，而不是发展经济，也不会把聪明才智潜心于自然界的研究，更没有能力把赛马与彩票结合起来，发展公益事业、促进旅游业等。

田忌赛马的算计，可以休矣。

童言无忌

——儿童的谎言与成人的文化

“童言无忌”指的是孩子敢想敢说，想什么就说什么，直言不讳、无所顾忌的那种天性。最生动的例子莫过于《皇帝的新装》中那个儿童所说：“他什么衣服也没穿呀！”意大利著名教育家蒙台梭利说过：“我们只有在儿童身上才能领悟到大自然的雄伟。”那是因为在儿童身上集中着人类精神的本原：儿童的执着，表现的是人类求真的实验精神；儿童的率直，反映的是人类求善的道德精神。中国著名文学家巴金在《家》中也写道：“老太爷因为觉群在堂屋里说了不吉利的话，便写了‘童言无忌，大吉大利’的红纸条，拿出来贴在门柱上。”

诚实是人的一种美德，在很多人看来，说谎如同洪水猛兽。小学课本中的《狼来了》表达的就是这种观点，以致任何一位家长，都不会容忍孩子随口说谎。但事实上，孩子有时是说谎的。《皇帝的新装》中儿童的真实只是儿童语言中的一种，童言无忌只是一种形态，不具有普适性。谎言即欺骗之言，是人为编造出来的不真实的话语。儿童说谎，是一种普遍存在的心理行为现象。

童言不是无忌的，童言也存在谎言。儿童说谎可能是认知水平低，幻想与现实混淆，自信心的萌动，说大话、夸海口，当然，也包括有意说谎。[①]

---

① 祁海芹．儿童说谎现象心理分析及教育对策［J］．教育科学，2011（10）．

自皮亚杰以来，人们就对儿童如何理解谎言产生了浓厚的兴趣。儿童对谎言的认识本质上是一个社会化的过程。从积极方面看，儿童说谎是一种能力，也是成长的过程。关于孩子的谎言，儿童精神科医生丹尼尔·巴伊（Daniel Bailly）说："孩子撒谎，是成长进程中的一部分。通过谎言，孩子对自己与大人之间的关系进行实验。所以，让孩子体验到谎言的后果，对孩子的成长非常必要。"孩子说谎，表明孩子的思辨能力成长了。孩子无论在家长还是在老师面前，都是弱势群体。他们学习、生活中的所有规则，都是别人强行制定的。他们没有自主权，只能被动地执行和适应。说谎，则是孩子对强加于他们身上的束缚的智力反抗。

儿童说谎的意义在于：一方面，儿童可以虚构、创造出属于自己的世界。另一方面，只要他们愿意，或者遇到现实的冲突以及编造的东西产生了不良后果时，儿童也可以随时摧毁这个世界。比如，父母不相信他说的话，他的话引来了小伙伴的嘲笑或周围人的斥责。

儿童说谎的原因之一是，孩子心理上存在取悦大人的愿望。有时撒谎可以换来父母对他（她）的爱。对此，丹尼尔·德洛的解释是："儿童需要在自己的父母面前显得有价值。事实上，孩子常通过撒谎，来满足成人对他的期待，目的是为了取悦大人。"

儿童说谎的原因之二是，撒谎是由父母引起的。有些父母会诱发孩子的谎言。孩子如果担心什么事情会让父母离开自己，就会焦虑不安，用说谎来维持跟父母的关系。有些孩子不说谎，是因为他们对自己跟父母的关系很有信心。而那些总在说谎的孩子，他们家庭成员的关系往往失衡，甚至有操纵和被操纵的关系存在。

孩子为什么要说谎？其实就是为了保护自己及自己的利益。孩子是必须学会说谎话的，善意的自然不必说，有时也是为了自身安全的需要。当他们路遇陌生人打听他或他家人情况的时候，这时要懂得说谎话。我们教会孩子说谎话，但不是教给他们随意编瞎话骗人，必须告诉他们随意骗人是可耻的。我们必须让他们知道说谎到底是怎么一回事，知道什么时候可以说，什么时候千万不能说。如果一个孩子对说谎只有恐惧而不会利用，那是一件不正常的事。

谎言是可以分类的，有些“谎言”是可以接受的。有一种谎言被称为“白色谎言”，是不以害人为目的的。这类谎言有时是必要的。白色谎言能令说谎者与听谎者双方心情舒畅、愉快，蕴藏着真实的原动力，给你带来某种新鲜的感受。

还有一种谎言被称为“蓝色谎言”。在成人社会里，为集体利益说谎的现象时常发生，以致获得一个特定的名字：蓝谎。大多数人认为，为集体利益说谎是可以接受的。其实，蓝色谎言会导致谎言文化，不仅欺骗人民，也毒害人民、腐蚀人民。极权主义是蓝色谎言的构造者，他们割断了文化的传统脐带，因为传统是蓝色谎言的天敌。“文化传统不仅是人类在历史发展中价值系统的凝结，还存储了人们为了保卫生命与自由所沉淀的智慧和经验。传统是文化的慈母，每一个生命在文化传统的眼睛里都是一个成长中的婴儿。”①

儿童的谎言与成人的行为与文化是息息相关的。成人说谎，殃及儿童。有些儿童说谎，往往与成人的影响有关。特别是儿童家长的说谎行为，常常是造成儿童说谎的直接原因。教师对儿童说的话不兑现，也往往被儿童视为“骗人”。父母和教师是幼儿心目中的权威人物，如果在儿童面前说了谎，就会使儿童产生“说谎不为错”的错觉，起码为他们的说谎壮了胆。②

成人的文化背景也会影响儿童对谎言的理解和判断。有学者考察了中国和加拿大的成人对亲社会与反社会的说谎与说真话的理解和道德判断，发现加拿大的成人把掩饰自己亲社会的谎言（谦虚谎）看做谎言，而中国人的成人却不这样认为，中国人对谦虚谎的评价更积极一些。这种跨文化的差异反映出中国人更强

① 左春和．文化的谎言与危机［DB/OL］.(2013-03-18)［2014-08-01］http://blog.sina.com.cn/s/blog_4982b6280102ehcl.html.

② 祁海芹．儿童说谎现象心理分析及教育对策［J］．教育科学，2011（10）．

调谦虚精神。[①]不同文化背景下，成人对谎言和真话的理解和道德判断也有所不同，这势必影响儿童对谎言的区分和对待。

谎言是人类社会的毒药，托马斯·潘恩曾经说过，如果一个人说着自己都不相信的话，那么他就准备犯下任何罪行。谎言腐蚀人们的灵魂，是其他罪行的开端。在中国传统中，母亲最痛恨孩子说谎；在许多国家里，法律对说谎、作伪证做出了极其严厉的处罚规定。鲁迅先生也说过，“捣鬼有术，也有效，然而有限，所以以此成大事者，古来无有。”[②]意思是说要奸使滑的人自古就有，而且也一直有办法，但是靠这个成大事的是从来没有的。美国总统林肯说过，你可以在某些时候欺骗所有的人，也可以在所有时候欺骗某些人，但是不能在所有时候欺骗所有的人。

童言是有忌的，儿童也说谎。虽然，儿童说谎有助于他（她）的成长，但我们必须帮助他们从说谎的状态走向诚实的状态。这主要靠成人的诚实，成人的文化。

① 赛李阳，赛燕燕．儿童对不同谎言的道德理解的研究评述[J]．山东青年，2012(03).

② 鲁迅．捣鬼心传[M]//鲁迅全集：第四卷．北京：人民文学出版社，2005：635.

万无一失

——确定性的丧失与“清单革命”

万无一失，这个成语最早出自《史记·淮阴侯列传》：“以此参之，万不失一。”及汉·枚乘《七发》：“孔老览观，孟子持筹而算之，万不失一。”后来这个成语演化成万无一失，宋·司马光《资治通鉴》：“近者陕、晋二镇，相继款附，引兵从之，万无一失，不出两旬，洛汴定矣。”

首先，“万无一失”是人类对发生的事物、事件主观控制的一种确定性表现。在远古时代，人类对大自然的认识是有限的，虽然在自身的生存中形成了垒石结绳、河图洛书、天圆地方、周天历度等初级经验认识大自然，但对大自然还是充满敬畏之心的。因为，当时人类无法控制大自然的风雨雷电、生老病死，只能通过崇拜上帝与神灵，烧香拜佛来化解人类自身对大自然的恐惧。李商隐的“可怜夜半虚前席，不问苍生问鬼神”，就是皇权对儒家文化控制社会确定性能力的怀疑。实际上，这也反映了我们的祖先对大自然与人类社会处于一种极度自卑的状态。

然而，随着人类的进步，从游牧到农耕，从农业的春耕、夏长、秋收、冬藏，到发现天干地支及二十四节气，都是中国先民认识大自然的自信。史料最早记载二十四节气应该是在西汉的《淮南子》这本书上。其实商朝的甲骨文已经有了夏至、冬至、春分、秋分四个节气。到西周的时候，除了“两分两至”以外，还有“四立”，立春、立夏、立秋、立冬。这反映了我们的祖先在农耕时代对大自然的认识，于是有了对自然与社会的控制，就有了“万无一失”的愿望与人定胜天的抱负。但自然界及人类社会是否就是确定性的？主观控制的客观是否是确定性的客观？如果客观不是确定性的，主观是否能万无一失地控制？

从哥白尼到牛顿，从天文学到物理学，从医药学到化学，从生物学到研究人类自身的心理学，都是建立在逻辑思辨和实践验证的基础上的，都是用简单明了的数学语言表达。这300年最为光辉璀璨的，是由伽利略打下地基，牛顿建成主体，最后由麦克斯韦盖上顶棚的经典物理学大厦。这些成就导致人们面对大自然的自信心膨胀到了极点，似乎小到原子内部，大到宇宙星辰的运行规律都已被人类掌握在了股掌之间，大自然变得不再神秘。这就是西方科学家希望“万无一失”地控制自然的极端表现。

此外，历史上的两次工业革命使得人类自以为是地认为，人类已经掌握了天地间的伟力。蒸汽机、内燃机的发明让人类掌握了自然界之外的动力；各种灌溉设施和化学工业的出现让人类不再需要靠天吃饭；而建立在实证基础上的现代医学和卫生保健措施，更是让人类开始扼住自身命运的喉咙。亿万年来形成的自然图景被人类工业社会改造得面目全非，似乎大自然已经匍匐在人类的脚下。万无一失的背后，体现的是人类对自然的傲慢。

从牛顿开始，一直到量子力学出来之前，我们都认为一切都可以被预测，未来和过去并没有物理上的区别。一切都命中注定：你的一生，你每天的某一刻说的某句话，吃了几粒米，都早已注定；只要我们事先了解每个粒子的状态，再加上所有定律，一切都被预测了；人类没有自由的意识，只不过同其他物质一样可被预测。但量子力学的测不准原理发现后，人们才知道，不确定性是基本的，确定性是它的特例，这个世界的万物变化充满着随机性和偶然性，由此决定了事物变化的不确定性。日本著名学者野中郁次郎曾这样说：“在当前的经济环境中，‘不确定性’是唯一可确定的因素。”

世界是不确定的，事件的发生是通过随机性呈现的。概率接近1的随机性事件，几乎是可以预测的，可以算近似的“万无一失”，但也有概率接近于0的小概率事件。飞机是目前世界上最安全的交通工具，它绝少发生重大事故，造成多人伤亡的事故率约为三百万分之一。也就是说，要积累300万个航班，意味着你每天坐一次飞机，这样飞上8200多年，你才有可能会不幸遇到一次飞行事故。三百万分之一的事故概率，说明飞机这种交通工具是最安全的，它甚至比走路和骑自行车都要安全。但是，三百万次中总有一次会出事，只不过不知道是哪一次。而“墨菲定律”（Murphy's Law）则告诉我们：凡事只要有可能出错，那就一定会出错（Anything that can go wrong will go wrong）。对于全世界，任何事件似乎都是必然的。但对于个体来说，很多看上去几乎没有可能发生的事件，突然有一天却成为了必然要发生于他的事件，于是，小概率事件终成必然事件。

其次，“万无一失”反映的是人类有着确定性的偏好。农业社会是一个熟人社会，熟人社会中的一切都是具有确定性的，这就是为什么我们的先人提炼出万无一失这个成语。这是生存环境必然的反映，也是对生存稳定的渴望。万无一失这个成语其实与中国古代的熟人世界一样，是相辅相成的，是与中国重血缘、尊礼教，君君臣臣、父父子子、夫夫妻妻相一致的。而工业社会是陌生人组成的社会，陌生人的出现给社会带来某种不确定性。工业革命以来，人类进入一个陌生人社会，人们在社会交往中的不确定性开始增强，万物开始有失了。但是，工业革命进程中所有的政治建构及社会治理模式的建构，都有效地控制甚至消除了不确定性。在某种意义上就是再次希望在不确定的环境中求得“万无一失”。

中国成语中为什么有“万无一失”这个成语，其实是，在农耕文明中，以家庭为生产单元，以血缘为纽带，生长在这个熟人的社会，形成一种确定性的世界观与习惯。因为农耕文明，必然是血缘纽带、必然是熟人社会，必然形成确定性的价值观，必然总结出“万无一失”这样的成语。既然面对熟人才必然能求得确定性，那么，中国农民必然安土重迁。出于对陌生人以及成为陌生人之可能性的恐惧，农业社会中的个体总是不愿离开自己的群体，即使迁移，也总是要与自己的群体一起迁移。由于熟人之间的确定性源自彼此间的熟悉，为了巩固这种确定性，熟人之间就必须通过共同的认同活动与劳动互助等方式提高彼此间的熟悉程度。

然而，在从农业社会向工业社会转变的过程中，人们走出了千年固守的地域，脱离了熟人社会的生活圈子，进入了陌生人社会，在陌生人社会中流动和徘徊。特别是社会大分工运动使人们的自足生活受到了彻底破坏，生活中的一切都需要依赖他人，越来越没有了自给，更不可能自足，因而必须与陌生人交往。起初，人们生活在熟人社会中时可以不同他人交往，因为生活中的一切都可以实现自给自足；后来，生活在陌生人社会中时则必须与他人进行交往，因为生活中的一切都依赖他人，而且是依赖陌生人。

此外，根据杜威的看法，思维与行动的区别仅在于："实践活动有一个内在而不能排除的显著特征，那就是与它俱在的不确定性。因而，我们不得不说：行动，但须冒着危险行动。关于所作行动的判断和信仰都不能超过不确定的概率。然而，通过思维人们却似乎可以逃避不确定性的危险。"[①] 也就是说，行动意味着不确定性，而思维则意味着确定性，所以，中国人虽然提出"万无一失"的说法，但并没有做法。"万无一失"的命题所反映的不过是观念上对确定性的追求，而中国人坐而论道就回避了"行"的不确定性。这也是许多中国成语说得到做不到的特征，也就是充分认识到"行"的不确定性，从而用"思"的确定性去加以自保。

再次，由于世界的确定性丧失，"万无一失"是可能存在"一失"的，但这并不能否定，把我们的工作做到尽可能的可预测、可控制、可操作。人们渴望"万无一失"，渴望终结错误，再造

① 杜威.确定性的寻求：关于知行关系的研究［M］.傅统先，译.上海：上海人民出版社，2005：3-4.

安全的生存空间。为了实现这个目的，曾推动奥巴马医改的白宫顾问阿图·葛文德通过在医疗领域的实践，掀起了一场“清单革命”，并将革命风潮推广到建筑、飞行、金融、行政等与我们生活息息相关的领域。而“清单革命”为我们在“万无有失”中争取“少失”，以致“无失”。

阿图·葛文德认为：使用清单，就是为大脑搭建起一张“认知防护网”，它能够弥补人类与生俱来的认知缺陷，如记忆不完整或注意力不集中。[①] 读过他的《清单革命》一书，首先感受到的是：处理繁杂工作，努力虽然重要，但更重要的是学会工作，就是学会做到“万无一失”。从方法论的角度看，虽然事物是复杂的，但我们可以用很简单的办法解决问题，不能说可以达到“万无一失”的程度，但可以把失误降低到最小的程度。

阿图·葛文德在《清单革命》中指出，人类存在两类错误：“无知之错”与“无能之错”，而我们常常犯的错误不是无知之错，而是无能之错。他指出要借用清单思维，减少无能之错。《清单革命》教我们使用的并非某种器物，而是一种“思维工具”，告诉我们如何正确地使用“大脑”并借用简单实用的方法来应付超级复杂的问题和情况，做到“万无一失”。使清单工作成为一种习惯是我们进步的一个阶梯，帮助我们想清楚、说明白，注重细节与环节；帮助我们理清思路、抓住工作的关键点。这样不仅可以“万无一失”，工作 还可以高效。

最后，对“万无一失”中的“万”我们也要做进一步的反思。“万”在农耕时代与工业时代，特别是大数据时代是不同的。农耕时代的“万”不过是春耕、夏长、秋收、冬藏，天干地支及二十四节气。而在大数据时代，每天互联网上要传送2.5亿张图片、2940亿封电子邮件、200万篇博客文章，怎一个“万”字了得。当今世界发展得太快，环境太复杂，不确定性大增。在当下的时代，真难保证万无一失了。在生活节奏日益快捷、社会分

① 阿图·葛文德．清单革命［M］．王佳艺，译．杭州：浙江人民出版社．2012.

工日趋多元的现代社会，首先要认识到万物是有失的。在这个前提下，做到万无一失就要对万物的理解有战略思维与格局思维，做事要靠系统，不能靠感觉。要有“花繁柳密处拨得开，方见手段，风狂雨骤时立得定，才是脚跟”的能力。

此外，我们还可以借助团队的力量做到“万无一失”。因为团队犯错的几率比单个人的要小。现代世界的复杂性已经超出了人力所能控制的范围，任何一个需要从业人员掌控大量知识的领域都难逃厄运。从医疗到金融，从商业到行政，生活中的错误屡屡发生，触目惊心。美国每年发生的严重建筑事故只有20起，这意味着建筑行业每年的可避免严重事故发生率不到0.002%。面对复杂的摩天建筑，他们是如何做到的呢？靠的是团队，团队的力量是巨大的。人们不再单枪匹马，不再听命于唯我独尊的大师，而是依靠团队的智慧。一个人免不了会犯错，一群人犯错的可能性会小一些。

万众一心

——是万众一心还是万众无心?

"万众一心"出自《后汉书·朱儁传》:"万人一心,犹不可当,况十万乎!"指万人一条心,形容团结一致。与"万众一心"相近的成语还有"众志成城"。"众志成城"这个成语取自民间谚语,最早出现于《国语·周语下》:"众心成城,众口铄金"。三国史学家韦昭对此释义为:"众心所好,莫之能败,其固如城也。"比喻老百姓共同喜欢的东西多能实现,而他们共同厌恶的东西多会被废止。"众志成城"不仅包含了"万众一心"的含义,更强调了众人同心协力所达到的效果——犹如城墙般牢固不可摧毁,力量无比强大。

"万众一心""众志成城"及其相近成语反映的是中国文化中的集体主义精神。集体主义是一种主张个人从属于社会,个人利益应当服从集团、民族、阶级和国家利益的思想理论与精神。与之相对的个人主义则高度重视个人自由和个人的重要性,是一种不受外来约束支配、控制的自我或个体的生活方式、价值理念,乃至政治和社会哲学。个人服从集体是人类社会得以生存和发展的基础,也是现代民主国家的基本政权组织原则。处理好个人与集体的关系直接关乎社会稳定、国家发展、民族崛起。

"万众一心"的集体主义精神的实质是一心为政权,强调的是对皇权和领袖的忠诚。虽然,集体主义与个人主义是自人类群居时起就存在的一对矛盾。但不可否认的是,集体主义是农耕文明的产物，个人主义是工业革命的产物。现代资本主义强调个体的成长、发展和成功。与之相应的经济模式就决定了人们的诸多行为都是以个人利益为出发点的，而这种思想正好符合个人主义思想中独立、自由的要点。而几千年来受农耕文明主导的中华民族基本上生存在一个超稳定的社会系统中：在君为臣纲、父为子纲、夫为妻纲的封建等级社会中所产生的意识形态，必然是集体利益高于个人利益。计划经济时代强调群众创造历史，群众是真正的英雄。然而这种群众为王、万众至上的理论不过是一个谎言。爱因斯坦发现相对论，巴菲特成为股神，恰恰是因为他们从来就不相信群众。而那些利用集体主义或者片面放大集体主义的行为，实则是抹杀个人或个体差异，是利用集体主义调民伐众，以个人思想作为集体统一标准进行思想控制的变种。个人崇拜、宗教崇拜就是其常用的手段。

对集体主义的提倡看似冠冕堂皇，其实危害极大。历史经验证明：集体主义几乎抹杀了人的个性，泯灭了人们的创新精神，使人们常混迹于集体这个旋涡里不敢有主张。而集体主义最重要的核心就是服从，这极易产生独裁，进而对国家、民族乃至世界造成巨大危害。优秀的人往往是出众的，但出众的人在集体主义的桎梏下首先会遭到打击与排挤。个人主义强调内在价值观，集体主义强调外在规范。真正的创新者、特立独行者都是个体主义者，他们为科学而科学，为学术而学术。而传统中国人却与此相反，中国人口头上说宠辱不惊、去留无意，但骨子里还是把他人的看法看得很重。孟浩然《岁暮归南山》诗云："北阙休上书，南山归敝庐。不才明主弃，多病故人疏。白发催年老，青阳逼岁除。永怀愁不寐，松月夜窗虚。"古往今来，这种怀才不遇的幽怨诗作不乏其数，但同时也揭示了一个道理，即连个人价值都得不到尊重的民族不会是一个创新的民族。越集权、越穷的民族，越强调集体主义。集体主义与个人主义是东西方文化中的一个本质区别，西方侧重的是以个人为中心的集体，而中国强调的是集体中的个人。人类的进步应是不断从集体主义向个体主义的进步。

“万众一心”的背后其实是万众无心、万众无人、万众无法。这里有必要介绍法国社会心理学家勒庞的一部经典著作——《乌合之众》[①]。该书被誉为大众心理学的开山之作，迄今已有一百多年的历史，但其放至现今仍具有重要的现实意义。“乌合之众”一词指像暂时聚合的一群乌鸦，借此比喻临时杂凑的、毫无组织纪律的一群人。该书以此命名正契合了它所研究的领域——大众心理研究，也间接地传达了其所要表达的思想观点，有其深刻寓意。书中通过生动的实例分析了群体心理的种种特征，如日本民众为何会在战争中沦为统治者的战争工具？我国“文化大革命”时期民众为何泯灭良心，失去理智？当代中国为什么会出现大量的网络暴民，即若与他们的观点不一致，则会被一批人或一个群体骂得体无完肤，甚至人肉搜索你。《乌合之众》就将这种看似难以理解、难以置信的从个人到群体的心理变化做了深刻的剖析。

《乌合之众》总结并分析了个体在群体中的主要表现特征，这为我们阐述和反思“万众一心” 中的“万众”是怎样无心、无人、无法的，以及“万众”是怎样万态，特别是恶态提供了重要的理论依据。

首先，在万众，也就是在群体中，个人的意识是怎样消失的？这一问题与勒庞探究群众是怎样被领袖洗脑，以及领袖是怎样统治万众的颇为相似。历史与现实经验表明：巧妙的伎俩是领袖人物操控群众的基本手段，如雄辩演说。领袖人物其实并不需要掌握什么了不起的理论，只要用一些具有煽动性的标语口号或诗一般的语言，长久反复地灌输，调动群众的情绪或欲望，便会达到统率思想、征服民众的目的。“文化大革命”中的语录，文攻武斗，打倒一切，领导对受众的蛊惑转变为受众对受众的宣

---

① 古斯塔夫·勒庞．乌合之众：大众心理研究［M］．戴光年，译．北京：新世界出版社，2010.

传，让我们不得不惊叹于群众的力量。

其次，在万众的群体中，无意识是怎样横行霸道的？这正如勒庞所说，进入万众群体的个人，在“集体潜意识”机制的作用下，在心理上会产生一种本质性的变化，如同“动物、痴呆、幼儿和原始人”一样，这样的个人会不由自主地失去自我意识，完全变成另一种智力水平十分低下的生物。勒庞明确指出，群体中个人的个性因为受到不同程度的压抑，即使在没有任何外力强制的情况下，他也会情愿让群体的精神代替自己的精神。这更多地表现出人类通过遗传继承下来的一些原始本能。也就是说，“万众一心”徒有坚固的外表，其更易受潜意识等情感因素所控。

第三，“万众一心”是如何到“万众无心”的？换言之，在万众中，人们的思想和情感是怎样因暗示和交互感染的作用而向一个非理性方向发展的？这里实际上反映的是群体中的个人往往会表现出明显的从众心理，这种从众心理倾向造成的重要后果就是教条主义、偏执、人多势众，以及对责任意识的放弃。勒庞认为，群体只知道简单而极端的感情，对于提供给他们的各种意见、想法和信念，他们或者全盘接受，或者一概拒绝，并将其视为绝对真理或绝对谬论。而且，这并不完全是一种现代现象，从古至今，人们对利用宗教或准宗教信仰的偏执对人们的头脑实行统治的行为并不陌生，它甚至是一切伟大文明最基本的动力。从这个意义上说，“从众”后的个人即无我无心，“万众无心”即是人们受非理性情绪心理影响的结果。

第四，在万众群体中，人们是怎样把暗示带来的意念立即付诸行动的？对此，勒庞曾观察到这样一个群体心理学规律：约束个人的道德和社会机制在狂热的群体中失去了效力，“孤立的个人很清楚，在孤身一人时，他不能焚烧宫殿或洗劫商店，即使受到这样做的诱惑，他也很容易抵制这种诱惑。但是在成为群体的一员时，他就会意识到人数赋予他的力量，这足以让他生出杀人劫掠的念头，并且会立刻屈从于这种诱惑。出乎预料的障碍会被狂暴地摧毁。”① 也就是说，“万众一心”极易演变为“万众无人”“万众无法”。我们经常看到，在公众集会上，演说者哪怕是做出最轻微的反驳，立刻会招来民众的怒吼和粗野的叫骂。在民众的一片嘘声和驱逐声中，演说者很快就会败下阵来。这里的“民众”或“万众”在专制制度下是顺民；但只要政策宽松，万众就是刁民；在动乱革命时，万众更是暴民。准确地说，刁民是专制制度下顺民向公民转变的必经阶段。“刁民”是民众中的聪明人，是官员对一些难对付的民众的专用称呼。严格来说，“刁民”是充分运用法律法规争取和保护自身利益的人。“刁民”不同于“暴民”，但当刁民无路可走时就很容易转化成暴民。如果天下都是“刁民”，要么更专制，让“刁民”无权使刁，但可能在高压下转变成“暴民”；要么更民主，使天下刁民都成为主人。刁民往上走一步就是公民，向下一步则为暴民。遗憾的是，中国人努力了三千年，经历几十次改朝换代，始终没有迈出这向上的一步。

同时，从以个人责任为基础的法制立场看，这种在群体中丧失了个人利益和目标的人会变成一个“无名氏”，而以个人责任为基础的法律对这样的无名氏是不起作用的。因为所谓的“法不责众”的经验已让他意识到不必为自己的行为承担责任，而这种消失了的责任感会让群体感情更加狂暴、不受控制，更会形成因人多势众而产生一时的力量感，这犹如“傻瓜、低能儿和心怀妒忌的人”在摆脱了自己卑微无能的感觉后会产生出一种残忍、短暂但又巨大的能量。可见，“万众一心”时常具有“万众无人”的危险，而“万众无人”往往伴随着“万众无法”。

而当“万众无法”时，作为“暴民”的群体，其残忍程度常令人瞠目结舌，以致不断有人因此而感叹人性之恶。当然，勒庞

① 古斯塔夫·勒庞．乌合之众：大众心理研究［M］．戴光年，译．北京：新世界出版社，2010.

也不时地提醒我们：这里所说的“人”，在很多情况下应是指群体中的人，是万众中人，而非孤立的个人。同时，如果群体的行为动机完全出自于支配着个人行为的非法私利，那只能视其为犯罪。这样的群体可以是黑社会或聚散无常的暴民团体，却不可能成为一个影响甚至改变历史的要素。因为，群体要想成为历史变迁的主角，它必须多多少少“为信仰而战”，为了某些简单而明确的信仰，尤其在失去信仰或极需信仰的时代，最有可能对组成群体的个人发挥巨大作用的便是勒庞所说的“民族的荣誉、前途或爱国主义”。群体在这些信仰的激励下，很容易表现出极崇高的献身精神和不计名利的举动，并且它所能达到的崇高程度是孤立的个人绝对望尘莫及的。这是一些与个人的日常利益完全没有关系的观念，只有它们能够让群体“达到使他慷慨赴死的地步”。同时，也要警惕那些打着“为集体而战”的幌子，实则是架空崇高理想信仰的不实口号和行为。

无商不奸

——是无商不奸还是无商不艰？

“无商不奸”原本是“无商不尖”。不尖的“尖”来源于古代用来度量的斗，古代的米商做生意，除了要将斗装满之外，还要再多舀上一些，让斗里的米冒尖儿。这一小撮“添头”，很让客人受用，故有“无商不尖”之说。“无商不尖”还体现在去布庄扯布，“足尺放三”“加三放尺”；拷油拷酒都有点添头。

为什么成语从“无商不尖”演变成“无商不奸”呢？历代封建专制王朝认为，商人给自己的极权统治带来威胁并对儒家伦理产生冲击，故要重农抑商。其实，无商不奸这个成语不过是中国重农抑商历史与政策的副产品。

历代专制王朝为了重农抑商，打压商人，制定了以“困”、“辱”为主要手段的各种律法与歧视政策。困商就是对商人实行经济打击。任何一种工商业，只要稍有利可图，就可能收归官营，禁止私营，如同现在资源型、高回报的产业都由国企垄断的道理一样。再如，商鞅变法所实行“壹山泽”，管仲相齐所实行的“管山海之利”，桑弘羊实行盐铁官营等。为了维护国家“专利”，历代朝廷设定了严刑峻法打击敢与朝廷争利的商人。再就是重征商税。早在秦商鞅变法时即定下国策：“不农之征必多，市利之租必重。”汉高祖以征“重租税”来打击商人；汉武帝实行“算缗”、“告缗”，用征重税和鼓励告发漏税逃税的方式对商贾进行大抄家，“得民财以亿万计”，“使商贾中家以上大率破（产）”。自汉以后，历代王朝莫不重征商税，“寓禁于征”。如

2004年以来的新旧“36条”也没有减税条款。

辱商则是对商人进行政治打击与文化歧视。比如，李白父亲李客为商家，但李客不以经商为荣，还要安排李白考取功名，但李白商人家庭的出身使得他不能参加科举考试。① 据范文澜《中国通史简编》介绍：刘邦即帝位后，令商贾不得着丝织衣服，不得携兵器自卫，不得乘车骑马，不得做官吏，商贾买饥民子女为奴婢，无偿释免，算赋比常人加倍。历代专制王朝在政治上打击商人，在制度上抑制商人，在人格上通过无商不奸歧视商人。②

中国传统文化的“无商不奸”咒语把商人视为劣等人群，以致在民间长期形成一种轻商、贱商的价值取向。此外，封建专制王朝还制造商人作奸使诈的形象。商鞅云：“圣人知治国之要，故令民归心于农。归心于农，则民朴而可正也。”《吕氏春秋》云：“古先圣王之所以导其民者，先务于农。民农非徒为地利也，贵其志也。民农则朴，朴则易用……民舍本而事末则不令，不令则不可以守，不可以战……民舍本而事末则好智，好智则多诈，多诈则巧法令，以是为非，以非为是。”《盐铁论》云：“商则长诈，工则饰骂，内怀窥觎而心不怍，是以薄夫欺而敦夫薄。”自古至近代，正统观念是“无商不奸”，“君子不入市”。③

邓小平说：中国穷了几千年，该富起来了。这句惠及千家万户的名言也可以解读为：中国要从重农抑商的政策转向重商抑农的政策。其实，改革开放的历史就是重商抑农的历史，也是从无商不奸到无商不艰转变的历史，30多年的改革开放的成就证明了这一点。

再看看鸦片战争以来的历史，也可以说是无商不艰的创业史。一直以来，中国是典型的农业社会。直到19世纪六七十年代，古老封闭的大陆才开始长出近代工商业的嫩芽，而真正深

① 张大春．大唐李白［A］．桂林：广西师范大学出版社，2014.

② 范文澜．中国通史简编［M］．北京：人民出版社，1964.

③ 转引自范忠信．中国法律传统的基本精神［M］．济南：山东人民出版社，2001：298.

刻的变化直等到19世纪末震动整个天朝大国的甲午战争之后才发生。《马关条约》容许日本人在中国的通商口岸任意设厂，给当时具有忧患意识的中国人以巨大的刺激，清政府也从那时开始允许民间办厂。“实业救国” “兵战不如商战”，就是那个时代走在前面的思想家、商人发出的沉痛呼声。

无商不艰的艰，艰在创业不自由。不论是第一次世界大战时的中国荣氏家族的创业，还是改革开放之初的“傻子瓜子”年广九的创业，无不维艰。改革开放之初创办企业之难超出现在创业者的想象，注册资金、办公地点、人脉关系等，可谓注册之难难于上青天。10年前的“民营经济36条”颁布时，国有经济能进入80个行业，外资企业能进入60个行业，而民营企业只可进入40个行业，现在或许更糟。我们曾用种群动力学模型将国有企业与民营企业作为两个物种做过一个数理分析，发现2003年就是国进民退的拐点。虽然，十八大三中全会提到了国营企业和民营企业平等的问题，但现在不仅是不平等，而是很不平等。比如，行业垄断依然存在；资源配置方面，国企土地依然是划拨，而民企出钱才能获得。现在能挣钱的行业几乎都是被垄断的行业，民间资本能进入的行业几乎都是人满为患、低端的行业。至于那些创业神话只不过是小概率事件，是风云际会的产物，其背后的交易或许你根本不知。即使像马云、俞敏洪这些创业英雄，其创业背后的艰辛历程也应是鲜为人知的。

在现阶段，政府的“扶持之手”在腐败官员的具体操作下变成“掠夺之手”，使得企业家要花大量精力，甚至是主要精力，去与官员建立人脉关系。可以说，中国的经济本质是“妻妾经济”，国有经济是“妻”，民营经济是“妾”，也就是说，民营企业依然“无商不艰”。所以，我们不能说“无商不奸”，只能说“无商不艰”。

创业的本质是创新，创新的本质就是企业家精神。当我们说起民族英雄，人们眼前浮现的是那些浴血奋战、抵御外辱、不怕牺牲的将领与战士们，是他们救民族于水深火热之中。可是谁又想到那些为发展民族资本和民族工业做着贡献的企业家们。他们改善着人民的生活水平，推动着国民经济的增长，提高着国家在世界民族中的地位。吴敬琏教授推荐过一本《好的资本主义，坏的资本主义》的书，里面谈到社会控制资源有四种方式：政府主导的、大企业主导的、寡头主导的、企业家主导的，他提倡只有企业家主导的才是好的资源配置。[①] 美国一位诗人写道：诗人把自己的生命献给诗歌，女人把自己的生命献给爱情，美国人把自己的生命献给企业，美国人的事业就是企业。其实，中国最为短缺的不是资源、不是资金、不是官员，而是企业家精神。[②]

但是，也必须指出，商人的逐利性导致社会对商人提出了"无商不奸"的断言。马克思曾在《资本论》中写过这么一段著名的话："资本害怕没有利润或利润太少，就像自然界害怕真空一样，一旦有适当的利润，资本就大胆起来。如果有10%的利润，它就保证到处被使用；有20%的利润，它就活跃起来；有50%的利润，它就铤而走险；为了100%的利润，它就敢践踏一切人间法律；有300%的利润，它就敢犯任何罪行，甚至冒绞首的危险。"把马克思的论断与中国商人不断制造苏丹红、瘦肉精、三聚氰胺奶粉、注水猪肉、地沟油等事件结合起来，与环境污染、矿难不断、血煤横行结合起来，虽不能说"无商不奸"，但至少可以说不少商人贪婪无耻。这也是导致"无商不奸"的价值判断盛行的原因。再如，许多商人、企业老板缺乏尊重人才、尊重员工、以人为本的理念，常常自我崇拜，打工阶层也会说"无商不奸"。事实上，对于一个落后社会形态的中国而言，整个社会都缺乏对人才的尊重，对员工的尊重，缺乏以人为本的精神。纵观世界各国，凡是遵循以人为本价值观的国家，其经济发达，人民生活也幸福；而缺乏这种精神的国家其经济也落后，人民也只能苟且、没有尊严地活着。

---

① 鲍莫尔．好的资本主义，坏的资本主义［M］．刘卫，张春霖，译．北京：中信出版社，2008.

② 甘德安．中国家族企业研究［M］．北京：中国社会科学出版社，2002：97.

当民间说“无商不奸”时，实际上还在指责我们企业家，在商言商，缺乏社会责任。可以说，企业家的社会责任价值观念既是对传统企业商业行为的全新挑战，也预示着未来企业发展战略的全球走向。企业家的社会责任不只是评价企业家道德高下的标准，而且也是进入国际市场的通行证。无数事实已证明如此，从张謇到卢作孚，这些成功的企业家中，我们可以看到民国时期一些领袖企业家的担当。民生公司在抗战时期宜昌大撤退中的巨大牺牲和出色表现，就是最好的证据。张謇的名言是：“天之生人也，与草木无异。若遗留一二有用事业，与草木同生，即不与草木同腐。故踊跃从公者，做一分便是一分，做一寸便是一寸。”荣德生的座右铭是 “立上等愿，结中等缘，享下等福”。卢作孚信奉的是“忠实地做事，诚恳地对人”等[①]。他们绝对不是无商不奸的商人，他们是创业维艰的企业家，更是充满社会责任感的企业家。

一个很有名的禅宗公案会端正我们对待财富的态度，可以使我们走出无商不奸的魔咒。说有一个老和尚带着一个小和尚去化缘，途中碰到一个美女想要过河却无法过去，老和尚就把她抱过去了，那个小和尚一直琢磨，师傅曾经教导他不要近女色，但他怎能把美女抱过去呢？小和尚想了两个多小时，最终忍不住问老和尚，他说：师傅你教导我不近女色，你自己为什么近女色？而且还抱着她呢？师傅说：我已经把她放下了，你为什么还不放下呢？其实，我们对待财富的态度也应该是这样的，首先我们要创造财富，当我们拥有财富时，我们要学会放弃财富。

---

① 甘德安．家族企业复杂性理论的深化研究［M］．北京：经济科学出版社，2011：238-240.

萧规曹随

——人走政息和与时俱进

萧规曹随，这个成语出自《史记·曹相国世家》："参代何为汉相国，举事无所变更，一遵萧何约束。"汉·扬雄《解嘲》："夫萧规曹随，留侯画策。"这是说，萧何创立了规章制度，他死后，曹参做了宰相，仍照着实行。比喻按照前任的成规办事。

要理解这句成语，首先要分析一下，萧规是什么规，也就是萧何制定了什么样的规，曹参才跟随、贯彻、执行，而不是人走政息。汉朝立国之初，为了能迅速地建立起一套行之有效的政治制度来统治国家，西汉政府全面继承了秦朝的政治制度，包括法律制度。据史料记载，西汉的法典《九章律》是萧何制定的。《晋书·刑法志》说，"汉承秦制，萧何定律，除参夷连坐之罪，增部主见知之条，益事律《兴》《厩》《户》三篇，合为九篇。"萧何根据当时的具体情况，在秦律的基础上制定了《九章律》。《九章律》在中国古代法制史上占有重要的地位，它上承战国时期魏国李悝所制的《法经》，下启魏晋各朝诸律，为后世王朝所参照，成为中国封建法制制度的一块奠基石，也为曹参提供了一条可供坚持的法律路线。[①] 历史证明，由于曹参继承并坚决实施了萧何的理朝政策，国家兴旺。萧规曹随对于汉初的休养生息和文景之治的形成有着重要的作用。

---

① 我对汉初法律建设的几点看法［DB/OL］.http：//wenku.baidu.com/view/2c12c0a7284ac850ad0242d9.html.

在现代企业管理的实践中，也可以证明萧规曹随是有合理性的。企业的规章制度，应当相对稳定，不宜朝定夕改。已经形成的规章制度，是企业一段历史经验的总结，是企业付出了较大的成本，甚至是用血的教训换来的。在国家宏观经济形势稳定的情况下，一个企业的规章制度也应当是稳定的，在没有更好的、更成熟的规章制度出台之前，按照老规矩办事，按照前任领导的成熟管理模式行事，更为稳妥。

比如，国际品牌的连锁企业肯德基、麦当劳等，其创始人所定的“萧规”：品质、服务、卫生，不仅稳定，甚至“死性”。各个连锁店必须萧规曹随，只有执行的份，没有修改的权力，包括店面装潢，也是千店一面，经营管理更不许出二辙。而十几年前，中国曾有一些“艺高胆大”的快餐经营者，发誓要在两三年内打败麦当劳等洋快餐。遗憾的是，他们没有真正理解麦当劳的成功所在，做不大、命不长、千奇百怪。究其原因就是没有遵循“萧规曹随”的萧规，就是学不会雷·克罗克[1]制定的萧规，而连锁则能曹随。[2]

在现实中，我们看到的继任者大多不是萧规曹随，而是人走政息。有研究者对“中国地方政府创新奖”设立以来的84个入围候选项目进行研究后发现，差不多有 1/3名存实亡了，相当一部分试点往往是重蹈了“人走政息”的覆辙。[3]

企业中也有人走政息的案例。不少企业新上任的管理者为了急于要政绩、为了实现“三把火”的效应，就爱“另起炉灶”，实

---

① 雷·克罗克：麦当劳王国的缔造者。雷·克罗克说，连锁店只有标准统一，而且持之以恒地坚持标准才能保证成功。麦当劳从一家为过路司机提供餐饮的快餐店，迅速发展成为全球快餐业的龙头老大，其成功的最大关键就是数十年如一日的标准化管理。麦当劳内部经营管理标准化的八大方面：标准化的核心理念、品牌的标准化、服务的标准化、质量的标准化、管理的标准化、人才培训的标准化、特许经营的标准化以及异常状况的标准化。

② 王琪延，黄江明主编．世界名牌公司扩张史［M］．北京：台海出版社，1998：1880.

③ 任中平．破解“人走政息”迷局［J］．领导科学，2001（09）.

事还没有干几件，新规章制定了一大堆。实践验证，其成效并不一定很明显。历史告诉我们：一个新上任的企业管理者，在没有更好的“规矩”出台时，忠实地按照前任的“规矩”行事，施行萧规曹随策略，无疑是在执行最好的“规矩”。

萧规曹随为因循守旧提供了理论的基础。蔡元培在1910年初撰写《中国理论学史》时，针对清朝末年中国思想文化界抱残守缺、固步自封的局面，指出“故西洋学说则与时俱进”。他把散见于中国古书中的“与时偕行”“与时俱化”“与时俱新”等激励人的说法概括综合为“与时俱进”。

为什么萧规曹随并不具有大数统计规律？即大多数继承者都是“新官上任三把火”，其主要原因恐怕还是萧规曹随的萧规应是法规而不应是人规，是法规的要随，不是法规的要法规而不是萧规。

我们看历史是怎样记载的。当时，惠帝责怪相国曹参不治理国事。曹参说：“陛下认为自己和高皇帝比哪一个圣明英武？”皇上说：“我怎么敢与先帝比呢！”曹参又说：“陛下看我的能力和萧何比哪一个更强？”皇上说：“你好像赶不上萧何。”曹参说：“陛下说得正确。况且高皇帝和萧何平定天下，法令已经明确，现在陛下垂衣拱手（指无为而治），而我这一类人恪守职责，遵循前代之法不要丢失，不也可以吗？”

从这段话可以看出，曹参随的萧规是前辈的董事长刘邦与总经理萧何合作所形成的规矩，继任董事长的惠帝与继任总经理的曹参因能力无法与创业的董事长及总经理相比，所以就萧规曹随了。这个萧规不是法规。若是有抱负、有野心的接班人就不是萧规曹随了，而是人走政息。

如果从历史发展观看，刘邦统治集团虽多为布衣，但历史的大环境没有提供给他们超越君主专制制度的思想。历史选择了刘邦等布衣成为汉初统治者，是历史的偶然。汉初统治者没有对王权的约束，是历史的必然。汉承秦制是历史的必然，萧规曹随也是汉王朝执政初期的历史必然。

此外，萧规的规即使是法规，也要随时代变迁而随，而不是人治的延续。萧规曹随需要“善随”，要根据时代的变迁，发现萧规中不完善的地方，不适应时代要求的地方要与时俱进，制定更具有时代性、超前性和符合当地实际性的“曹规”。作为决策者不仅要有传承萧规的能力、继承萧规的心胸，更要有打破不适应实际的萧规，制定更先进“曹规”的魄力，或者说符合时代精神的法规。

与时俱进必须通过另辟蹊径实现。否定萧规曹随的第一个案例是赵武灵王进行胡服骑射改革的故事。中国封建社会的历史基本上是北方牧民与南方农民的争战史。而战国时期，赵武灵王革新图强的改革措施，是中国历史上中原农耕文化第一次以主动的姿态学习和吸收北方游牧文化，是否定农耕文明之萧规，学习游牧民族之规的与时俱进之举。灵王认识到赵国武备落后、民风积弱，强大的邻国时刻准备要入侵，于是立志改革，学习胡夷骑射。灵王说服王公大臣穿起胡服，训练骑兵，改善了军备，拓展了边界，表面上是衣着服饰的改变，实质上是把农耕文明的萧规与游牧民族的萧规结合起来，吸收和融合游牧民族的文化，促进赵国的发展。

否定萧规曹随的第二个案例是北魏孝文帝改革。北魏孝文帝改革是北方少数民族文化主动融入中原文化的历史事件，是划时代的举措。实际上是否定游牧民族的萧规，吸纳与借鉴汉民族的萧规。北魏孝文帝实行了一系列改革：学习汉文化地区的礼制；建立明堂、太庙；创立和实行均田制；迁都洛阳，以便更有利于学习中原文化；禁用鲜卑姓，通用汉姓；禁止说鲜卑语，改说汉语；禁止胡服，改穿汉服；鼓励胡汉通婚。大大加速了鲜卑汉化的进程，同时也使北魏王朝在短时间内出现了兴盛局面。

这两个案例，一个是汉民族学习游牧民族先进的地方，否定农耕文明的萧规，学习游牧民族的萧规；一个是北方游牧民族入主中原，学习汉民族的萧规，否定游牧民族的萧规。

这两个案例，背后更深刻的意义不在于是汉民族学习北方游牧民族的萧规，还是北方游牧民族学习汉民族的萧规，而是这两个民族在特定的环境下，面对农耕文明的环境时，就要学习农耕文明的萧规，做农耕文明的曹随；面对游牧民族的生存环境时，就要否定汉民族的萧规，遵循游牧民族的萧规，做游牧民族萧规的曹随。

工业革命后，农耕文明内的所有的萧规与曹随都失去了意义，鸦片战争证明了农耕文明的落后性，坚守萧规曹随带来的是中华民族200年来的被殖民的命运，因此只能选择与时俱进、锐意创新。1898年，以康有为、梁启超、谭嗣同为首的改革派发动了戊戌变法，虽然失败了，但好过萧规曹随。如果站在历史演变的角度看问题，戊戌变法也是成功的。彻底否定萧规曹随的是辛亥革命，结束了中国两千多年的封建专制制度。

还有邓小平领导的改革开放。温家宝总理在2008年夏季达沃斯论坛上发言回顾中国改革开放30年取得的伟大成就时，说过这样一句话：我们刚刚结束了“文化大革命”，整个国家处于封闭半封闭的落后状况，国民经济走到了崩溃的边缘。改革开放使经济落后的中国成为一个经济发展的大国。其根本原因不是邓小平遵循毛泽东的阶级斗争与计划经济的萧规，而是放眼世界，与时俱进，曹随国际经济的萧规，发展自己的经济，特别是民营经济。

胸有成竹

——完全理性、有限理性与过程理性的平衡

胸有成竹，这句成语出自北宋苏轼《文与可画筼筜谷偃竹记》：“故画竹，必先得成竹于胸中。”成语原指画竹子要在心里有一幅竹子的形象，后比喻在做事之前已经拿定主意。

胸有成竹体现在哪些方面呢？管理学的甘特图、鱼骨图、曲线图都是让工作更有成效的手段，都是让管理变得更简单的手段，是胸有成竹的表现。再如，现在政府官员经常挂在嘴边的顶层设计、应急预案也是胸有成竹的体现。顶层设计是一个工程学术语，本义是指统筹考虑项目各层次和各要素，追根溯源，统揽全局，在最高层次上寻求问题的解决之道。其特征，一是自上而下“系统谋划”的一个过程，二是谋划全局、带动长远的一个过程。正如孙子曰：“不能谋全局者不能谋一域，不足谋万世者不足谋一时。”这就是胸有成竹思维定势的体现。胸有成竹成语背后的核心假设是人类面临的自然界、人类社会是确定性的，是可以以确定性的方式解决问题的。但我们知道，自然界、人类社会是不确定的。

人类的历史就是面对不确定并克服不确定的历史。为什么中国人常说一个人很苦时是做牛做马？为什么牛与马是苦难的代表符号呢？关键就是牛与马面对的是确定性的环境，或者说牛与马选择的是不确定环境下的确定性的应对，最为典型的应对就是只

食草，这反应的是确定性导致主动性的丧失。而人类则不同，又食草（青菜）、又食肉，体现的是面对不确定性的积极应对。也就是说，只有面对不确定性才能获得主动性与主宰。所以，自然界与人类社会是不确定性的，胸有成竹是不够的。再如，为什么企业家能创造更多的财富，成为市场的主宰，原因就是克服了市场的不确定性；而到企业打工的人算是胸有成竹，但一辈子只能打工，为什么，就是胸有成竹，而不是面对不确定性与克服不确定性。

胸有成竹这个成语与西方经济学理性人的假设是一致的。或许理性人假设从学科体系构建出发是对的，但从人的行为方式看是不对的。人的行为不是完全理性的，而是有限理性与过程理性的。有限理性的概念最初是阿罗提出的，他认为，首先，环境是复杂的，人们面临的是一个复杂的、不确定的世界，而且交易越多，不确定性就越大；其次，不确定性越大，信息也就越不完全，所以人不可能做到完全理性；再次，人对环境的计算能力和认识能力是有限的，人不可能无所不知；此外，在很大程度上，由于受到情境的影响，理性在这里根本就未发挥作用。也就是说，人是有理性的，但理性是有限的。也可以说，仅仅画竹或许可以胸有成竹，但是把这个思维方式面对复杂的、不确定性的、信息不对称的社会，自然就不可能胸有成竹了。

卡尼曼构建了一个思维的双系统模式，以此来解释行为人理性有限的原因。他认为，双系统思维模型是由直觉系统和推理系统组成的。直觉系统具有以下与感知系统类似的属性：迅速、平行、自动、无需费力、联想和缓慢学习；推理系统具有以下属性：缓慢、连续、被审慎控制、费力、有规可循和灵活。推理系统具有对直觉系统进行监督和控制的功能，人的行为决定或选择可以是由直觉系统或推理系统共同决定的，也可以是各自决定的，而人的行为做出错误的判断则是由直觉系统的快速、自动反应和推理系统对直觉系统的干预失败而导致的。可以得出的结论是：直觉（感性）与推理（理性）系统的结合是人类选择行为的本来面目，理性与感性系统孰占有相对的控制地位决定了选择的理性程度问题。[①] 事实上，人的行为选择是理性的，所以胸有成竹是可能的；但人的行为的理性是有限的，因为人的行为与决策是理性系统和感性系统共同起作用，或者说胸有成竹只能是有限的，只能是顶层设计与摸着石头过河共同决定。

人不仅是有限理性的，而且是过程理性的。改革开放之初的"摸着石头过河"就是过程理性，就是对计划经济的完全理性的一个扬弃。一个人在事先不知道一条河的详细情况下，就只能以身试水摸索着河里的石头、以较为保守的甚至原始的方法逐步摸清情况再过河。如同改革开放之初，不知道怎样改革、改革走向何处时，就应该摸着石头过河，这是过程理性。

再横看俄罗斯的休克疗法。"休克疗法"本是医学上的术语，最早由美国哈佛大学的著名经济学教授杰弗里·萨克斯创立和倡导。"休克疗法"的理论基础是新古典经济学。杰弗里·萨克斯认为，新古典经济学理想状态下市场机制的运作能提供一套精确、优美而又简洁的理论工具，能反映成熟市场经济运行的共同规律。但休克疗法在俄罗斯、东欧失败了，失败的原因从思维与学理上讲是，新古典经济学是基于制度既定和理想竞争状态下的市场运作的理论，而不是市场生成的理论，它舍弃了时间，抽象掉了制度，忽视了政治、文化和传统的作用。市场是有效的、有限的，不是无效的，更不是无限的。俄罗斯的"休克疗法"的设计者们像工程师一样事先为经济转型规划出一整套包括主要构

① 丹尼尔·卡尼曼．思考，快与慢［M］．胡晓姣等，译．北京：中信出版社，2012.

成要件的宏伟蓝图，然后按图实行转型。这种转型轨迹可以归纳为：确立目标模式——制定蓝图——选择路径——列出步骤——具体推行。这种思路透出一种浓重的理性主义气息，是中国文人胸有成竹在俄罗斯的翻版。胸有成竹的理性主义否认人类理性具有一定的界限，忽视客观世界的复杂程度和不确定性，这就是哈耶克所说的“理性的自负”。[①]

市场机制就是过程理性，摸着石头过河就是过程理性，不是不讲理性，而是不讲完全理性；个体是过程理性的，市场也是过程理性的，过程理性也是演化理性。人类是演化的过程，思维也是演化的过程。没有一蹴而就，只能是逐步演化。胸有成竹的思维方法有效且有限。

① 丁汝俊．俄罗斯激进经济改革战略——“休克疗法”再评析［J］．俄罗斯研究，2005（01）．

悬梁刺股

——读书的边际效用递减分析

成语“悬梁刺股”由两部分组成，“悬梁”出自东汉班固《汉书》：“孙敬字文宝，好学，晨夕不休。及至眠睡疲寝，以绳系头，悬屋梁。”“刺股”出自西汉刘向《战国策·秦策一》：“（苏秦）读书欲睡，引锥自刺其股，血流至足。”

东汉时候，有个人名叫孙敬，是著名的政治家。他年轻时勤奋好学，经常关起门，独自一人不停地读书。每天从早到晚读书，常常是废寝忘食。读书累了也不休息，时间久了，疲倦得直打瞌睡。他怕影响自己的读书学习，就想出了一个特别的办法。他找来一根绳子，一头牢牢地绑在房梁上，另一头系在头发上。当他读书疲劳打盹时，头一低，绳子就会牵住头发，就会把头皮扯痛，这样马上就清醒了，再继续读书学习。这就是孙敬“悬梁”的故事。

战国时期，有一个人名叫苏秦，也是著名的政治家。在年轻时，由于学问不深，到好多地方做事，都不受重视。回家后，家人对他也很冷淡，瞧不起他。这对他的刺激很大。所以，他下定决心，发奋读书。他常常读书到深夜，有时很疲倦，常打盹，直想睡觉。他也想出了一个方法，准备一把锥子，一打瞌睡，就用锥子往自己的大腿上刺一下。这样，猛然间的疼痛使他清醒起来，再接着读书。这就是苏秦“刺股”的故事。

可以这样说，每个中国人，大约在青少年时代都受过家长“悬梁刺股”案例的生动教育，然而，我们是否思考过、反思过、批判过，一代又一代悬梁刺股的中国读书人，对人类文明有多少文化、科学方面的贡献，对读书、学习的规律有多少总结。中国是一个长期对“如何教”非常关注，而对“如何学”则重视不够的国度。[①] 在国外，有人专门开创了“学习科学（Learning Sciences）”。由此可见，读书本身就是一门复杂的学问和艺术。学习科学就好比是教人打开知识殿堂的钥匙。大门那边，有明亮宽阔的大道，也有曲折幽深的小径，是它们为我们引导出一个个迷人的崭新世界。国内也成立了学习科学学会，但科学的规律还没有创立起来。

下面让我们借助以德国经济学家戈森(M.Gessen)命名的边际效用价值的三大定律为工具，分析“悬梁刺股”的荒谬及其改进的手段。

戈森曾自信满满地对自己发现的三大人类消费规律评价说：“我相信，我在解释人类关系方面所做的，正如哥白尼在解释天体关系方面所做的事情。我相信，我已成功地发现了使人类得以生存并支配人类进步的力量，以及这种力量发生作用的法则的一般形式。哥白尼的发现使人类得以预测天体未来运行的轨迹。我的发现使我得以指出，人们为了实现人生目的所必定遵循的确定不移的路线。”[②]

边际效用递减规律即戈森第一定律：在一定时间内，在其他商品的消费数量保持不变的条件下，随着消费者对某种商品消费量的增加，消费者从该商品连续增加的每一消费单位中所得到的效用增量即边际效用是递减的。边际效用递减规律是基数效用论的基本定律，又称戈森第一定律。导致边际效用递减的原因，主要是随着商品数量的增加，由于人们生理、心理作用的影响，商品对人们的刺激力和重要程度都有下降的趋势。

具体来说：第一，从人的生理和心理角度看，随着相同商品

① 克努兹·伊列雷斯．我们如何学习——全视角学习理论［M］．孙玫璐，译．北京：教育科学出版社，2012.

② 晏智杰．边际革命与新古典经济学［M］．北京：北京大学出版社，2004.

的连续增加，人们从每一单位商品消费中得到的满足程度是递减的。第二，一种商品往往有几种用途，消费者总是将前一单位的商品用在较重要的用途上，将后一单位的商品用在次重要的用途上。通过自身读书的经验，我们知道，知识的吸收和掌握是一种曲线的方式，有一段突飞猛进的阶段，然后进入一个较长的缓慢增长期，然后进入下降期。具体说就是，在第一阶段，时间增加时，效果增加，而且是以递增的速度增加；在第二阶段，随着时间的增加，效果以递减的速度增加；第三阶段，时间增加时，效果递减。在第二阶段，或者说在缓慢增长期就是所说的边际效用递减。所有人都是一样，学者也不例外，从知识的吸收和掌握程度来说客观上都受边际效用递减规律制约。

实际上，戈森第一定律起作用的原因是人的身心存在一个"韦伯定律"，即人身体的神经元对等量外界刺激的条件反射强度随刺激次数的增加而递减。读书的过程、读书的规律，反映到人体宏观层次就是边际效用递减规律了。

悬梁刺股为什么不可取，是因为"悬梁刺股"这个成语，没有认识到读书的过程就是消费的过程，消费自然存在一个边际效用递减的规律。随着信息数量的增加，信息吸收的数量与质量在递减；对于读书的时间来说，随着读书的时间越来越长，读书获得的信息的数量与质量也越来越差；随着读书的时间越来越长，大脑与身体的反应越来越差，悬梁刺股实际没有什么效果。悬梁刺股的做法，既低效又伤人，有百害而无一利。所以，读书要遵循戈森第一定律。

那怎样改变这种情况，既不用悬梁刺股，又能提高读书的效率呢？那就要遵循戈森第二定律。也就是说，读书有个边际效用第二定律（消费者均衡）在起作用。戈森第二定律又称边际效用相等规律、边际效用均等定律、享乐均等定律，是指在物品供给有限和人的欲望无限的情况下，应尽可能使各种欲望被满足的程度相等，从而使各类被享用的物品的边际效用均等，并能获得一定量收入下的最大总和的享乐。比如说，如果有几种可供选择的享乐物品，并且消费它们所得的享乐个量是不同的，为了取得最大的享乐总量，最有利的享乐方法是在它们之间依次消费享乐个量最大的那一个，直到各种欲望满足个量相等时为止。

考研就要借助戈森第二定律。数学复习累了就复习英语，脑袋不好用了就复习政治。考前最后的单位时间用在哪一学科上呢？比较学术的说法是，要把单位时间用到自己最短板的学科；或者说使每门学科得到的边际效用相等，而不是“悬梁刺股”。

读书也可以多采用组合阅读的方式，即把几本甚至十几本关于同一问题的书，放在一起阅读。这样，如同召开一次座谈会，每个作者分别发表自己的看法，这些权威人士的观点互相碰撞或者补充，让你更深入、更全面地洞悉这一问题的实质。

读书还要符合戈森第三定律。戈森第三定律指出，在原有欲望已被满足的情况下，要取得更多的享乐量，只有发现新享乐或扩充旧享乐。那么，如何发现新享乐或扩充旧享乐？很显然，只有新的发明可以提供，比如现在面包的发明使我们吃得营养而又有乐趣。

比如，以前阅读是以纯文字的书籍为主，那么现在是否可以读读图片较多的书籍。正如有专家指出，21世纪是一个读图的时代。大脑喜欢色彩，颜色能帮助记忆。美国学者哈拉里有一句名言：“千言万语不抵一张图”，说明了形象信息更容易被人们接受、认识。比如看同样篇幅的一段文字和一幅风景画，看风景画只需要一两眼就可以看清楚，而要看懂一段文字内容就比较费时。有关专家更进一步地推算出，人们“记忆中的语言信息和形象信息的比率为1:1000”。此外，我们知道人们的大脑分为左右两半，左半脑又叫抽象脑，右半脑又叫形象脑。阅读文字用的是左脑，而欣赏自然的风景和绘画作品则用的是右脑。两者相比，看书时左半脑接受信息慢而少，若把一页书看上一眼，能记下的内容很少，因为人们看书时是局部地、抽象地去看；而看画时右半脑接受信息快，看一两眼便会记住画面上的大半以上内容，因为人们是整体地、形象地去看画，等于是全息照相。读文字最多一目十行，而读图则可以一目一页。

再如，读万卷书，行万里路，出去走走，开阔一下眼界，也是一种很好的读书方法。读万卷书与行万里路实际上是读书的两种不同形态，但都是获得生命经验的方法。美国人Joshua曾写道：“中国人旅游的时候似乎不愿意或不懂得去感受美景，到达一个景点后，他们都会相互拍照，然后迅速离开。中国人好像是为了‘去那里做事’而不是去欣赏美景。”中国人越来越不会享受生活了。在这点上，应该学学孩子。孩子们会很开心地欣赏和玩耍，过多的拍照会让他们反感。

此外，我们还要借助学习科学的理论分析“悬梁刺股”的学习方法的落后性。

学习科学是在反思认知科学等学科关于学习的研究方法和观点的基础上，新近兴起的一门科学。学习科学借鉴建构主义、认知科学、信息技术、社会文化研究等相关领域的研究成果，汇集和整合关于脑的研究和内隐学习、非正式学习、正式学习等已有的学习研究，采用多种现场研究的方法，对不同情境脉络中的学习发生机制进行分析和探索，提出若干关于学习的新观点，通过创新性项目的实践和基于设计的研究，创设新型学习环境，革新学习实践。正如达菲（T.Duffy）所定义的：“学习科学是认知科学的一部分，重点关注真实世界境脉中的思维。”在20世纪80年代，一些在认知科学领域卓有建树的科学家，如柯林斯（A.Collins）、科罗德纳（J.L.Kolodner）等人普遍感到“对当时的认知科学感到沮丧”。沮丧的原因来自于认知科学的关注对象和研究方法过于远离人在真实世界中认知发展的实际状况。事实上，经过20世纪70年代至90年代这20多年的总结，学习科学家们在有关学习的一些基本事实上达成一致：深度的概念理解，聚焦于学而非教，创建学习环境，在学习者先前知识上建构知识的重要性，以及反思的重要性。

学习科学强调学习要科学用脑。我们知道，大脑集中精力最多只有25分钟，这是对成人而言。所以学习20到30分钟后就应该休息10分钟，你可以利用这段时间做点家务，10分钟后再回来继续学习，效果会更好。

比如，可汗学院（Khan Academy）的教学方法就是符合学习科学规律的，实际上也是符合戈森第二定律的。可汗学院，是由孟加拉裔美国人萨尔曼·可汗创立的一家教育性非营利机构，主旨在于利用网络影片进行免费授课，机构的使命是加快各年龄段学生的学习速度。我们知道，传统的学校课程中，为了配合全班的进度，教师只要求学生跨过一定的门槛（例如及格）就继续往下教；而可汗有意识地把每段视频的长度控制在10分钟之内，以便网友有耐心理解、“消化”。 可汗十分了解怎样才能集中孩子们的注意力。许多冗长的网上公开课和现实一样，让人听了10分钟就走神，于是可汗还在网站上设计了一种基于自动生成问题的Java软件。只有当你一套10道题全部答对后，才会提供更高一级的题目。这种“满十分前进”的模式让孩子们循序渐进地完美学习。在传统的考试中，即使是拿到了95分的学生，也很可能不知道自己5分的缺漏到底在哪儿就被迫进入下一章节。所以说，中国传统的“悬梁刺股”是非科学的、非认知规律的、非人性的学习方法，可以休矣。

我们知道，在学习的过程中，大脑和身体经常处于交流状态。如果身体很懒散，大脑就会认为你正在做的事情一点都不重要，大脑也就不会重视你所做的事情。所以，在学习的时候，我们就没有必要“悬梁刺股”，而是应该让大脑保持警觉。

要提高学习效率，就要爱护我们的大脑。第一，大脑需要氧气。因此要经常到户外走走，运动运动身体。第二，大脑喜欢整洁的空间。尽量在一个宽敞的地方学习，这对你的大脑有好处。最近的研究显示，在一个整洁、有条有理的家庭长大的孩子在学业上的表现更好。因为接受了安排外部环境的训练后，大脑学会了组织内部知道的技巧，所以记忆力会更好。第三，大脑需要女朋友。当你学习累了的时候，就应该找一个女朋友让大脑得到放松，有资料显示，有女朋友的大脑的学习效率比平常高30%，古人说红袖添香夜读书，是暗合这条规律的。第四，大脑需要休息。大脑得到充分休息，才能学得快，记得牢。如果你感到很累，先拿出20分钟小睡一会儿再继续学习。第五，大脑像发动机，它需要燃料。大脑是一台珍贵而复杂的机器，所以你必须给它补充“优质燃料”。垃圾食品、劣质食品、所有化学制品和防腐剂，不仅损害身体，还削弱智力。英国的一项新研究显示，饮食结构影响你的智商。第六，大脑需要补充水分。大脑是一个电及化学活动的海洋，电和化学物质在水里能更好地流动，如果你脱水，就无法集中精力。专家建议，日常生活要多喝水，保持身体必需的水分。而且一天最好不要饮用相同的饮料，可以交换着喝矿泉水、果汁和咖啡等。另外，研究资料显示，经常性头痛和脱水有关。第七，大脑喜欢问题。当你在学习或读书过程中提出问题的时候，大脑会自动搜索答案，从而提高你的学习效率。从这个角度说，一个好的问题胜过一个答案。

大脑和身体有它们各自的节奏周期。一天中大脑思维最敏捷的时间有几段，如果你能在大脑功能最活跃的时候学习，就能节省很多时间，会取得很好的学习效果。

眼见为实

——观察与理论的悖论

“耳听为虚，眼见为实”这个成语出自西汉刘向《说苑·政理》：“夫耳闻之，不如目见之；目见之，不如足践之。”意思是说听别人讲和自己看是不同的，看到的可以是真实情况，而听人讲往往是虚假的，道听途说，没有亲眼所见就不要相信。

眼见为实在直觉上是成立的，耳听为虚也有部分的合理性。眼睛忠实地反映着客观世界的一切，不论是感知物体，还是感知物体的运动。我们日常生活中的大部分活动都要求有非常精确的对外界事物的感知，稍有差池便可能是致命的。因此人类进化出超级发达的视觉系统，保证能忠实地反映丰富的世界。我们知道，人类的认识活动有两类：实践活动和认识活动，或者说，直接经验和间接经验。其中学习性认识活动，是学习别人总结出来的东西，虽然是听来的，但也可能是真实的。

“耳听为虚，眼见为实”这句成语，不知听了多少次，也不知流传了多长时间，这句话对现在的社会而言是否还是经典呢？正如黑格尔所说，熟知并不等于真知。我们必须借助现代科学的哲学理论进一步分析这个成语的肤浅与局限。下面重点分析眼见为实的误区。

美国加州理工大学教授最近的一项研究发现，视觉给予的信息是受到观察者的主观因素影响的。在这项研究中，研究者站在校园里一个山坡的底部，然后让来往的学生估计山的倾斜度。学生有两种估计的方式：第一种方式是让被试看着山坡，然后用一条板子的边缘摆成平行于山坡的方向来估计山坡的坡度。另外一种方式是让被试不看山坡，然后用同样的方式来估计山坡的坡度。在第一种估计方式中，被试更多地依赖于视觉线索。在这种情况下，被试通常都高估了山坡的坡度，会把一个大约31° 的山坡看成是大概50° 左右的斜坡。然而，当被试不再看山坡时，其估计是非常准确的。更令人惊奇的是，在第一种情况下，被试的高估会随着被试的状态而更加严重。特别是被试刚刚参加完长跑，背着很重的背包，或者身体衰老虚弱时。而这些被试在不看山坡的时候的估计还是准确的。实际上，通过这个实验，研究者找到了一个规律：也就是当被试感觉自己的身体状态较难应对这个斜坡时，他们倾向于估计山坡更陡峭，而这种策略是无意识地反映在被试的视觉系统里的。也就是说，我们的视觉并不是完全客观的，而是在一定程度上反映了被试的心理状态。这个实验告诉我们：不同的主体，在不同的状态下，眼见的实常常是不同的实。

要更深刻地反思与批判“眼见为实”的局限性，我们还必须借助于美国科学哲学家汉森提出的“观察渗透理论”。观察渗透理论指出，我们的任何观察都不是纯粹客观的，具有不同知识背景的观察者观察同一事物，会得出不同的观察结果。

逻辑实证主义坚信，科学作为一种追求真理的客观活动，其所坚守的理性标准一定是可被经验证实并符合逻辑规则的。“科学所做的一切，说到底不过是描述人类经验的规律性。所有的科学理论必定依赖于经验，正因为与经验相连，科学词汇才可能有意义。”观察渗透理论则摧毁了逻辑实证主义所追求的科学合理性。在科学观察面前，人类往往更要借助主体的能动性而不是事物的自然属性来获得经验知识，不同的主体甚至同一主体在不同条件下观察到的结论也不尽相同。在汉森看来，我们通常带着由我们过去的经验和知识构成的、以各种特殊语言和符号的逻辑形式加以着色的眼睛来“观看”。“看”是我们所谓的渗透理论的操作。[①]

“眼见为实”从科学哲学的角度看问题，实际上是勘察人类的观察与理论的关系问题。观察和理论的关系问题是科学哲学研究的重要问题。

首先，观察依赖于理论，观察渗透着理论。理论决定了观察的目的和对象。在科学的研究中，人们都要根据研究的目的选择观察对象和范围。科学观察基本上都是有目的地、有计划地进行的。科学观察的目的不外乎是为了做出新的发现或检验已有理论或假说。用观察来检验一个理论，即是看是否能观察到理论所预言的现象。

其次，观察渗透理论指出，眼见是在理论指导下的见。也就是说观察必须是正确理论指导下的观察，理论决定了能观察到什么。在观察中如果以反映客观事物本质的理论为指导，将在一定程度上保证观察的客观性；相反，当不完备甚至错误的理论或观点渗透到观察中时，就会导致错误观察。理论可以纠正一些错误的观察。比如，我们认为筷子一般是不容易形变的，自然状态下的水也不具有使筷子形变的作用，而当把筷子放入装满水的玻璃杯中，大家都能看到这个筷子变“弯曲”了。眼见筷子弯曲这个实，既不是筷子弯曲了，也不是筷子就是弯曲的，而只有通过光的折射理论给以解释才能免于陷入眼见为实与眼见不为实的悖论。这是中国传统思维方式无法解决的问题。

再次，观察渗透理论解决了观察和理论的关系。观察渗透理论指出这种关系是由观察的主观性和客观性所决定的。观察的主观性决定了观察必须依赖理论；观察的客观性决定了理论必然依赖观察。观察主观性与客观性的辩证统一决定了观察与理论的辩证统一。

最后，观察渗透理论还指出，眼见为实必须从整体的角度看问题。“眼见为实”实际上是做了这样的一个初始假设，即在肯

① N.R. 汉森 . 发现的模式［M］. 邢新力，周沛，译 . 北京：中国国际广播出版社，1988.

定一方面事实的前提下，否定了另一方面的事实。日常生活中，如果有媒体报道某明星热衷公益事业，我们有幸看到了他（她）在出席一次募捐活动时表现得真诚、热心，我们心里会相信这一新闻；但当我们看到他（她）在其他的公众场所缺乏爱心、责任或颐指气使时，心里面估计会认为这一新闻纯属炒作，没有真实性可言。但从科学哲学理论的角度看，眼见为实是要从整体性的角度判定的，而不是从某一件事情的眼见为实。

通过科学哲学的理论、思维与方法，借助观察渗透理论的认知解析对眼见为实做一种全新角度的解释，可以说是对眼见为实这个似是而非的问题做了一个传统的突破。这个解释开阔了我们的思维视野，引发我们向更深层次研究问题，从方法论的角度看也具有启发性的意义。然而，当扩展到较为广阔的哲学思维领域时，认知角度的解析又并不是完全令人满意的。认知过程的研究仅仅说明科学的观察过程中的确有大脑原有的某种理论经验的参与，然而，谈到观察过程中所渗透的理论时，却不应仅仅局限为主体的背景知识，其他心理因素（如非理性因素）、社会文化因素、价值观念因素等方面的影响，也是不容忽视的。

一目十行

——从逐行扫描到全息成像

成语“一目十行”出自南宋诗人刘克庄的《杂记六言五首·二》，其中有“五更三点待漏，一目十行读书”的诗句，现在常常被人们形容为看书快速敏捷。

刘克庄为什么要用“一目十行”形容阅读的快速？我想，这不仅有读书快捷的含义，还有我国书籍版面的行格字数制约的因素，不过刘克庄没有这层意思。我国最早的书籍应该是产生于商代的简册书籍，即用窄长条形的竹木简札编连起来的书籍。孔子“韦编三绝”说的就是简册书籍。在魏晋南北朝时期，书籍的发展进入了纸质材质的卷轴书籍阶段，卷轴书籍阅读时要将书卷置于几案，从右往左徐徐打开，边读边将右首读过的部分随手卷起，使眼前始终保持三四十行的平面宽度而逐行阅读。这种书籍看得快了，自然会出现南北朝及隋唐人所说的“七行俱下”及刘克庄所说的“一目十行”的快速阅读现象。[①]

当下，我们进入到信息时代，特别是移动互联网时代，社会信息量越来越大，传递信息的速度越来越快，获取信息的途径越来越广。智能手机、平板电脑、移动互联网改变了传统只能靠阅读文本来获取信息与知识的局面。有调查表明，当今我们获取的社会信息中，有60%～70%是以图像的方式。有学者称，“当代社会的各个领域正在经历着广泛的视觉化”。社会生活的方方面面

① 李明君.从成语“一目十行”看我国书籍版面的发展演变[J].学理论,2011(08).

越来越依赖“图像”来结构和运转。从这个意义上说，当代社会“信息化”的本质特征之一就是“信息图像化”。“一目十行”已经不完全是对信息快速获得的准确刻画了。

我们知道，图像是客观对象的一种相似性的、生动性的描述或写真，是人类社会活动中最常用的信息载体。图像是照片、画报、图书、图纸等；但在数字化时代，图像不过是一段能被计算机还原显示和输出为一幅图像的数字码。以前小学是看图说话，现在是用iPhone、数码相机、数字摄像机、扫描仪进行图像处理。“一目十行”是数字化处理，“一图抵千言”也是数字化处理；数字处理的本质一样，数字处理的技术则有天壤之别。所以，信息时代的英雄李彦宏说，当下是一个读图的时代。现在主流互联网的应用是搜索，以文字为主。互联网发展20年，主流的东西一直是文本，但随着成本下降，整个互联网的主流内容开始发生一些微妙的变化。视觉文化对人类的思维模式、行为方式的影响是深远的。

不论是文本阅读的“一目十行”，还是读图的“一图抵千言”，本质都是阅读的问题。不过，一种是文本阅读，一种是图像阅读。前者讲的是逐行扫描，后者讲的是全息成像[①]。从信息加工心理学的视角看阅读，它们处理信息的模式是不同的。阅读实质上是一种思维和言语过程，是一个信息接受、处理与加工的过程。当人的眼睛感知到视觉符号，包括文字、图像、图表、公式和数字等时，只是完成了阅读的接受信息的第一步，随后还要对接收到的信息进行处理，再对输入的信息进行加工。阅读的关键在于对视觉符号的加工与理解。可以说，阅读是大脑接受外界视觉符号信息并对其进行加工，以理解符号所代表的意义的过程。

---

① 什么叫全息成像呢？比如一张照片，如果我们把它撕成许多碎片，但从每块碎片中能看到完整的影像，这种成像叫全息成像。现代全息理论之父，物理学家大卫·玻姆（David Bohm）在发明全息理论与技术之前已对佛教华严宗理论做了深入的研究，认为《华严经》的“于一微尘中，悉见诸世界”就是全息理论的最好印证。

文本时代阅读的关键词是“看”，是文本处理、逐行扫描，是信息的一维处理、线性处理、逻辑处理，快的标准是“一目十行”；信息时代阅读的关键词是“读图”，是“全息照相”，是信息的多维处理、非线性处理、结构处理、多要素处理，快的标准是“一图抵千言”。从逐行扫描到全息照相是人们阅读方式发生了巨大变化。

读图时代的到来是以信息传播方式的技术性革命为基础的。首先，人们获取信息方式的改变。在读图时代，图像作为传播信息的最主要的载体之一，成为当代人们获取社会信息的主要方式，阅读方式已经从文字理解转向于图像理解。其次，读图时代，“轻文重图”的阅读习惯正在改变人们的审美趣味、阅读取向、思维方式。视觉化表现为阅读时追求感官的刺激与快感，同时破坏了沉思默想的阅读习惯，也失去了掩卷沉思的思考意义，失去了“思接千载、视通万里”的作用。读图时代使得我们的思维方式从“文本思维”走向了“图像思维”。文本的基本信息常有意在文本之外的作用，是作为文本暗示的东西加以理解的，而读图则是全息式和情境式的。读图时代需要的是一种全新的思维方式，以区别于以语言为核心的文本思维方式。

读“图”还是读“文”的“图文之争”，成为一个有待讨论的问题。从美学的角度来说，图像以其直观性和具体性见长，而文字以其抽象性和联想性著称。文字读物可以唤起读者更加丰富的联想和多义性的体验，在解析现象的深刻内涵和思想的深度方面，有着独特的表意功能。而读图可以启发非智力因素，比如兴趣要素。兴趣在促进学习的积极性与主动性方面起着巨大的作用，特别在大众化浪潮下的教育，兴趣至关重要。通过读图向学生深入浅出地推介抽象、深奥的数理化与博大精深的世界名著，化难为易，化抽象为直观，未尝不可。

但用读图来替代读文也是存在一些问题的。首先，当我们通过信息技术整合传统经典时，结果把经典做成了一道道“肯德基”或“麦当劳”式的文化快餐。虽然经典阅读变成了皆大欢喜的视觉狂欢，但同时导致了阅读平庸化，只重情节不重语言，丧失了高雅纯正的阅读趣味。其次，通过文本信息视觉化，必然导致阅读感官化，只爱读“图”不爱读“书”；还会导致阅读惰性化，只爱接受不爱思考。最后，读图替代读文导致阅读僵固，剥夺了读者对文本多元再创造的个性化体验。一千个读者就有一千个哈姆雷特，变成了一千个读者只有一个哈姆雷特。这种以读图来排挤文本阅读的做法，完全抛弃了文本阅读特有的长处。

然而，在现代高科技和互联网技术的支持下，人们可以浓缩信息、压缩思想、打包上述内容成一个单元，也可以在不同时空中传播、重复使用、存储和复制，传统的文本阅读、文本存储、文本使用与传播是无法与互联网时代的读图相比拟的。传统文本阅读的阅读量、阅读方式、阅读速度都不足以跟上这个信息大爆炸的时代，跟不上这个大数据时代。有理由相信，大数据时代的读图，对伟大思想的传承以及应用伟大思想进行创新的能力，将随着这种传播形式的发展而进入更高的境界。因而读图比读书的“一目十行”效率更高。

读图时代要改变读文时代“一目十行”的标准，但也不要夸大“一图抵千言”的作用，而是形成图文并茂的合理张力。如同我们有了量子力学但并不否定牛顿力学，有了新制度经济学但并不否定新古典经济学，而是兼容并包，各取所长。读图和读文也应各取所长。一方面，从图像到文字，用形象、直观的图像来有效地阐发深奥难懂的文字，使复杂性阅读充满愉悦与情趣；另一方面，又从文字到图像，用抽象的文字来印证、充实、弥补和修改视觉直观。这样进行来回循环，图文辉映，图与文的独特魅力都得到了充分的体现。或许，人类发展抛弃了文本阅读的“一目十行”的标准，将会走得更好，跑得更快，前进得更远。

读图时代已经到来，我们的阅读需求也已经更多元化，对阅读效率也有更高的要求，而绝不只是“一目十行”。在了解了阅读是一种信息处理，文本阅读与视觉阅读不过是信息处理的两种形式，各有利弊与效率之后，我们就可以调整读图时代的阅读策略。如果你想获得抽象的知识，那么你应该老实地去看大学课本、百科全书、传播今日世界最新科学研究成果的《Nature》杂志等；如果你想获得生活方式的引导，那么你可以去看些时尚生活类杂志；如果你在飞机上或者在候机时，不妨随便翻翻座位前精美的图文并茂的杂志。

一诺千金

—— 一个未完成的民族承诺

“一诺千金”出自西汉司马迁《史记·季布栾布列传》：“得黄金百，不如得季布诺。”此成语强调了诚信的重要性，诚信的价值远高于金钱，甚至是无价的。除一诺千金外，还有“言而有信”“言行一致”“一言之信”“以诚相待”等成语，均是对守承诺、讲信用的诠释。但是，人们的生活实践与经验却又不时地在提醒：对许诺的人，勿轻信。由此，也出现了与重诺守信相对立的成语和俗语，如“言而无信”“背信弃义”“自食其言”“言行不一”“一人不进庙，二人不窥井”“害人之心不可有，防人之心不可无”等。可见，中国这种信人又疑人、防人的心理，乃至近年来频现的失信等社会现象，深深地折射出中国人对民族诚信的犹疑与迷茫。“一诺千金”现今俨然成为一个未完成的民族承诺，一个华美的企业口号，一个冠冕堂皇的政治说辞，更成为中国人轻易承诺、不践诺的道德掩护。这不得不令我们质疑并反思中国到底是不是一个真正具有诚信精神的民族，是什么原因导致当代中国诚信形象的崩盘。

一、中国是一个缺乏良好诚信基因的民族。中国有许多重信守诺的成语或典故，但中国人的现实信誉表现却往往是言行不一。古代有周幽王烽火戏诸侯，诸葛亮破坏吴蜀盟约私取南郡。可以看出，中国人的社会行为标准并不以是非论，而是像柏杨在《丑陋的中国人》中指出的那样“以官的标准为标准”，而是在按照“破窗理论”行事，即只要有一个人或一件事可以违背规则或契约，则所有的人或事都可以违背这个规则或契约。苏丹红、三聚氰胺、瘦肉精等诸多食品安全问题，就是对社会承诺与公众信任的集体背叛与践踏。从有些小学生雇假父母参加家长会，到大学生公开雇人撰写毕业论文，再到学者剽窃他人学术成果，这不仅是诚信的缺失、产权保护的缺失，更是教育的缺失。中国人往往在自我安慰的同时，也在自我伤害。

德国著名社会学家、政治经济学家马克斯·韦伯在其《中国的宗教：儒教与道德》一书中写道："中国人在世界上是罕见的不诚实，与同样经历过封建社会的日本相比，日本人在零售交易中讲诚信，中国人在零售交易中不讲诚信。一个商品的'定价'，即使对中国自己人而言，也显然是虚假的。中国人彼此之间典型的不信任，为所有的观察家所证实。"① 美国传教士亚瑟·亨·史密斯在其《中国人的素质》中毫不客气地指出中国民族善于撒谎，大都轻诺而不践约。② 这些有关中国人的评论虽然直白、尖锐，但确是外国人眼中的中国人形象。同时，一项关于上海市民价值取向的调研结果显示：有90.2%的人认为诚实守信在不同程度上会吃亏。这在一定程度上反映出中国人自己所构筑的诚信堡垒正在逐渐坍塌；中国人自己让本不坚固的诚信链条断裂，且没有得到有效延续。

二、中国的农耕文明，乃至市场经济尚缺乏培育诚信的土壤环境。中国人际关系中的不信任由来已久，这与中国几千年的经济史是自然经济或者说是小农经济的历史密切相关。不同的环境造就不同的人与事。正如春秋时代晏子所说："橘生淮南则为橘，生于淮北则为枳"。生活在小农经济的农民的行为特征往往是日常社会活动很少、行为方式较简单，人际交往对信用、守时的要求不高，不像西方传统商业文化那样重视商业信用，而多是轻承诺、不践诺。所以，商业诚信只能产生于商品交易发达的社

① 马克斯·韦伯.中国的宗教：儒教与道教［M］.洪天富，译.南京：江苏人民出版社，2003.

② 亚瑟·史密斯.中国人的素质［M］.梁根顺，译.西安：太白文艺出版社，2007.

会，比如像古希腊那样海上贸易成熟的国家，由于商业活动复杂，为最大限度地保障商业利益，自然形成了重视商业信用的传统，其表现形式之一就是守信用、重承诺。虽然中国的市场经济现已运行多年，但市场经济中的信用制度尚未完全建立，这也是诚信危机频发的一个重要原因。

三、中国是一个身份社会，而不是契约社会。中国本质上是"官本位"，一切以当官为准则，其核心价值文化是儒家文化。而儒家文化被一种不平等的"君君臣臣"的礼教所规范，并非契约。因为契约关系的本质是权益平等，契约的达成即是平等对话者的一种承诺认证。而君臣父子的传统纲常伦理本身就是反平等的，不具备契约社会人与人平等的基础。人与人之间不具有平等的契约关系，弱势者自然会通过轻承诺、不践诺来保护自己，为自己的生存争取最大而可怜的利益。

英国著名法律史学家梅因说过："迄今为止，所有社会进步的运动，都是一个从身份到契约的运动。"[①] 有人将西方文明的历史看做是一部契约历史，而创造辉煌政治或商业文明的国家，无一不是契约精神的楷模。事实上，中国历史传统中并不乏契约因素（如缔约结盟）与重诺守信的例子（如曾子杀猪），但其离契约文明显然还很远。

四、中国是"礼仪之邦"，强调礼行天下、礼治天下，但这种"礼"制文化的背后实际上是一个由上及下、"臣服与驯服"的政治治理过程。"礼仪之邦"翻译过来就是"服从之邦"。这样一种行为规范和道德规范最终造就的就是一个等级森严的社会，而这无疑是不可能产生契约文明的，没有契约文明的社会必然导致随机性，进而导致机会主义泛滥，诚信丧失，也自然不可能有一诺千金的行为。人们熟知的田忌赛马实质上是一个缺乏契约意识、破坏规则、认同作假、违背平等诚信的典型。赛事如此，官场社会亦如此。这正如严复所说："华风之弊，八字尽之。始于

---

① 梅因．古代法［M］．沈景一，译．北京：商务印书馆，1959.

作伪，终于无耻。”①

一个国家从身份到契约，从人治到法治的构建过程，其实就是诚信社会、保护产权的构建过程。不诚信、违约、侵犯他人产权就要受到法律的制裁。只有高悬法律之剑，人们就不敢轻承诺，承诺后也不敢不践诺。

五、中国是一个世俗社会、面子社会，是否有利可图，决定着许诺的速度；践诺与否取决于是否丢面子。中国人的关系网营造的是一个以私人关系为主的熟人社会，且在中国人的相互交往中，利益是天平。中国人虽然视《论语》等儒家经典作为修身养性的道德标杆，但在现实社会中中国人的生活目的往往与个人利益纠结在一起，很难摆脱物欲的牵绊。“重诺责，敦风义”也时常成为抬高自己、期以获得别人认同的自我道德标榜。尽管“面子”是中国人心理最基本、甚或最重要的一个自我保护层。但当利益出现的时候，人们往往能抛自尊而选利益，为保利益而轻易许诺。在这个意义上，中国人是否践诺与面子有关。如若丢面子就践诺，不丢面子就不践诺。

可见，追求利益与端着面子，在一定程度上阻碍了中国人接受真理并尝试富有意义的生活，令人们一直活在自我编织的“一诺千金”的谎言世界里。看来，中国人敬畏的是谎言被揭穿，真相被披露。那么，姑且不看残酷现实，先扪心自问：我们每个人内心深处是否也存在并坚守着这样一份精神契约，犹如西方世人为自己与上帝签订的灵魂之约。倘若我们每个人都做到了，那么这个民族才真正堪称是“一诺千金”。

① 王栻主编．严复集（第一册）［M］．北京：中华书局，1986.

用人不疑

——从人治的用人不疑走向法治的用人有疑

宋朝陈亮在《论开诚之道》中说："臣愿陛下虚怀易虑，开心见诚，疑则勿用，用则勿疑。""用人不疑，疑人不用"已经成为中国千百年来的一条重要的用人原则。听起来似乎是亘古不变的真理，但仔细推敲就不难发现其本质上的虚伪性，"用人不疑"在理论上是把真理绝对化了，实践中究竟有多少人能够肝胆相照呢？经济学上的"经济人"假设告诉我们"人是理性的"，也就是说，每个人都试图在与社会的博弈中争取个人利益的最大化。因此，我们有必要清理一下我们"用人不疑"的思维误区，提出市场经济体制下的新的用人之道——用人要疑，疑人要用。

"用人不疑，疑人不用"的用人原则在误导着领导者。诸葛亮就在"用人不疑，疑人不用"这个成语的误导下犯了错误。他在用人不疑方面犯的错是错用马谡。马谡为诸葛亮出了很多好主意，诸葛亮对马谡是用人不疑，然而正是用马谡而不疑导致失街亭。诸葛亮在疑人不用方面犯的错是怀疑魏延有反骨，而不重用他，尽管魏延提出了很多独辟蹊径的好建议，诸葛亮都是直接否决，导致蜀国六出祁山却无功而返。

用人不疑不过是统治者欺骗读书人的伎俩。在那种"君要臣死，臣不得不死"的君主专制的臣民社会里，"普天之下，莫非王土；率土之滨，莫非王臣"。用人的标准是以统治者的好恶为取舍标准，"顺我者昌，逆我者亡"。被统治者疑的人，即使再有德性，再有才华，都会被排挤在外不得重用。"用人不疑，疑人不用”是一种人治的用人观，只要翻开历代的典籍，看看历朝的君主，就会发现这不过是一句自欺欺人的谎言。

用人不疑的“不疑”只是暂时的不疑。传统文化中，我们对“用人”的理解是给人才以施展才干的机会，否则，“虽有名马，祇辱于奴隶人之手，骈死于槽枥之间，不以千里称也。”于是有历代人才对“伯乐”的渴望与幻想，于是有“千里马常有，而伯乐不常有”之浩叹。但这种用人之道是一种不平等的关系，是上对下的一种恩赐，下对上则必须抱有“知遇之恩”。其实，“用人”中的用者与被用者是不同类型的两个主体，内外有别，上下有序，怎能保证其互不设防？用与被用是一种利益关系，有利则合，无利则分，时过境迁，能不生疑？在许多情况下，不疑是暂时的，疑则是长期的；在各种利益冲突中，疑是合理的，不疑才是不可思议的，这是由人的本性贪婪决定的。用人不疑忽略了人性无常这一道理。人总是处在不断地变化中，此时清醒，彼时则可能糊涂；此时为君子，彼时则可能为小人。用人焉能不疑？比如韩信弃楚归汉，刘邦用人不疑，筑坛拜将，令其统帅三军，所以甘心事之。再如“暗中牵袂醉情中，玉手如风已绝缨”也成为历史上用人不疑的美传。但是，韩信还是因刘邦疑心而死于非命。清朝诗人吴兆骞的“谤书何事腾三箧，壮士由来泣二桃”诗句就表明用人是有疑的，疑心是客观存在、长期存在的。

“用人不疑”是只有权力的授予，没有权力的监督。“用人”就是授权，而不受制约的权力导致腐败。“用人不疑，疑人不用”是自然经济的信条，是对市场经济的反动。法国启蒙思想家孟德斯鸠也说过：“没有制约的权力，必然会走向腐败。”用人是要“疑”的，“疑人”不是对人的不信任，而是把用人的组织与被用的人才之间建立一个约定。其实，“用人”与“疑人”正好是一个对子，是一种契约，是权力与责任的对等。对所用之人疑问在先，本身就能把可能产生的用人风险降到最低。想当初英国的巴林银行对驻新加坡的里森“用人不疑”，结果他三年来一直做假账隐瞒亏损，最后造成8.27亿英镑的损失，迫使有200年历史的老牌巴林银行破产。

现代经济学对所有权与控制权分离的现代企业制度中的委托—代理理论的研究表明，委托人的目标与代理人的目标是不一致的，他们可能利用手中的控制权谋私利，损害所有者的利益，如果这样，对他们愈是重用，他们的权力愈大，对国家、企业的损害也愈大。以“十八大”后落马的央企董事长、总经理为例，“十八大”新任中央委员、国务院国资委原主任、中石油前董事长蒋洁敏，中石油副总经理兼任大庆油田有限责任公司党委书记、总经理王永春，中国移动集团党组书记、副总经理张春江，中移动副总裁鲁向东，中石化总经理陈同海，中国石油天然气股份有限公司副总裁孙龙德等。不仅涉及人多，涉案金额也大，超出你的想象。仅以“2009年度中国企业家犯罪报告”为例：2009年已基本查明涉案的31位国企企业家犯罪涉案金额达34.0466亿元，人均涉案金额1.0982亿元；涉及挪用公款的国企企业家9人，累计挪用公款12.9387亿元，人均挪用公款1.4376亿元。名单越拉越长、涉案金额越来越大，几乎达到了天文数字。这主要是中了用人不疑、疑人不用的思维误区，缺少监督机制与执行机制的力度。

从管理学的角度看，“用人不疑”是人性化管理的体现，看似厚道宽容，实则是害人。因为，大凡人都不免会有惰性有贪欲，会面临种种诱惑，而真正能入暗室而不欺，见财不贪，坐怀不乱的“慎独”君子，毕竟还是少数。那么对于多数人来说，还需要透过外界的监督，“疑”而用之，而用人要“疑”，看似薄情寡义，其实“道是无情却有情”，正是对人的厚爱，对他们政治生命的负责。现在一些高层领导、国企管理者为什么一发现贪腐都是惊天大案，就是用人不疑，就是人性化的管理惹的祸。江西省原副省长胡长清，他在当一般干部时，尚能规规矩矩，洁身自爱，而当上副省长后，手握大权，没人监督，自然变得胆大妄为，最后受到法律制裁。

疑人要用实际上是发现人才、广纳贤才、推进事业发展之路。对企业来说，疑人要用是一种风险投资。如果企业一切都相信你，那无疑是一场赌博，那就是在下赌注，你的职位越高，越重用你，企业下的赌注就越大。疑人要用的例子在历史上也比比皆是。楚汉之争时，刘邦对韩信的忠心是有一定怀疑的，但他却能从大局出发，重用韩信，打了一系列胜仗；唐朝的魏徵原是唐太宗政敌一边的人，但太宗却大胆启用。人所公认，“贞观之治”不能没有李世民，也不能没有魏徵。这是疑人要用的成功例子。现代管理理论中关于人性也有X理论和Y理论之说，对人性本身提出了不同看法。事实上在具体的管理实践中，成功的企业对员工都有严格的监控考核体系。管理学上也有一个墨菲定律值得注意，那就是凡是可能出错的地方，如果不加防范，则必将出错。

“用人要疑，疑人要用”的“疑”是制度建设的“疑”，不是疑神疑鬼的“疑”，不是无中生有的“疑”，也不是捕风捉影、吹毛求疵的“疑”，更不是无目的的乱猜测、瞎怀疑，要确立“用人有疑”的用人原则，改变我们“用人不疑”的观念。“用人要疑”首先要建立在选人用人的监督制度上。一是在用人制度上保持公平性，不管被用之人是谁，只要在其位，就要疑，人人平等。选人与考核制度、标准要全面。“德才兼备，任人唯贤”是行之有效的选人标准，必须全面把握。二是在用人流程上保持公开性，严格按程序进行考察，做到环环有人把关。三是在用人标准上保持公正性。疑人的标准，做法是客观的、公正的，不会因人而异，更不应该以管理者或上司的好恶、心情来定。美国、英国、法国、加拿大、澳大利亚、荷兰和日本等国都制定了高级公务员核心能力框架和绩效评估标准，全面考核人才的德、能、勤、绩、廉等方面，处理好“品德、知识、能力和业绩”等要素之间的关系，就是用人要疑、疑人要用的有效制度安排。

从“用人不疑，疑人不用”走向“用人要疑，疑人要用”就是建设一个人性化管理与制度化管理的平衡机制，更是从人治走向法治之路。

约定俗成
——对制度与文化关系的思考

约定俗成一般是指某种事物的名称或事情的做法大家长期共同遵守、沿用，便成为风俗习惯，为社会所公认。荀子在《正名》篇中指出：“名无固宜，约之以命。约定俗成谓之宜，异于约则谓之不宜。”然而，约定并不等于俗成。区分约定与俗成绝非仅限于揭示二者语义上的差异，更为重要的目的在于指出二者在营建社会主义市场经济体系中的不同作用及对人们行为的不同影响。

“俗成”可指在日常生活中人们形成的一般习俗和习惯。杜威把习俗看成是人们处理熟悉环境中问题的有效方式。围棋中的“定式”就是俗成的典型例证，而“约定”则像棋手所必须遵守的规则。比如，吸烟是个人的俗成或习惯，你可以吸烟也可以不吸烟，但在公共场所不准吸烟则是一种约定；再如，政府就像比赛中的裁判员，而政府职能部门办的“翻牌公司”就是违背市场经济的“约定”。

随着人类文明的进步，习俗也在经历着历史长河的磨砺，那些有利于人类生存发展的习俗，自然而然地存留下来，那些不利于人类生存发展的习俗自然被淘汰抛弃。由于社会传统势力过于强大，有些落后的习俗仍得以保持，结果，它与现代文明显得格格不入。

中国几千年的封建文化，最为发达的是饮食文化，于是形成一种“民以食为天”的习俗，所以，见面就问“吃了没有”？于是在走向社会主义市场经济的道路上，虽然政府三令五申禁止用公款大吃大喝，但是不论经济多么“疲软”，全国各地的餐馆依然“坚挺”得很，每年吃喝已突破几千亿元大关。

比如，在几十年的计划经济中，我们的职工形成“生为单位人，死为单位鬼”的社会主义新习俗。大到住房、医疗、天灾人祸、退休养老，小到生孩子和子女的入托上学、夫妻离婚、春天郊游都要找单位解决。

再如，中国人有知足常乐的习俗，只要有饭吃就行，不论是下层社会的“三亩地，一头牛，老婆孩子热炕头”，还是上层社会的“我欲乘风归去，又恐琼楼玉宇，高处不胜寒”，都体现了中国人这种知足常乐的习俗。宋明以降，整个中国经济缺少竞争力，于是便有外族的入侵。由于知足常乐，中国男人缺少拼搏的精神，便有了“阴盛阳衰”之说，于是有了中国靓女发出“寻找男子汉”的“呐喊”。

我们是不是要制定一些社会主义市场经济的新约定，并通过这些新约定，形成社会主义市场经济的新习俗或新的“俗成”。

首先，约定本身在既定的条件下对习俗的养成和演化施加着不同程度的影响。当组织经济的约定由计划经济转向适者生存的市场经济时，原有的习俗恐怕是非改变不可的。从某种程度上讲，习俗被改变或被废除的程度取决于约定改弦更张的幅度。相对于约定对俗成的直接明确的影响而言，俗成对约定的影响却隐蔽得多。

其次，约定的设立，尤其是改变，需要加以解释、劝说，而不是理所当然的不言自明，这就是为什么我们要进行普法教育。在约定的背后，存在着某种一般原则和利益，因此，我们可以把约定看成是利益集团冲突的平衡手段。

最后，约定具有典型的集体行为的性质。约定至少要某个群体的成员共同遵循，其结果是集体行为。每个人可以有自己的俗成但不可能拥有自己的约定，因为约定还是共同的规则或契约。

实际上，约定与俗成正好是制度设计的基本内涵，是一枚硬币的正反面，一个磁石的两极。只有约定，问题也是很多的，比如美国人整天生活在法律纠纷中。只有俗成，问题也很多，比如中国人讲“人情”和“面子”的习俗。由于中国人多数只讲人情面子，不讲是非，不顾原则、德行与公道，只讲私交、私利，不管公德、公益，于是无熟人不能办事，缺乏职业道德。

由于历史的因素和现实的条件，一方面，“约定”在我国实现从计划经济体制走向市场经济体制时将起到重要作用；另一方面，“约定”即契约化过程将受到诸多路障。由于新旧体制的更替和并存，一方面，新的经济秩序力图摆脱旧的体制的羁绊脱颖而出，而旧体制以其强大的惯性冲击着市场运行；另一方面，逐步形成的新的经济体制和经济秩序，由于不成熟、不稳定而存在着相互间的不协调。这就构成“约定”与“俗成”之间既有相互补充，也有相互摩擦的情况。

可以说，现代市场经济就是“约定”的经济。高度集权计划经济的非“约定”化属性，全面地反映在计划经济的运转过程中，全面地渗透在人们的行为和生活方式中，全面地融入了人的观念和社会习惯之中。在发展市场经济、培育和完善社会主义市场经济中，“约定”的观念，即契约的观念不仅是传统经济思想理论的批判武器，而且是创新与市场经济制度相对应的法律基础上的商品经济秩序的思想基础。我们说“约定”，约定的是什么？我们要在人与人之间约定一种平等的关系，而不是一种人身依附的关系，不管是下级对上级的人身依附还是个人对单位的人身依附；约定一种权利关系，每个人不仅要懂得维护自己的权利，也要维护他人和社会的利益；约定协作关系的责任与义务，多一些社会责任、家庭责任，少一些增加社会成本和“搭便车”行为；不要宁当鸡头不做凤尾的俗成，否则中国的民营企业永远是夫妻店或家族式的，永远办不成国际型的跨国公司；约定诚实信用，否则必然导致中国经济社会整个信用体系的崩溃；约定公平竞争、契约神圣等。

只要功夫深，铁杵磨成针

——对分工与合工关系的分析

小时候，父母常常给我们讲这样一个故事：小李白很贪玩，一次他在河边玩耍时，发现一位老奶奶在河边磨铁杵，李白感到很奇怪，于是走到老奶奶身边，问道，老人家您在磨什么呀？老人家说，我要把铁杵磨成绣花针。李白问道，铁杵也能磨成绣花针吗？老人家说，只要功夫深，铁杵一定能磨成绣花针。于是小李白开始发愤学习，终于成为中国最伟大的诗人。这个故事也写进了小学课本。“只要功夫深，铁杵磨成针”也作为成语流传了几千年，其蕴含的哲理我们深信不疑。至今，我们很少反思这个成语所形成的思维定势给我们的误导，而且这种思维的误导在计划经济时代发展到登峰造极的程度，至今还在误导我们社会主义市场经济体系营建的方向，因此，我们要重新审视这个成语后面的观念。

如果我们认真思考一下就会发现，不论功夫有多深，没有分工，铁杵不一定能磨成绣花针。经济学的创始人亚当·斯密在其名著《国富论》开篇就对铁杵磨成绣花针的过程进行了讨论。绣花针虽小，但在亚当·斯密那个时代，一个劳动者，如果没有受过相当的职业训练，又不知使用生产绣花针的机械，那么即使他竭尽全力地工作，也许一天也制造不出一枚绣花针。然而分工后即专业化后，情况则大不相同。生产绣花针大约要经过18种操作或程序。在一个只雇佣十几名工人的小制针厂，每人只担任两三种操作，虽然机器设备十分简陋，但他们经过勤勉工作，每人每天可制成绣花针4800枚。按照亚当·斯密的观点，分工有如下一些好处：一是劳动者的技巧因业专而日进；二是由一种工作转到另一种工作，通常须损失不少时间，有了分工，就可以免除这种损失；三是许多简化劳动和缩减劳动的机械的发明，使一个人能够做许多人的工作。对此，亚当·斯密感叹道："凡是能采用分工制的工艺，一经采用分工制，便相应地增进劳动的生产力。"

从信息理论看，分工是一种信息的不对称。在分工的社会中，专门从事某一种生产的人，只管钻研与自己有关的生产技术，而不必去过问别的知识。当社会内每一个人都是如此做的时候，整个社会所掌握的生产技术可以成亿倍地扩大，比较一下古代社会传递信息的手段与当今我们的网络传递技术就可以感受到它们的差异之大。

分工发达的结果是交易次数的增加，这是经济发展的最主要的推动力。最主要的方法是扩大市场，这就是现代国际贸易迅速扩大的原因。传统的国际贸易比较利益理论，把比较利益建立在自然资源禀赋和要素价格的差别上。分工理论则论证了国际贸易由于扩大了产品市场，使分工进一步细化，从而使生产率和产品种类同时增加。

"窝里斗"、大而全、小而全都是没有分工的原因，各省产业结构趋同、诸侯经济也是地区缺少分工的原因。中国的全能工厂、通用车间、小社会型企业、低水平的重复建设、小规模工厂、产品的非多样化和地区产业结构趋同等现象都是缺乏分工的原因。传统计划经济体制的最大制度特征是：政府是一个超级科层组织，其结果是资源集中下资源分散现象达到了极端。在上下级之间对资源的逐级分割使得每一个主管政府在一定的范围内，可以以较低的费用获得资源。除了中央政府，一般主管政府很难建立较大规模的企业。这就使计划经济体制下，全能工厂、通用车间、小社会型企业与非专业化现象的普遍存在就合乎逻辑了。马克思说："一个民族的生产力发展的水平，最明显地表现在该民族的分工的发展程度上。”[①] 经济发展被看做是生产方式变革的结果，而分工和专业化的发展是这种变革的主要特征。法约尔的管理的14条原则中，分工是第一个原则。日常生活中，我们经常可见分工的作用。在完成一项重大任务的过程中，人们第一步想到的往往是分工。从小到大，我们从每一件细小的活动中都可以看到分工的影子。

我们必须定义出与分工与专业化趋向相反的趋向，这种趋向称之为纵向一体化或非专业化。分工与专业化将导致技术进步，而迂回生产、大规模的长期投资与分工和专业化都有着密切联系。分工与专业化的发展的特征之一就是大规模的长期投资。罗斯托将投资率超过10%作为经济起飞的标志之一。

分工与专业化发展的两个副产品是产品多样化和地区专业化。产品多样化给人们带来的好处，显然是进一步满足了人们需求的丰富性，提高了消费的效用水平，或者节约了人们在消费中所支付的资源。例如，电子游戏机增加了业余生活的趣味；激光唱机提高了音色质量，因而提高了音乐欣赏的效用；汽车和火车的问世明显减轻了人们徒步旅行的劳累，节约了到达目的地的时间。这些都属于产品多样化带来的外部经济。

分工与专业化的发展，使劳动者的生产活动越来越集中于较小的范围，使生产活动变得越来越单调与沉闷。“不断从事单调的劳动会妨碍精力的集中和焕发”，在大机器工业中，工人成为机器的附庸。劳动者越来越失去人的本性，即丰富性和创造性。

分工与专业化程度按历史循序，第一种专业化形态是部门专业化，例如早期人类的农业、手工业和商业的分工。第二种专业化形态是产品专业化，即以完整的最终产品为对象的专业化，例如汽车、电视机等的生产。第三种专业化形态是零部件专业化，即一个人或一个企业仅生产某种最终产品的一部分，例如在汽车工业中，某个企业只生产发动机，甚至只生产发动机的一个零

① 马克思．德意志意识形态［M］．长春：吉林人民出版社，2005.

件。第四种专业化形态是工艺专业化，即专门进行产品或零部件生产的一个工艺过程。在企业内部，分工和专业化发展的一个典型代表是福特生产流水线。企业内分工发展的另一个标志是泰罗的管理革命。

中国政府在“全”与“专”的问题面前，政府与企业倾向于“全”，在选择通用设备还是专用设备的问题面前，企业倾向于通用设备；对于一个地方政府来说，是将本地的资源按计划价格运到大城市中让先进企业去加工还是在本地建立小规模工厂，地方政府倾向于后者。中国非专业化的问题，即一般经常说的“小而全”、“大而全”、“重复建设”的问题，几乎成为几十年来一直无法解决的顽症。这个问题和近代以来分工和专业化的发展趋势形成鲜明对比。

当时中国表面看起来是计划经济向市场经济过渡，但实际上是从农业社会向工业社会过渡。农业社会没有分工，从农业社会向工业社会过渡就是分工。农耕经济是异质性社会，工业经济是同质性社会；根据经济学分工理论看，从计划经济向市场经济转型，就是从农耕文明向工业文明转型，从异质社会向同质化社会转型，从身份向契约转型。所以，分工与专业化为什么在中国几千年的封建社会和几十年的计划经济时期发展如此缓慢，这是由我国几千年的闭门锁国和“士、农、工、商”的政策导致的。因为分工不足，导致市场过小，不能鼓励人们终身专务一业。比如20世纪80年代，教授卖馅饼，就是教书工作量太少。英国的产业革命是英国持续进行国际贸易扩张的结果。美国的独立使美国摆脱了英国对国际贸易的种种限制，直接面对更为广阔的世界市场。战后崛起的日本，以其更为巨大的生产规模在一些产品的世界市场中取胜。中国虽然市场很大，但并不统一，历代政府不但没有有意识地进行维护，反而采取了设卡甚至分割市场的政策。例如，清朝的国内贸易关卡就有41处之多。

现在，人类社会已经从工业经济向信息经济转型，社会已经从线性系统向非线性的复杂系统转变。所以不仅需要分工，还要合工；不仅需要分工理论还需要合工理论。

合工理论（Theory of the Combine of Labor）是管理学一个新的理论前提，它向传统的分工理论提出了挑战。200年以前，亚当·斯密以制造针为例论述了劳动分工的作用。而且，他的这一分工理论成了近代产业革命的起点，也成了后来的管理学家创建管理学的理论前提。

劳动分工确实较大幅度地提高了劳动生产率，也有利于专业化和职能化管理。但是，这种理论发展到今天，负面效应日益显露出来。现代社会，一方面追求产品个性化，生产复杂化，企业经营多元化，如果片面强调分工精细和专业化，则使得企业的整体协调作业过程和对过程的监控越来越高，结果致使企业整体效率低下；同时，把人分成上下级关系的官僚体制，使人的积极性、主动性得不到充分发挥，相反腐蚀着人的精神，摧残着人的身心健康，以至于走到了分工与协作原则初始动机的反面。一个生动的例子就是卓别林主演的《摩登时代》。在这个影片中，我们可以看到：由卓别林演的工人，在工厂中的工作是扳螺丝。一味地重复一个相同的动作，最后导致了工人看见什么都好像是螺丝，都想要扳一下。即使工作已经完成了，他还是继续重复着这个动作，最终导致人们把他送往精神病院。

此外，高科技的发展，特别是计算机的普及运用，使简化管理环节成为可能。同时，与市场变化和高科技发展相对应的是劳动力素质大大提高，员工不再满足于从事单调、简单的复杂性工作，对分享决策权的要求日益强烈。所以，我们不需要一味地重复，在其他的能力方面也进行适当的学习和培养，促进人的全面发展。合工理论的实质是：一是创造更多的流程价值；二是节省更多的流程成本；三是产生更多的流程收益；四是节省时间、提高响应速度，从而缩短产品或服务周期；五是提高服务质量和客户满意度。

在信息时代，合工可以借助信息技术，重整企业流程，将原先被分割得支离破碎的业务流程再合理地“组装”回去，将几道工序合并，归一人完成，也可将分别负责不同工序的人员组合成工作小组或团队，以利于共享信息、简化交接手续、缩短时间。另外，减少管理层次， 提高管理幅度，建立扁平化的组织结构，从而打破官僚体制，减少了审核与监督程序，降低了管理成本，减少了内部冲突，增加了组织的凝聚力，大大调动了员工的积极性，促进了员工的个人发展。

所以，我们既需要分工生产绣花针及提高产量，也需要合工培养全面发展我们自己。

自私自利

——人类本性与人类理想的平衡

自私自利是指凡事谋求个人利益。其实自私并不一定可以自利，自私并不等于自利，我们否定自私，但我们不能也无法否定自利。自私自利这个成语是中国传统的伦理道德观下对人们追求自利行为的一种否定，现在在市场经济的环境下正误导我们的思想和行动，因此我们要用新的眼光重新审视这个成语。

我们知道，市场经济体制是以“经济人”假设为前提的。即假定人类是一种追求自身效用最大化的动物。一方面，在行为动机上，每个人都是自利的，都以自身利益的最大满足为行动目标；另一方面，在行为方式上，人又是具有有限理性的，能够在环境和自身条件的约束下，选择实现自身利益最便捷的行动方案。这些条件包括法律、政策条令、预算约束、生产技术水平、价格等。对于消费者而言，是在自己收入条件的约束下，如何最大限度地满足个人的欲望；对于企业来说，自利行为就是在给定的生产技术条件下，选择最佳的投入产出组合以取得最大的利润或经济效益。

假定所有的人都不是自利的，只有一个人是自利的，并且他的物欲是无穷的，就不可能按他的需求分配，就需要解决如何用有限的资源满足无穷需求的问题。

人的自利性是不可回避的现实。承认人的自利性，是解决人类社会问题的一种现实的、负责的态度。虽然这并不排除存在有些人把别人的幸福看成自己的幸福、助人为乐的“利他主义”的情况，也不否认存在把别人的痛苦看成自己的幸福的损人利己的情况。相反，那种无视人的自利性，把人的“利他性”假定为普遍存在的态度，说得好是过分理想化，说得不好是无知。我们知道，经济学的基本假设是人是理性的，也就是说人是自利的。理查德·道金斯在他的《自私的基因》中就提出，我们的原动力是基因，我们不过只是基因之车，只是自己基因的传播媒介，只是一套生存机器。道金斯还指出，那些看起来利他性的行为也都符合这个自私的模式。比方说，既然子女会有一半的基因和母亲的相同，如果一位母亲牺牲自己的生命来保护她的孩子，那么她的基因就会继续存活下去。因此，她看来无私的行为实际只是基因利用生存机器确保自己的复制体更可能存活下去的一个策略。 而利他至多是人类的理想，不符合人类生存的现实，如果把利他性当做前提来解决社会经济问题和生产的组织问题，其后果可能是灾难性的。计划经济在全球的失败就说明了这个道理。

“自利”是经济发展、社会进步的动力。在农村实行承包制，为什么“一包就灵”，我们说调动了农民的积极性，进一步问下去，不难得出答案，至少大部分农民兄弟是为了自己（包括为自己的家庭）生活得更好。他们希望国家好、集体好，但首先是自己好起来。

要“自利”，但“自利”并不等于“损人”。理性的自利行为把遵守社会规范作为必要的约束条件。我们赞成通过思想教育使人民在追求个人利益时不违反公共秩序；我们赞成建立在个人理性基础上的经济理想主义；我们不赞成以维护集体利益为名侵犯合理的个人利益。总之，我们要把在法律、政策条例约束下的自利行为与违反法律、政策条例、损害他人的自私行为区分开来，对前者应该保护，对后者才加以反对。

要“自利”就必须“互利”，互利产生合作。市场经济是法治经济，是权利与义务的统一。市场经济的核心是对行为主体权利与义务的确定。保护主体的自利行为表现为权利，约束主体的自利行为表现为义务。我们在获得权利的同时，必须承担一定的义务。只想获得权利而不承担义务的人是疯子，比如有人只想获得从银行借债的权利，而不承担还债的义务，于是有近乎疯子的经济行为；只承担义务而不想获得权利的人是“傻子”。计划经济时代，我们提倡当“社会主义的傻子”，就是只承担建设社会主义的义务而不索取投入劳动获得报酬的权利。这种导向对模范人物或许是可行的，当作为一种社会的行为准则要求全体人民则没有道理，结果造就了一些伪君子。

一个有效率的经济制度的最根本特征是它能提供一组有关权利、责任和义务的规则，能为一切创造性和生产性活动提供最为广阔的空间，每个人都不是去想方设法通过占别人的便宜来增进自己的利益，而是想方设法通过增加生产实现自己的利益最大化。

有效率的制度，不是否定或抑制人们对自身利益的追求，而是要承认和适应这一点。一个人、一个集团追求各自的特殊利益，这是客观存在的事实。

从某种伦理道德观念出发，人们也许希望或要求大公无私、无私奉献，甚至“狠斗私字一闪念”。这也的确可能在一定时期内有效地支配人们的行为，但是人们接受这种观念是有条件的，大多数社会成员不可能永远地或者说不可能在大多数时间和大多数场合，都不考虑自身的利益。

如果承认这一客观事实，那么基本的制度安排，就不能建立在少数模范人物的利他主义的基础上，不能建立在人人都能大公无私的行为假定上，而恰恰相反，要以多数人追求自己的特殊利益为前提，促进经济的增长。那些非要否定个人利益，闭着眼睛不承认现实，用理想当现实，用模范人物来代替一般民众的制度，是从根本上违背客观规律的，因此也根本不可能是有效率的。

有效率的经济制度，要使每个经济行为主体的权利和责任都尽可能是明确的，从而提供充分的激励，使人们最大限度地努力从事生产性活动。同时又设置严格的约束条件，使人们对自己无效率的行为和决策充分地承担责任。

经济体制改革，在某种意义上，可以理解为重新规定每个人的权利和责任，从而规定了人们所付出的努力和其他种种代价与其所能带来的收益之间的关系，规定了非法侵犯他人的利益与受到处罚之间的关系。

人与人之间权利与责任的划分，实质上就是产权的界定。产权不明确，也是人与人之间包括所有者之间、不同劳动者之间，权利与责任划分得不明确，从而在人与人之间的利益关系中存在一个不确定的空间。这样，必然有人就会多获得一些权利少承担一些责任。

比如说，若一个人玩忽职守或做出错误的决策，造成巨大的损失，却可以不对这些损失承担责任（不是他的财产，事实上也不可能由他负责任，因此损失的财产不是他的财产），错误由他犯，而损失都外部化由国家或企业承担，或由其他人来承担，与个人的收入可以毫不相关（甚至这个人还可以继续升官发财），那么必然导致更多的不负责任的经济行为。又比如"大锅饭""铁饭碗""干好干坏一个样"，严重亏损却仍然生存下去的经济体制，效率必然是低下的，结果是干得好的人将因缺乏鼓励而向干得坏的人看齐。

人天生就有对权利的贪婪，可是人天生又有对责任的推卸。一个有效的经济制度不是规定他有什么权利，而是规定他有什么责任。光有权利而没有责任的制度是绝对制造疯子的制度，而光有责任没有权利的制度就是制造傻子的制度。如果这个社会是一批光有权利没有责任的疯子领导一批光有责任没有权利的傻子，那么，这个社会会有效率吗？

人是社会化的动物，从家庭、家族到社区、单位，再大到国家乃至国际都是由人与人的关系网络组成的。自利是人类的本性，是人类的本质，但我们不能局限于自利。作为个体的人的自利与社会化导致的利他是并存的，我们只有在互利中自利，才能在利他中利己（包括物质层面与精神层面）。我们既要承认自利的客观性，也要懂得只有在互利与利他中才能自利，更要逐步在互利与利他中发展自己。不知道利己的是一种愚蠢，知道利己而又能利他的是一种智慧，更是一种境界与向往。

自相矛盾
——人类思维的本质特征

自相矛盾出自《韩非子·难一》："楚人有鬻盾与矛者，誉之曰：'吾盾之坚，物莫能陷也。'又誉其矛曰：'吾矛之利，于物无不陷也。'或曰：'以子之矛陷子之盾，何如？'其人弗能应也。夫不可陷之盾与无不陷之矛，不可同世而立。"成语是说，有一个楚国人卖矛又卖盾，自夸他的矛和盾都是最好的，但当被问及"用你的矛刺你的盾如何"时，楚国人无以对答。现在这句成语用于形容行事或言语前后不统一，也指不连贯的性格或心情。

自相矛盾这个成语存在两个方面的问题。其一，春秋战国时期的中国人已经注意到逻辑思维与前后逻辑一致的问题。但两千多年的历史，中国展现给世界的却是一个缺乏逻辑思维的民族，历史上没有形成逻辑科学，也没有产生科学精神，这是什么原因？其二，站在楚国人的角度思考与理解，楚国人的矛与盾之间的困境如同芝诺悖论[①]、囚徒困境的问题一样，如同丈夫是先救妻子还是先救母亲的困境一样，但中国人没有把这个问题深入下

---

① 芝诺悖论是由古希腊哲学家芝诺提出的一组悖论。最著名的是阿基里斯与乌龟的悖论：在跑步比赛中，如果跑得最慢的乌龟一开始领先跑得最快的希腊勇士阿基里斯，那么乌龟永远也不会被阿基里斯追上。因为要想追到乌龟，阿基里斯必须先到达乌龟现在的位置；而等阿基里斯到了这个位置之后乌龟已经又前进了一段距离。如此下去，阿基里斯永远追不上乌龟。芝诺悖论"悖"的核心是人的生存空间与时间的有限性与人类思考问题的无限性的矛盾。

去，而西方人则从芝诺悖论、说谎者悖论、罗素悖论[1]到哥德尔[2]不完备性定理直到囚徒困境，一直在探索人类自身的自相矛盾或者说困境。

为什么先秦的中国人注意到逻辑思维，而秦统一中国后，中国人的逻辑思维能力就退化丧失了？问题出在哪里？问题就出在极权政治。极权政治限制、规范控制了中国人的逻辑思维。一方面，只要学习者与研究者借助逻辑推理开启民智，探究自然规律，挑战天人合一、君权神授，极权者就会限制、禁止逻辑的继续与深入，更不要说反思与批判；另一方面，对那些违背圣意、亵渎圣灵的思想言论，极权者必将封杀，文字狱与株连九族就是手段。可以说，极权政治导致中华民族失去了逻辑思辨能力与创新的灵魂。

我们知道，人的思考能力和其他的机体能力一样用进废退，必须持续活跃演练，长期不使用就会退化。极权社会严格执行的信息审查和过滤制度，限制了人们的思维，删除了学习与探索过程中的思想闪光。中国古代的教育和学术主要是读经和释经。经典和释经的内容，都是先圣拟定好的，只要死记硬背即可，如同现在的应试教育、标准答案，不需要逻辑推理和思辨。这既是现代科学发明与制度创新不能产生于中国的原因，也是现在中国科技创新落后的原因。早在100年前，北京大

① 罗素悖论：设性质P(x)表示“x不属于x”，现假设由性质P确定了一个类A——也就是说“A={x|x∉x}”。那么问题是：A属于A是否成立？首先，若A属于A，则A是A的元素，那么A具有性质P，由性质P知A不属于A；其次，若A不属于A，也就是说A具有性质P，而A是由所有具有性质P的类组成的，所以A属于A。

② 哥德尔的学术贡献主要在数学、逻辑和哲学领域。他在数理逻辑领域作出三大贡献：证明一阶谓词演算的完全性；证明算术形式系统的不完备性；证明连续统假设和集合论公理的相对一致性，这些结果不仅使逻辑学发生了革命，而且对数学、哲学、计算机和认知科学都有非常重大的影响。特别是电子计算机诞生之后，哥德尔的不完备性定理的深刻性更加受到学界的关注。2002年美国《时代周刊》上列出的“20世纪震撼人类思想界的四大伟人”不仅包括爱因斯坦、图灵、凯恩斯，还有哥德尔（Kurt Gödel）。

学首任校长严复先生就认为，西方文明、民主、富强的根本原因就在于逻辑的发达，中国人要学习西方文明，首先就要从逻辑开始！杨玉良教授也指出“中国一直缺乏以严密的逻辑推理和论证为特征的数学哲学精神，是无法催生现代科学的。”[①]杨振宁教授在2004年的一次报告中也指出“《易经》对中国的科学发展很不利”，他说，其中一个原因就是不讲演绎论证。《易经》归纳了许多社会现象、自然现象，但是没有严谨的演绎和论证。所以，五四运动要提倡科学与民主，而且没有逻辑就没有科学，没有科学就没有民主。

自幼接受古希腊逻辑学熏陶、神学院毕业的利玛窦到中国后惊奇地发现中国的饱学之士根本不知道世界上还有逻辑这回事情。中国人辩论的时候，即使是在大学者们辩论的时候，也不懂得用严密的逻辑体系做是非评判的标准，而是使用一些完全无法严格界定的含混概念。

其实，自相矛盾这个成语中的矛盾不同于西方哲学的contradiction（反驳）、conflict（冲突）、illogicality（不合逻辑）与inconsistency（不一致）。成语中的矛与盾，是两样非常实在的形而下的东西，是利益的矛盾而不是形式逻辑的矛盾，是我们把这个形而下的东西抽象、升华、扩展成解释社会现象的两个符号，而不是一开始就被定义成两个抽象的逻辑符号。

自相矛盾并不意味着理论上的不一致与逻辑的混乱，而是中国人零和博弈的产物：矛通过毁灭盾的方式捍卫自己的不败，盾也通过令矛毁灭的方式捍卫自己的不败，矛与盾都实现了自己的不败承诺，然后同归于尽！这就是中国人几千年你死我活斗争的体现，不是讲竞争中的合作与合作中的竞争，而是讲你死我活的竞争与不平等的合作。金庸《天龙八部》中的“东方不败”可以准确地代表汉民族自相矛盾的性格。也就是说中国成语中的自相矛盾与古希腊的芝诺悖论是不同的，不是从逻辑思维、抽象思维

① 杨玉良．也谈李约瑟之谜［J］．科学，2008（09）．

思考问题。

自相矛盾的基调是嘲弄楚国人，如果我们站在哲学与逻辑的角度思考这个成语，自然会提问，为什么不能把楚国人的矛与盾之间的矛盾提升到芝诺悖论、说谎者悖论、罗素悖论、哥德尔不完备性定理直到囚徒困境的哲学高度、理论高度？为什么中国人不能通过自相矛盾这个成语来启迪自己去探索人类自身的自相矛盾或者说困境呢？自相矛盾这个成语表面上是指卖矛又卖盾的楚国人的自相矛盾，实际上是通过楚国人揭示了人类不可消除的矛盾。自相矛盾实际上是人类对自然界及人类社会深入研究后的深刻反思，我们可以从哥德尔不完备性定理进行分析。

哥德尔不完备性定理包括第一不完备性定理与第二不完备性定理。第一不完备性定理是指任意一个包含一阶谓词逻辑与初等数论的形式系统，都存在一个命题，它在这个系统中既不能被证明也不能被否定。第二不完备性定理是指如果系统S含有初等数论，当S无矛盾时，它的无矛盾性不可能在S内证明。悖论就是逻辑上的自相矛盾。

人类社会最古老的自相矛盾的案例是两千多年前的“说谎者悖论”，若你说它是假命题的话，就可推出它是真命题，反之亦然。虽然与自相矛盾打了几千年交道，可对于人类逻辑思维最高层次者的数学家们依然认为人类思维是不存在自相矛盾的。自相矛盾是人类智慧不够的原因，不是人类本身的原因。这些数学家孜孜以求要消除科学中、数学中的自相矛盾，但是他们最终不得不承认自己的失败。

消除自相矛盾的努力要从崇尚理性的文艺复兴时期谈起，当时杰出的科学家、数学家如笛卡儿、莱布尼茨等都想创造一个理论解决一切自相矛盾的问题。莱布尼茨甚至设想把逻辑学用数学符号表示，以后每逢争论，用数学推导即可。数理逻辑学家康托尔创立了集合论，似乎为统一数学、消除自相矛盾提供了一统江湖的希望。就在康托尔踌躇满志的时候，一位年仅23岁的年轻人罗素却发现了消除整个数学基础自相矛盾的集合论中出现了自相矛盾——罗素悖论，导致“第三次数学危机”[①]出现。后来这种定义被公理排斥掉了，危机得以解决。在集合论不断发展的基础上，希尔伯特抛出了一组公理体系，一个使一切数学命题原则上都可由此经有限步推定真伪的宏伟计划，这个计划叫做公理体系的“完备性、独立性与无矛盾性”。独立性是指所有公理都是互相独立的，使公理系统尽可能的简洁。无矛盾性即指相容性，不能从公理系统导出矛盾。希尔伯特的计划也确实有一定的进展，几乎全世界的数学家都乐观地看着数学大厦即将竣工。正当一切都越来越明朗之际，哥德尔使希尔伯特的梦想变成噩梦。哥德尔证明：任何无矛盾的公理体系，只要包含初等算术的陈述，则必定存在一个不可判定命题，用这组公理不能判定其真假。也就是说，“无矛盾”和“完备”是不能同时满足的！这便是闻名于世的哥德尔不完备性定理。

哥德尔不完备性定理一举粉碎了数学家以致人类两千年来消除自相矛盾的伟大梦想。哥德尔告诉我们，在某种意义上，自相矛盾的阴影将永远伴随着我们人类。无怪乎大数学家外尔发出这样的感叹：上帝是存在的，因为数学无疑是相容的；魔鬼也是存在的，因为我们不能证明这种相容性。

哥德尔不完备性定理的影响远远超出了数学的范围。它不仅使数学、逻辑学发生革命性的变化，引发了许多富有挑战性的问题，而且还涉及哲学、语言学和计算机科学，甚至宇宙学。2002年8月17日，著名宇宙学家霍金在北京举行的国际弦理论会议上发表了题为《哥德尔与M理论》的报告，认为建立一个单一的描

① 第一次数学危机起因于毕达哥拉斯时代无理数的发现，同时开启西方世界关于数的研究从有理数到无理数（一种没有道理的数）。第二次数学危机，指发生在 17、18 世纪，围绕微积分诞生初期的基础定义展开的一场争论，这场危机最终完善了微积分的定义和与实数相关的理论系统，同时基本解决了第一次数学危机的关于无穷计算的连续性的问题，并且将微积分的应用推向了所有与数学相关的学科中。第三次数学危机，是罗素在康托尔的一般集合理论的边缘发现悖论造成的。由于集合概念已经渗透到众多的数学分支，并且实际上集合论成了数学的基础，因此集合论中悖论的发现自然地引起了对数学的整个基本结构的有效性的怀疑。

述宇宙的大统一理论是不太可能的，这一推测也正是基于哥德尔不完备性定理。有意思的是，在现今十分热门的人工智能领域，哥德尔不完备性定理是否适用也成了人们议论的焦点。

1979年，有一部获普利策大奖的书轰动了美国，它就是当代人工智能专家道格拉斯·霍夫施塔特的《GEB——一条永恒的金带》，而今这本书已被译作许多种文字流传全世界。书名中的“G”，指前面介绍的20世纪伟大的数学、数理逻辑专家哥德尔（Gödel），“E”指荷兰杰出的画家埃舍尔（Escher），“B”则是指音乐大师巴赫（Bach）。这本书指出有一条永恒的金带把数理逻辑、绘画、音乐等不同领域间的共同规律连在一起，构成了人工智能和生命遗传机制的基础。霍夫施塔特的这条金带从更深的层次上把绘画、音乐和人的智能连接起来。

埃舍尔大师的画往往表现了一些深刻的思想，他所画怪圈就是其中最常见的一种。其中最为著名的是那幅奇怪的版画《瀑布》。在画面的中央，瀑布倾泻而下，水花四起，还推动了水轮。汇集到水池中的水则顺着水渠哗哗地流去，一级一级地下降。然而下流的水突然又流到了瀑布口，体现了这种周而复始的“怪圈”。而在那幅《上升与下降》中，僧侣们排成两队往前走。其中一队总是沿着楼梯往上走，另一队总是往下走。可是他们走的却是同样的楼梯，并且不断地回到原来出发的地方，这又是一个怪圈。其实，埃舍尔画作中的怪圈就是人类自身视角与思维的悖论、错觉或者双重含义。

巴赫在《音乐的奉献》中神不知鬼不觉地变调，使听众有不断升调的感觉，但奇妙的是，这样的升调最后竟回到了原调上，形成了一个“怪圈”。其实，这个怪圈体现了音乐和自然的关系，遗传信息（DNA）的串接中就存在着这类怪圈的同构性，也反映了人类自相矛盾的本质。

埃舍尔绘画作品中的怪圈、巴赫音乐中的怪圈与哥德尔的不完备性定理体现的都是人类自我矛盾的困境。

《瀑布》

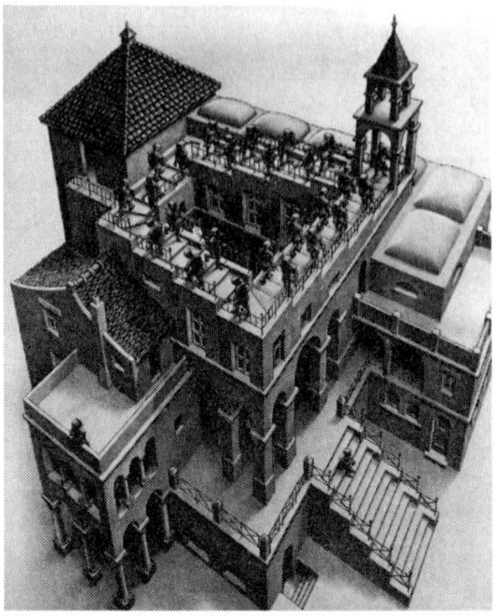

《上升与下降》

深入思考后我们会发现，自相矛盾表面上体现的是卖矛又卖盾的楚国人的逻辑混乱，实质上揭示的是人类社会的复杂，人类知行的矛盾、自身思维的混乱。自相矛盾是人类思维的自然形态，是人类思维演化的结果。这可以从博弈论的囚徒困境中看出。在囚徒困境博弈中，两个“囚徒”都是理性人，都从自身效用最大化出发，但由此得到的纳什均衡却是一个非帕累托最优的不合作解。“囚徒困境”的这个结果，被许多事实印证。如我国家电销售商为使消费者多买自己的产品，时常竞相降价，引发“价格大战”，其结果是“各败俱伤”，不仅谁也得不到最大利益，而且利润日益走低甚至赔本。可是如果他们在较高价格上形成某种默契，就都会得到不错的利润。又如冷战时期各超级大国起先不合作，都想凭借军事实力压倒对方，结果被拖入昂贵的军备竞赛并面临核屠杀的危险。

当前我国改革开放选择的市场经济道路就是一个“囚徒困境”。市场经济是以盈利为目的的经济，人的一切市场行为都是由利益来驱动的。这就要求市场经济行为的出发点是谋利而不是取义。但是这种重利心理与传统社会心理中一向信奉的“重义轻利”的价值相矛盾，是社会心理预期层面上的平均主义心理与能者先富的矛盾。求富乐富是人的本性之一，但是，这种能者先富的市场心理同传统社会孔子的不患寡而患不均心理中的平均主义是相矛盾的。

在中国人的社会与生活中也充满了囚徒困境式的自相矛盾。比如中国人做事、说话时常说的成语与俗语就存在自相矛盾的情况。比如，男子汉大丈夫，宁折不屈！可又说：男子汉大丈夫，能伸能屈！再如，亡羊补牢，未为迟也！但又说：亡羊补牢，为时已晚！这是人性自身的自相矛盾与社会生活复杂性相互作用导致的必然结果。

还有，人们在抨击不良价值观的同时，又是不良价值观的实践者。很多人痛恨富二代，但又想着傍大款。对办事找关系、送东西深恶痛绝，但自己遇到事首先想到的就是要找关系、送东西。很多人对贪官恨之入骨，可同时又不顾一切地报考公务员，梦寐以求地要做官；从坊间“不跑不送，原地不动；又跑又送，提拔重用”的顺口溜中可以听出，老百姓对用人不正之风的痛恨与无奈，如此等等。这些是自相矛盾的，反映了中国人的复杂性心理与思维自身的矛盾。

中国传统道德认识理论中，道德认识实际上是知行合一的矛盾。首先，知之“原则性”与行之“灵活性”会产生背离。其次，社会之“知”与自我之“行”之间也存在自相矛盾。父母告诉我们要诚实做人，而在行为中我们发现不诚实更能得到好处，诚实反而不行；老师告诉我们要乐于助人，事实告诉我们不要轻易帮助他人，否则会受到伤害，这类情况在社会中是司空见惯的。更甚者，作为父母、老师有时也是不诚实的，或许更自私自利。最后，自我之“知”与“行”之间的悖论。鲁迅是新文化运动的领军人物，他向传统封建道德观念发起了严厉的批判，首当其冲的是封建主义的“忠孝”道德观念，然而就是鲁迅，为了对母亲尽孝，不使寡居的母亲伤心，接受了家中安排的妻子朱安，但却一直与许广平生活在一起。在那个时代，有相当一批人在道德认识上走在了时代的前列，而在道德行为上却还停留在封建时代。准确地讲，诸如此类的矛盾现象，应该称之为“社会陷阱”

或者“社会性的二难困境”，实际上就是一种囚徒困境。

自相矛盾不是楚国人的无知，只是人类社会形成的初级阶段的判断。随着社会发展到不确定性与复杂性阶段及科学的发展，特别是神经心理学与脑科学的发展，对人类自相矛盾有了更深入的研究后，发现自相矛盾是人类自身演化的结果，也是人类自身最好的生存状态。[①] 我们知道，传统脑科学的双半球理论认为，人的大脑分为左半球与右半球，而神经生物学则给出了一种新见解：人类的大脑天生就有一种“自相矛盾性”，而且这是人类发展过程中自然选择的必然结果。

在人类自相矛盾的思维与行为的困境中，美国进化心理学家罗伯特·库尔茨班不拘泥于简单的大脑双半球理论，而是将大脑细化为多个模块。从进化心理学角度出发，主张人类的思维并不是传统观点所认为的只由一个系统控制，而是由多个系统共同控制，而且这些系统发出的指令并不总是相同的，甚至这些系统本身接收的信息也不相同。这些模块各司其职，但也经常发生冲突，产生令人费解的、自相矛盾的行为和言语，大脑模块化必然导致自相矛盾。

① 罗伯特·库尔茨班．人人都是伪君子［M］．北京：中信出版社，2013.

蕞尔小国

——蕞尔小国也可能是强国

蕞尔是形容小。《左传·昭公七年》："郑虽无腆，抑谚曰'蕞尔国'，而三世执其政柄。" 唐·刘禹锡《贺收蔡州表》："蕞尔元济，敢怀野心！" 清·曹寅《送袁士且游吴下》："多君真世德，蕞尔总埃尘。"

今人知道"蕞尔小国"这个成语，大多是从影视剧中清朝皇帝和西太后的嘴里得知的。天子和老佛爷在用到这个词时，一副睥睨不屑的样子，让人觉得这是个贬义词。这就是天朝对小国，特别是对周边小国的基本看法。当代作家殷谦在其杂文集《心灵真经》中写道："也许这个'蕞尔小国'对我中国的蔑视从来就不曾消释，长期以来，他们除了发过几句不着边际的学术昏话，除了强词夺理地奉行'利己主义''机会主义'，似乎从来就不曾老老实实地虚心向学。韩国小邦希望让外界认识自己、了解自己、接受自己，这本亦属正常，然而为此而奉行'夺来主义'的哲学，就是一种毫无自知之明的流氓行为。韩国一些学者在这方面不是愚蠢就是装傻，就文化、文明这一方面，把中国和韩国放在一起，他们都分不清楚哪个是鱼目，哪个是珍珠，哪个是稗草，哪个是大树，更别说他们来跟我们谈文化、谈文明了。"

我们鄙视的蕞尔小国可能人口（少于3000万）不多、领土不大，但它们在人类历史上的贡献则是中国这样的泱泱大国所不及的。比如希腊，国土面积13.2万平方千米，人口约1070万，何其小也，但却是西方文明之源。毛泽东在1941年发表的《改造我们的学习》一文中提出的“言必称希腊”，是一句带贬义的话，意思大体相当于“数典忘祖”。现在使用“言必称希腊”，一般是指对西方，包括古希腊先进文化的推崇。因为我们今天的发展道路实际上来自强势的近代西方文明，而近代西方文明是所谓两希文明——希腊文明与希伯来文明相结合的产物。不了解希腊，就不了解今日我们奉行的文明的本质。对每一个现代人而言，两千多年前的希腊文明实际上是与我们最切近的一种文明。

再如葡萄牙、西班牙，按中国传统儒家文化看，它们也是蕞尔小国，但它们却是开启第一次全球化浪潮的先知先觉的大国。从国土面积和人口数量上看，葡萄牙和西班牙都是小国。据估计，葡萄牙在进行第一次海外扩张时，人口总数不超过125万。但是人类海洋时代的序幕却是由葡萄牙和西班牙拉开的。从15世纪初开始，葡萄牙的三桅帆船沿着非洲西海岸不断向前推进，最终在大航海家达·伽马的率领下绕过了好望角，驶入了印度洋。在西班牙国王的支持下，哥伦布也扬帆驶向大西洋，不期而遇美洲大陆。16世纪上半叶，葡萄牙和西班牙相继成为称雄全球的霸主，势力范围遍及欧洲、亚洲、非洲和美洲，从而开启了人类真正意义上的世界史。正如葡萄牙的著名诗人卡蒙斯曾写下的诗句：大地在此结束，海洋由此开始。

在第二次全球化浪潮中，作为蕞尔小国的英国却成就了泱泱大国无法成就的事业。这个面积仅有24.4万平方千米，人口今天约6000万的小小岛国，却是第一个迈进现代社会的国家，在18世纪和19世纪的时候，它是世界发展的领头羊。到19世纪末，它的殖民地已遍及亚洲、非洲、美洲、大洋洲所有大陆板块，总面积达930万平方千米，统治着世界上3亿多的人口。从1588年战胜西班牙的大海战，到1688年的光荣革命，在整整一个世纪的时间里，英国人口大量增长，商业和手工业迅猛发展，对外贸易成为越来越重要的国计民生。法国思想家伏尔泰曾经有过这样的评价：“使英格兰变得强大的是下述事实：从伊丽莎白时代开始，各方面已经就重商的必要性达成一致。把国王送上断头台的同一个国会，同时在忙于分配海外贸易的职位，仿佛任何事情也没有发生。查理一世的鲜血还在流淌着，这个国会却通过了《航海法》。”即使到2010年，英国除去通货膨胀和经济泡沫的成分，其经济总量（GDP）仍然比中国高3600亿美元。英国人均收入位居世界前列，是世界第三大军费国家，第二大武器出口国。英国是世界第一个工业化国家，又是世界率先进入后工业化阶段的国家之一。英国的世界顶尖大学数量仅次于美国，按顶尖大学比例计算，英国的世界顶尖大学位居世界第一。哈佛大学前校长劳伦斯2006年在牛津大学的讲话中说，“世界上再也不可能有任何国家可以发展到和曾经的大英帝国相提并论的高度”。

在第三次全球化浪潮中，日本一跃成为亚洲强国。日本也曾是中国人眼中的蕞尔小国，国土只相当于我国云南省，约37万平方千米。对于同样发生在19世纪下半叶的中国与日本开展的向西方学习的运动，德国铁血首相俾斯麦就曾经有过一段十分精到的分析和预测，他说：“中国和日本的竞争，日本必胜，中国必败。因为日本到欧洲来的人，讨论各种学术，讲究政治原理，谋回国做根本的改造；而中国到欧洲来的人，只问某厂的船炮造得如何，价值如何，买了回去就算了。”第二次世界大战后，日本在美国的控制下改变国策，从军事侵略到市场扩展，用消耗资源少、附加产值高的知识密集型产业取代大量消耗资源、消耗劳动和产生公害的重化工业。同时，在经济政策上也做了相应调整，即一方面鼓励垄断资本扩大资本输出，把能耗高、污染环境的产业转移到发展中国家去；另一方面大力扶植汽车、电子、精密机械、航空、原子能等工业部门的发展。此外，加大科研投资力度，坚持“科学技术立国”，努力迈向“自立自主技术时代”。

我们把英国、日本、韩国都看成蕞尔小国，自认是泱泱大国，但中国真是大国吗？大国并不一定是强国。从人口、经济总量与国土看中国是大国：人口世界第一，GDP总量第二，领土面积第三。但从人均GDP看，中国只排在世界100位左右。科技、文化、PMI指数等远远低于西方发达国家；军事力量至少比美国落后一代甚至更久的时间。所以，成长中的中国既是大国、强国，又是小国、弱国。从经济总量GDP看是大国，但从人均看则是小国；制造业上是大国，但产品创新、技术创新上是小国；人口上是大国，但人口素质上则是弱国；面积上是大国，但资源上是穷国；竞技体育上是大国，但公民锻炼身体方面则是落后之国。所以准确地说，中国既不是大国，也不是小国，就是中国，是在发达国家与落后的发展中国家之中的中国。

中国要成为大国，首先，要有正确的价值观。与中国为邻的不丹就是中国人眼中的蕞尔小国，面积只有3.8万平方千米，人口约75万。不丹国王吉格梅·辛格·旺楚克提出的“不丹模式”与“国民幸福总值”（Gross National Happiness，即通过GDP、生活质量、可持续发展、环境等对一个国家整体和个人的幸福感的影响的统计体系）理论，均受到国际社会高度关注，成为美国、日本等一些国家的研究机构和专家学者十分感兴趣的经济学课题。所谓“不丹模式”，就是注重物质和精神的平衡发展，将环境保护和传统文化保护置于经济发展之上，衡量发展的标准是“国民幸福总值”。旺楚克国王认为，政府施政应该关注幸福，并应以实现幸福为目标。在这种执政理念的指导下，人均GDP仅为700多美元的不丹，人民仍感觉生活很幸福。要使中国成为真正的大国、强国，首先要确定这个国家与民族的核心价值观。所谓大国绝不在于版图的大小、武力的强弱，最根本的在于老百姓的权利、福利、利益能够得到多大的增进。

已故英国首相撒切尔夫人说，中国的崛起不在中国制造，而在价值体系的建立。诺贝尔经济学奖获得者弗里德曼在他的书中写道：不用担心中国偷窃美国技术，因为美国可以很快地发明新的技术；最应该担心的是中国偷窃了美国独立宣言、宪法精神等代表美国价值的东西。当中国开始拷贝这些东西的时候，才是中国强大的开始，那才会对美国构成实质的威胁。太平天国时期，一位美国传教士来到中国，他看到了匪夷所思的苦难，他得出如此判断：中国最需要的不是现代科技，而是基础文明。基础文明就是契约精神、权利意识和对民主政治与个人自由的理解，否则就没有强大中国之说。

其次，中国要成为大国、强国，就要加大文化建设的力度。今天，最像“中国人”的人已不在中国大陆，而是在新加坡、韩国、日本、中国台湾和中国香港等一些国家和地区。这些国家和地区在国民素质、文化教育、民族凝聚力、伦理道德、生态环境等社会“和谐”的软实力方面，远远高于中国大陆。因此，提高文化软实力，加强文化建设迫在眉睫。文化是一种精神力量，是综合国力竞争中维护国家利益和安全的重要精神武器，是一个民族真正有力量的决定性因素。加大文化建设的力度无疑可以影响国家发展的进程，改变民族的命运，使国家成为大国、强国。

作茧自缚
——能量的储备与释放

作茧自缚，这句成语出自唐朝白居易《江州赴忠州至江陵已来舟中示舍弟五十韵》诗："烛蛾谁救护，蚕茧自缠萦。"蚕吐丝作茧，把自己裹在里面。比喻做了某件事，结果使自己受困，也比喻自己给自己找麻烦。有点画地为牢、自我封闭的味道。

中国人几千年来总爱嘲笑春蚕之作茧自缚。其实，春蚕的生命周期虽然短暂，但其所表现出来的生命精神却是十分可贵的。可贵在于，春蚕在其四五十天的生命旅程之中，它们的每一步成长都表现为对自身的一次次自觉突破，四次蜕皮即是生长的不断突围和生命的一步步蜕变。每条春蚕要吐出五六万个丝圈，用总长达两三千米长的丝线，做成一个精美的茧子，把自己严严实实地包裹起来，即人们所说的作茧自缚。然而，春蚕绝不会满足于作茧自缚，其吐丝结茧的目的全然为了实现生命中最后一次英勇的突围——破茧化蝶，最终完成生命体的彻底蜕变和辉煌升华。可以说，春蚕从作茧自缚到化茧成蝶的过程就是能量储备与能量释放的过程。

从自然界的角度看，作茧自缚实际上是众多物种生存的智慧。在自然界中，不但是春蚕，许多弱小的生命在物竞天择的过程中，都懂得并掌握这种本能和智慧。因为它们深知，自己柔弱的身躯不能抵抗一切风霜雪雨的侵袭与天敌的伤害。于是，它们选择作茧，或者躲入地下，或者变幻色彩，或者潜入水中，或者进入冬眠。这一切，都只是一种手段——保护自己生命的手段。

在每一个蛰伏之间，都有着潜在的生命跃动，期待着冲破自己的束缚，迎来春天的苏醒，迎接新的生活。

作茧自缚在科学研究中是其革命前的能量储备。作茧自缚为科学研究开辟新的科学研究路径，是科学研究中的“内卷化”现象[①]，实际上是科学家在较长一段时间围绕某一学科的核心理论与主要研究方法形成的一种研究范式转型的前期状态，是指科学研究中某种观念或理论发展到一定阶段时所出现的内敛情状。

比如，亚里士多德的物理学在牛顿力学前是作茧自缚的，但比萨斜塔试验后，从伽利略到牛顿，形成了牛顿三大力学及天体物理学。

比如，1895年前后，以经典力学、经典热力学和统计力学、经典电动力学为三大支柱的经典物理学，结合成一座雄伟的建筑体系和动人心弦的“美丽的殿堂”，当时人们所知道的一切物理现象，几乎都可以从经典物理学理论中得到完满的解释时，这已经是一种作茧自缚的状态，是科学研究中的内卷化现象。但是，量子物理中的“测不准原理”，彻底打破了决定论的物理学。前期的作茧自缚为后期的物理学革命提供了准备，积蓄了力量。

再如，19世纪末物理学X射线的发现、放射性的发现、电子的发现三大实验，以及经典物理学天空中两朵“乌云”的浮现，可视为经典物理学内卷化过程中测量精细化程度逐步提高的结果，而这一结果却拉开了现代物理学革命的壮丽序幕，成了相对论与量子力学的催生婆。所以，科学研究中的“作茧自缚”——内卷化，是有其积极意义的。因为内卷化意味着学术引力中心的出现、学术流派的形成、标准模型的建构、专业术语的统一，也意味着一定范围内学界诸侯纷争局面的基本结束。所以，科学研

① 所谓科学研究中的内卷化，是指科学研究中某种观念或理论在发展到一定阶段时所出现的内敛情状。“内卷化”英文为 involution，源自拉丁语 involutum，原意是“卷起来”。美国人类学家吉尔茨（Clifford Geertz）在其《农业内卷化》一书中首先使用了这一概念。根据吉尔茨的定义，内卷化是指一种社会或文化模式在某一发展阶段达到一种确定的形式后，便停滞不前或无法转化为另一种高级模式的现象。兹借而用之于对科学研究过程中一些现象的概括。

究中的内卷化，是科学常规时期科学理论演进的常见现象。科学研究的作茧自缚，恰好是化茧成蝶、新陈代谢的前奏。[①]

中国近现代史实际上可以看成是一个作茧自缚与化茧成蝶的过程。清王朝可谓是一个精美的“茧子”，它把中国封建王朝传统文明推到顶峰，同时闭关锁国，作茧自缚。然而工业革命浪潮与全球化浪潮必然导致中国封建社会这个茧到了“破茧成蝶”的时候。虽然慈禧镇压了戊戌变法，但以清王朝为代表的传统社会的“茧子”最终还是孵化孕育出了太平天国、北洋军阀和其后的国共两党等这些新的蛾子和蝴蝶。今天看来，太平天国和那些大大小小的北洋军阀，都是作茧自缚到化茧成蝶过程中的“幺蛾子”。作为中国近代社会的一对孪生兄弟的国共两党，尽管为了争夺执政权打得你死我活，但他们在推进中国社会从封建王朝向民主共和过渡的进程中起到破茧成蝶的作用。

总结新中国成立60多年的发展历史，特别是前30年的计划经济与后30多年的市场经济，与一个春蚕作茧自缚到破茧成蝶的过程十分相似。前30年经济上搞计划经济，排斥市场经济，民有经济，排斥市场；政治上大搞阶级斗争，一个运动接着一个运动；国际关系上闭关锁国，完全是清王朝闭关锁国的翻版。从经济、政治与国际关系方面看，前30年其实质不过是贫穷落后的社会条件下古代王朝统治经济与农民乌托邦观念二者合成的制度化变种而已。我们正是用自己吐出来的这种意识形态的“丝”，牢牢地困住了自己的手脚，把人民严严实实地自我封闭了整整30年，致使中国游离于世界文明之外而错失“第二次世界大战”后世界经济快速发展的机会，错失世界产业转移、产业转型的契机。这完全是作茧自缚而不是破茧成蝶。好在市场化的改革进程和全面的对外开放，使中国从传统的农业社会、自然经济转到现代工业化、市场经济的文明演进的正确道路和方向上来，竟然奇迹般地冲破保守封闭的计划经济之“茧”，成为了现代市场经济的彩色蝴蝶。

① 杨建邺．物理学之美［M］．北京：北京大学出版社，2011.

如果从这个意义上说，前30年计划经济的作茧自缚，为其后市场经济化茧成蝶提供了正能量。存在即是合理，计划经济的出现是世界潮流，不是偶然的，它作为战后经济恢复时期的一种过渡性经济制度确实不无历史的积极意义。

作茧自缚也是人类社会中人们生存的一种智慧，是用暂时的自缚换回长期的发展。陆游有诗云："人生如春蚕，作茧自缠裹；一朝眉羽成，钻破亦在我。"春蚕作茧，是期待一次全新的蜕变，期待有朝一日的破茧羽化。所以作茧而不自缚，该脱胎时定换骨，该破茧时化为蝶。挑战自我，超越自我，这是实现生命飞跃的必由之路。作茧也是一次自我的挑战，所经历的痛苦，是成长中不可或缺的一部分。要么脱胎换骨而后破茧重生，要么自我葬送在这茧壳之中，这是生命的抉择，也是一种炼狱。

"春蚕到死丝方尽，蜡炬成灰泪始干。"李商隐的诗把春蚕的执着、坚贞和奉献精神表现到了极致，成为千古传唱的佳句。也许很少有人知道，这其中也隐含着深刻的人生哲理。比如，中国历史上就有不少智慧之人能作茧自缚、超越自我地躬身实践这样的人生哲理。如果没有一时的俯首称臣、卧薪尝胆，哪有后来的越王勾践成就一番千秋霸业；如果没有固守茅庐、潜心研读，就没有诸葛亮天下皆知的智谋的传奇；如果没有数十年的忍辱负重、奋笔疾书，何来司马迁名垂千古、辉煌不灭的《史记》？还有曹雪芹的《红楼梦》，"字字看来皆是血，十年辛苦不寻常。""增删十载"的艰辛，可谓心力交瘁，却换来了我国文学史上的一座高山，让后人仰望。

人生的蚕茧裹身，或许只是一种困顿，然而也许更是一种机缘。它使人经历磨难，同时教会人忍耐与奋斗，也留给人一个拨云见日、重获新生的机遇。或许，没有作茧自缚的能量积累，没有经历人生破茧般的历练，没有化茧成蝶的梦想，他们将永远居于人下，苟延残喘，淹没在历史的尘埃之中。

从比较悲观的角度看，南宋词人蒋捷的《虞美人·听雨》："少年听雨歌楼上，红烛昏罗帐。壮年听雨客舟中，江阔云低，断雁叫西风。而今听雨僧庐下，鬓已星星也。悲欢离合总无情，一任阶前，点滴到天明。”或许体现了春蚕食桑、作茧自缚与化茧成蝶的三个阶段。

从比较积极的角度看，如王国维在《人间词话》中说：“古今之成大事业、大学问者，必经过三种之境界：‘昨夜西风凋碧树，独上高楼，望尽天涯路。’此第一境也。‘衣带渐宽终不悔，为伊消得人憔悴。’此第二境也。‘众里寻他千百度，蓦然回首，那人却在，灯火阑珊处。’此第三境也。”我们可以把第一种境界理解为蚕食桑叶，把第二种境界理解为吐丝作茧自缚，把第三种境界理解为破茧化蝶。

人生的境界亦复如此，获得学位、创业就业、追名逐利、劳身劳心，实际上不过是努力获得物质方面的得益，处理好人与物的关系，如同蚕食桑叶，此第一境也；中年得志、身居要位、协调各方、整合资源，不过是努力处理好人与人的关系，实际上是作茧自缚，储蓄能量，此第二境也；渐如暮年、返身求己、修身养性、回归自然、看淡得失、超脱圆融，追求身与心的关系，也就是化茧成蝶的阶段，此第三境也。

后 记

著作正文的撰写记录了作者理性思考的结果，而后记的撰写则是记录理性思考背后的感性过程。写的是文字，成果是著作，背后是情感的历程。

这本《中国成语批判》是20年前的一个思考。当时政府提出建立社会主义市场经济体制，虽然得到全社会的热烈拥护与积极参与，推进了中国经济的发展与中国经济的转型。但是，在我们的日常用语、教材、著作、媒体以至课堂中依然体现着传统儒家文化的僵化与计划经济的思维，而一些思维、用语习惯恰是通过成语来体现的，于是我有了批判成语的思考与行动。

在撰写该书的过程中，不少老领导、好朋友善意劝阻我不要做这个吃力不讨好的事，并常常提出让我为之一惊的问题：成语也能批判？成语也敢批判，不是给自己找麻烦吗？但几经割舍，我还是不能放弃。原因是大学教授还是要为社会的思想、教育承担一些社会的责任，而不应自耽于弱势（相对于权贵）而躲进小楼。

在该书出版的过程中，也几经波折。首先，这是一部不好界定类型的著作。成语解读似乎属语言文学类；但采用的经济学理论居多，似乎又属经管类；同时，还涉及不少数学与物理学的内容，似乎又可归为科普类；而且，人文知识、思维方法也贯穿其中。其实，这本书就是一个跨界的产物，就是依据自然科学的思维方法，借助社会科学的理论对传统成语进行反思与批判的著作。我把这本著作定义为科普，不仅是自然科学，也是社会科学的科学普及，更是思维方法与批判性思维的科普。以此表明，我们对以往任何知识的接受，哪怕是部分接受，也必须要经过自己的研读与思考。其二，在拟定书名时，首先想到的就是《中国成语批判》。当出版受阻时，也想过《中国成语：从熟知到真知》这个名字，因为太多知识我们非常熟悉，但我们很少深入地思考、审视与批判。特别是几十年的应试教育容易让人不加批判地就接受知识与记忆知识。教授了太多“是什么的知识”，而不是“为什么的知识”，因此，我希望通过对部分成语的批判培养一种批判性的思维，只有批判才能创新。其三，书名用的批判（criticize）一词较为敏感，词典中“批判”一词有两个意思，一是对错误的思想言论或行为做系统的分析，加以否定；二是分析判别，评论好坏。这里是二义得兼。其实，我们知青一代是非常褒义地看待批判一词的。康德、马克思主义的创始人也是非常褒义与频繁地使用这个词的。所以，最后书名还是用了批判这词。最后，为什么首先选择这些成语？或许，随后还会继续撰写下去，更主要的是，它们是一些有缝的蛋，首选出来的成语似乎更不适应当今时代，首先要反思，同时也表明其他众多的成语还是无缝的蛋。

在出版过程中，本书得到不少师长与朋友的关心。首先要感谢我的导师李京文院士，20多年一直耳提面命地帮助我。其次要感谢俞敏洪理事长，感谢他在百忙之中为本书作序，在工作中也给予我诸多鼓励与帮助。还要感谢我的耿丹学院同事宗珉玄教授，为本书题字，使拙作增色不少。

还有我的许多同学、同事与朋友从不同方面，不同角度给予帮助，在此一并致谢。

甘德安

2014年7月于北京工业大学耿丹学院